| 光明社科文库 |

汉唐齐鲁易学思想研究

徐浩诚 著

光明日报出版社

图书在版编目（CIP）数据

汉唐齐鲁易学思想研究 / 徐浩诚著. -- 北京：光明日报出版社，2025.5. -- ISBN 978-7-5194-8767-6

Ⅰ.B221.5

中国国家版本馆 CIP 数据核字第 2025M19274 号

汉唐齐鲁易学思想研究
HANTANG QILU YIXUE SIXIANG YANJIU

著　　者：徐浩诚

责任编辑：杨　茹　　　　　　　　责任校对：杨　娜　李佳莹
封面设计：中联华文　　　　　　　责任印制：曹　诤

出版发行：光明日报出版社
地　　址：北京市西城区永安路 106 号，100050
电　　话：010-63169890（咨询），010-63131930（邮购）
传　　真：010-63131930
网　　址：http://book.gmw.cn
E — mail：gmrbcbs@gmw.cn
法律顾问：北京市兰台律师事务所龚柳方律师
印　　刷：三河市华东印刷有限公司
装　　订：三河市华东印刷有限公司
本书如有破损、缺页、装订错误，请与本社联系调换，电话：010-63131930
开　　本：170mm×240mm
字　　数：278 千字　　　　　　　印　　张：16
版　　次：2025 年 5 月第 1 版　　　印　　次：2025 年 5 月第 1 次印刷
书　　号：ISBN 978-7-5194-8767-6
定　　价：95.00 元

版权所有　　翻印必究

序

汉唐时期是中国传统社会的鼎盛时期，国家统一，社会安定，经济繁荣，思想文化获得了良好的发展环境，成就了历史上著名的汉唐盛世。作为中国思想文化的重要源头和核心灵魂，易学思想也在这一时期创造了最为辉煌的篇章，而齐鲁易学又在其中占有极为重要的地位。秦始皇焚书，《易》为卜筮之书独不绝。汉兴以后，齐人田何、杨何传《易》，使易学得以传承不绝。汉武帝即位，独尊儒术，齐学传人董仲舒将易学与政治深度结合，在一定意义上成为今文易学的"不祧之祖"①。此后在齐鲁大地上涌现出一大批著书立说、开派立宗的易学家，包括魏相、孟喜、梁丘贺、费直、郎宗、郎𫖮、郑玄、仲长统、刘表、王肃、管辂、王弼、孔颖达、吕才等，可谓代不乏人，名家辈出。齐鲁易学在传承、演变的过程中始终生生不息，综合包容，创新发展，继往开来，在贯通象数与义理的平台上，融合了儒、释、道三教，形成了独特的易学思想理念，为易学的历久弥新、繁荣发展做出了重要贡献。近些年来，学术界关注到了汉唐时期齐鲁易学的研究，并有一些成果推出，但还存在不少薄弱环节，令人遗憾。于是，徐浩诚博士的《汉唐齐鲁易学思想研究》就与时偕行、应时而出了。

该书充分搜集和分析相关的文献资料，以著名易学人物和著作为切入点，对汉唐时期齐鲁易学思想的演变、发展及其规律进行了系统、全面的考察和探究，立意新颖，选题具有重要的学术价值和意义。全书思路清晰，结构谨严，布局合理，历史线索与逻辑线索的互动结合较为成功，而且立论允当，多有新见。例如，书中以为，汉唐齐鲁易学是易学得以有序传承和创新发展的中流砥柱。孔子赞《易》以来，众多优秀齐鲁易学家兢兢业业为易学文化的兴盛奉献了重要力量。及于隋唐，齐鲁易学的重要传人孔颖达刊定《周易正义》，综合南北，荟萃诸家，融会象数、义理于一炉，为《周易》研究确立了标准，形成了

---

① 张涛.秦汉易学思想研究［M］.北京：中华书局，2005：99.

易学的初步统一。而同一时期的吕才结合《易传》思想，贯通阴阳学说与儒家伦理，唯理是从，促进了易学思想与中国思想文化各个领域产生广泛共鸣。可以说，齐鲁易学是中国易学文化的一个经典案例，是中国传统思想文化发展的重要组成部分，在易学发展的几个关键机遇期、转折期都有着带头之功和引领作用。书中的这些论述，独到和精彩之处所在多有，充分体现了开拓创新、与时偕行的治学理念和学术精神，值得肯定。全书写作语言畅达，表述清晰，对于以往的研究方法和成果有着较为全面和精准的把握，吸纳和引用之处均加以标注或说明，学术规范和学术道德意识较强。

浩诚博士曾就读于北京师范大学，好学深思，品学兼优，并立志在汉唐齐鲁易学研究方面有所作为。我是他当年的博士生导师，现在得知该书即将顺利出版，感到十分欣慰，也衷心祝福他今后在教书育人、学术研究等方面都持续取得新的更大的成就。我们相信，该书的出版发行，一定会进一步深化和拓展易学研究、齐鲁文化研究以及中华优秀传统文化研究等，进一步推动相关的学科建设和学术繁荣。尤其值得肯定的是，浩诚博士目前正致力于研究马克思主义基本原理同中华优秀传统文化相结合，研究中华优秀传统文化创造性转化和创新性发展，该书的探索和创获也会为他的相关工作提供重要的理论依据和学术支持，确实难能可贵。

是为序。

张涛
甲辰年夏
于北京师范大学京师大厦

前　言

汉唐时期，中国古代社会的发展达到了一个顶峰，社会长期稳定，经济迅速发展，文化高度繁荣，各民族交往交流交融日益加深，中华文明展现出强大的辐射力和融合性。九州共贯、多元包容的大一统格局进一步促进了学术思想的"向内凝聚"，形成了思想史上的"汉唐盛世"。这一时期，齐鲁易学的发展迎来了难得的历史机遇，在中华易学史上留下了浓墨重彩的一笔。

传说中伏羲创卦于雷泽是易学的发端，孔子赞《易》于齐鲁，遂有《周易》居群经之首。二圣的事迹皆与齐鲁故地有深厚的渊源。齐鲁易学可谓易学的重要滥觞和主要源头。汉唐之际，齐鲁易学是易学得以有序传承和创新发展的中流砥柱。孔子赞《易》以来，众多优秀的齐鲁易学家兢兢业业为易学事业的兴盛提供了重要力量。秦政焚书，《易》为卜筮之书独不绝。汉兴以后，汉易之祖齐人田何、杨何通过口传面授的形式延续了易学的蓬勃发展，今文易学得以传承。汉武帝即位，独尊儒术，齐学和春秋公羊学的传承人董仲舒、公孙弘建议设立"五经"博士，置弟子员，将易学与政治深度结合，为汉代政治提供资鉴，《周易》被立为"五经"之首，齐鲁易学家孟喜、梁丘贺易学列于学官，齐鲁易学成为官方主流的学术思想。董仲舒构建天人感应、阴阳灾异学说，为易学象数理论奠定基础。齐鲁易学家魏相、孟喜精于象数，在前人基础上创立了以卦气说为中心的象数易学体系，促成了两汉象数易学的繁盛，开立了象数易学学派。官方易学并没有垄断易学思想的发展，民间齐鲁易学家东莱人费直以古文释《易》，以《传》解《经》，承继了前代解《易》的传统，注重阐发义理，深入影响了两汉至魏晋时期义理之学的产生。光武中兴，齐鲁易学家郎宗、郎𫖮发挥象数易学形式，将易学与政治进一步结合，取得了重大影响。北海高密人郑玄遍注诸经，杂糅今古，兼宗京、费，集汉易之大成，又以爻辰说解《易》，在促进象数易学持续发展的同时，也为易学的融合做了铺垫。

汉末，社会批判思潮的重要代表、山阳高平人仲长统以《易传》精神针砭时弊，提出了深刻的历史发展观，极具进步意义。山阳人刘表奉行古文《易》传统，创立和引领了以治《易》为中心的荆州学派学术团体，发扬了《周易》义理精神。东海人王肃，弘扬义理精神，作《易注》，力排象数积弊。平原人管辂以术筮说《易》，别具特色。及至魏晋，山阳王弼一扫象数流弊，以《老》解《易》，建立了"崇本息末""得意忘象"的义理观，开创了义理学派，王注盛行而郑学殆绝，义理之学成为不可阻挡的历史潮流。爰及隋唐，齐鲁易学的重要传承人孔颖达刊定《周易正义》，综合南北，荟萃诸家，融会象数学派与义理学派精要，为《周易》研究确立了标准，形成了易学的初步统一。同时，博州清平人哲学家吕才，结合《易传》思想，贯通儒家伦理与阴阳学说，唯理是从，在求同存异中形成了超越时代的、独特的唯物主义哲学体系，促进了易学思想与中国思想文化各个领域产生广泛共鸣。

总而言之，齐鲁易学是中国思想文化发展的重要组成部分，在易学发展的几个关键机遇期都起到了核心引领作用。齐鲁易学在传承演变的过程中始终繁盛不息，展现出顽强旺盛的生命力，在贯通象数与义理的平台上，融合南北经学传统，形成了综合包容的时代精神，在尊重传统的基础上开拓创新，继往开来，为易学事业的历久昌隆和中国传统文化的繁荣发展做出了重要贡献。汉唐时期是展示齐鲁易学风采的典范，是中国易学发展的一个缩影，因此，汉唐齐鲁易学思想研究将为易学整体研究提供有益的参考。

目 录
CONTENTS

绪 论 ··· 1

第一章 齐鲁易学溯源 ·· 24
第一节 传说时期的齐鲁易说 ·· 26
第二节 春秋时期的齐鲁学术与易学 ······························ 28
第三节 孔子与儒家易学 ·· 30
第四节 荀子与易学 ·· 50

第二章 西汉时期的齐鲁易学 ····································· 70
第一节 西汉经学易的兴起与发展 ·································· 70
第二节 西汉大一统与董仲舒的易学思想 ························ 74
第三节 公孙弘的易学思想 ··· 98
第四节 魏相的易学思想 ··· 106
第五节 孟喜与三家易 ·· 110
第六节 费直古文易学 ·· 126

第三章 东汉时期的齐鲁易学 ···································· 132
第一节 东汉象数易学的崛起与盛行 ····························· 132
第二节 郎宗、郎𫖮易学 ·· 134
第三节 郑玄易学 ·· 147
第四节 仲长统易学 ··· 159
第五节 荆州学派刘表易学 ··· 171

1

第四章 三国魏晋时期的齐鲁易学 ······ 175
第一节 魏晋义理之学的回流与玄谈的兴起 ······ 175
第二节 王肃易说 ······ 177
第三节 管辂术筮易说 ······ 181
第四节 "正始之音"王弼易说 ······ 187

第五章 隋唐时期的齐鲁易学 ······ 205
第一节 隋唐易学的序曲 ······ 205
第二节 孔颖达与《周易正义》 ······ 207
第三节 吕才易说 ······ 215

结　语 ······ 221
参考文献 ······ 232
后　记 ······ 245

绪　论

一、选题缘由及研究意义

自古以来，《周易》被尊为"群经之首，大道之源"，是中国古代文化的源头活水。它所倡导的"和谐"与"创新"的崇高追求，以及蕴含的天地人一体的宇宙观、世界观和价值观，从古至今一直都是中国人"安身立命"的思想根基和中华民族传统文化的精神渊薮。张善文先生在《历代易家与易学要籍》中指出："纵观我国五千年悠久的文化史，《周易》一书无论从其产生年代之早，还是其思想内容之深邃言之，均当推为东方华夏民族文化之本根。"① 足见《周易》思想在夯实中国思想文化根基中的重要意义。《周易》思想的传承源远流长，有关《周易》最早的记载见于《周礼·春官·大卜》："掌三易之法：一曰《连山》，二曰《归藏》，三曰《周易》。其经卦皆八，其别皆六十有四。"②清人李光地在《周易通论》中曾感叹道："《易》之兴也最古，其源流不可悉知。"③虽然《周易》的创作年代及作者已不可确考，但可以基本断定，其是华夏先祖的智慧结晶。由于时代的局限性，《周易》在周初成书之后，其八卦符号系统及作为"卜筮之书"的宗教巫术形式是当时人们所普遍关注的重点。物换星移，伴随着春秋战国时期社会环境和社会思想的剧烈变革，《周易》学说开始与卜筮活动相分离，向哲理化、抽象化作突破性转型，人文理性的色彩变得浓厚起来。"至孔子为之《彖》《象》《系辞》《文言》《序卦》之属十篇，阐明其义理，推

---

① 张善文.历代易家与易学要籍［M］.福州：福建人民出版社，1998：4.
② 十三经注疏：上［M］.上海：上海古籍出版社，1997：802.
③ 李光地.榕村全书：第1册［M］.陈祖武，点校.福州：福建人民出版社，2013：7.

合于人事；于是《易》道乃著。"①孔子赞《易》，整理经学《易》，"十翼"相继而出。自此，儒家"六艺之首"的《周易》成为宣传道德教化、阐释天道人事的思想阵地，后逐渐成为一门普世学问而受到广泛关注。秦始皇"焚书坑儒"，《易》以其卜筮之书的特殊身份以及所展现的大一统的思想倾向而独不焚，这给《周易》学说的延续、完善和发展壮大创造了一个较为有利的时代环境。班固在《汉书·儒林传》中写道："及秦禁学，易为卜筮之书，独不禁，故传授者不绝也。"②秦政焚书在客观上加速了《周易》宗教巫卜神秘色彩的消退，促进了《周易》哲理内涵的升华和思想理论的诞生。在这一过程中，诸子转而寻求《周易》这部经典作为思想创新的平台，诸子研《易》、百家治《易》的繁荣为《周易》经传吸收和借鉴诸子百家的思想理论提供了良好条件，诸子百家共同打磨和阐释《周易》思想的大趋势把《周易》精神的弘扬和发展推向了高潮。秦政焚书成为《周易》经传"吸收百家，综合百家，又扬弃百家，高于百家"③的开端。

李泽厚先生在《中国古代思想史论》中指出："《易传》明显具有综合儒学各派和《老子》、法家学说的特色，同时与阴阳家大概也有重要关系。"④张涛先生也曾谈及："《易传》以其百虑一致、殊途同归的包容精神和超越意识，吸收、融会了当时诸子百家的思想内容和思维方式，而道家的天道观又在其中占有特别重要的地位，儒家伦理观、政治观的影响也颇为显著"⑤，"我们强调的是，《易传》不仅与儒家、道家有一定的关联，而且也与阴阳家、墨家、法家、兵家等各家关系密切。除了儒、道两家之外，阴阳家、墨家、法家、兵家等学派的思想倾向在《易传》中也有不同程度的反映。《易传》中这些采自其他各家的思想与道家、儒家思想彼此融会而浑然一体，交相辉映，闪耀着智慧的光芒，也凸显出易学的不断演变和发展"⑥。不难发现，易学思想的演进基于对诸子百家学问的杂糅融合，换句话说，诸子思想是易学思想的精神源头，易学思想是对中华优秀传统文化各方面精华的吸收、总结、传承和创新。这是易学思想能够经久不衰、历久弥新的不竭动力。

---

① 钱基博. 国学要籍解题及其读法 [M]. 上海：上海古籍出版社，2012：14.
② 班固. 汉书：卷八十八 [M]. 颜师古，注. 北京：中华书局，1962：3597.
③ 张涛. 秦汉易学思想研究 [M]. 北京：中华书局，2005：1.
④ 李泽厚. 中国古代思想史论 [M]. 北京：生活·读书·新知三联书店，2008：125.
⑤ 张涛. 秦汉易学思想研究 [M]. 北京：中华书局，2005：8.
⑥ 张涛. 易学·经学·史学 [M]. 北京：北京师范大学出版社，2011：15.

爰及汉代，儒家经学的正统地位得以确立，易学思想迎来了千载难逢的发展良机。汉武帝"罢黜百家，独尊儒术"，立五经博士，作为"六艺之原"的《易》博士位列其首，彰显了汉王朝对于《周易》"大道之源"地位的高度重视。随着儒家经学的官方化，经学与政治统治思想深度结合，作为儒学重要组成部分的《周易》取得了正统官学的主流地位。《周易》研究成为汉代的显学，并逐渐形成一个相对独立的思想研究派别，俗称易学。易学作为一门围绕阐释、注解《周易》经传及其精神内涵的学问，广大精微，包罗万象，历经两千多年的演变发展，广涉文学、史学、哲学、天文、历法、宗教等学科，深入影响了中国传统思想和文化的演进。综观国史，易学研究涉及学科领域之多、流传范围之广、传承演变过程之悠久，世所罕见。同时，其对中国历代思想文化影响之深远、延续性之完整，令人叹为观止。

中国历代学者在谈及中华优秀传统文化时，都将《周易》视为中国古代文化的精神源泉。在《汉书·艺文志·六艺略》中班固曾谈及：

> 六艺之文：《乐》以和神，仁之表也；《诗》以正言，义之用也；《礼》以明体，明者著见，故无训也；《书》以广听，知之术也；《春秋》以断事，信之符也。五者，盖五常之道，相须而备，而《易》为之原。故曰："《易》不可见，则乾坤或几乎息矣。"言与天地为终始也。①

"《易经》是六艺之原"观点的提出，明确了易学精神作为中国思想文化根本原动力的核心位置。余敦康先生曾指出：

> 秦汉以后中国文化的发展往往要回到先秦来寻找精神的原动力，而找来找去，又往往归结为由《易传》所奠定的易学传统。这种情形绝不是什么历史的误会，而主要是由于《周易》的那一套八八六十四卦的符号体系以及囊括天地人三才之道的整体之学，仿佛是一个巨大的海绵体，把这个时期诸子百家所创造的共同成果都吸收容纳进来，并且综合总结成为一种卷之则退藏于密的《易》道，因而理所当然地被后世公认为代表了中国文化的根本精神。②

---

① 班固.汉书：卷三十［M］.颜师古，注.北京：中华书局，1962：1723.
② 余敦康.中国哲学论集［M］.沈阳：辽宁大学出版社，1998：376-377.

显然，易学思想是中华民族取之不尽、用之不竭的精神和思想财富，对中华民族思想文化的长期建构具有特殊作用和重要意义。在研究和诠释《周易》经传过程中，易学家、思想家们通过博采五千年中华文明各个时期、各个学派、各个地域的思想文化和智慧，逐渐形成综合百家、超越百家的易学思想。可以说，易学思想汇集了中国传统思想和文化精髓，其"厚德载物""殊途同归"的综合包容精神、"天人合一""与时偕行"的开拓创新精神，从根本上说，与汲取和继承中华民族多元的地域文化是分不开的。

在中国悠久的历史中，涌现出了各具时代精神、各有自然地理特色的地域思想文化，如三秦文化、甘陇文化、巴蜀文化、中原文化、岭南文化等。它们伴随着历代王朝的更迭，如同千万条思想文化的河流，从祖国各地注入了中国思想文化的广阔海洋，造就了中华民族璀璨的文明。其中，齐鲁之地的思想文化在这一过程中扮演了极为重要的角色，成为构成中国传统思想文化的主力军。齐鲁思想文化是儒家思想的精神源头，在广泛、充分地吸收不同地域思想文化的同时，逐渐成长为中华民族正统的主流思想文化，深深地扎根于中华大地，为几千年华夏文明的丰富和延续奠定了基础。

被誉为"孔孟之乡"的山东，历史悠久，钟灵毓秀，是底蕴丰厚的中华文明起源地和文脉之一。大汶口文化、龙山文化皆发祥于此。自古以来，齐鲁大地深厚的历史文化积淀孕育了一大批思想文化精英。从先秦的孔子、孟子、荀子到隋唐时期的房玄龄、马周、吕才、颜师古等，一系列引领社会思潮的山东思想家不胜枚举，文脉不断，延续至今。尤其是两汉时期，齐鲁的鸿儒巨擘层出不穷：

> 汉兴，言《易》自淄川田生；言《书》自济南伏生；言《诗》，于鲁则申培公，于齐则辕固生，燕则韩太傅；言《礼》，则鲁高堂生；言《春秋》，于齐则胡毋生，于赵则董仲舒。及窦太后崩，武安君田为丞相，黜黄老、刑名百家之言，延文学儒者以百数，而公孙弘以治《春秋》为丞相封侯，天下学士靡然乡风矣。①

一个地方思想文化的形成，离不开其特定的历史地理环境。"按照汉时的禀

---

① 班固.汉书：卷八十八［M］.颜师古，注.北京：中华书局，1962：3593.

气说，人之禀气乃是天地气合而成，故地（土）气对人之性格、才质的形成就有根本性的影响。同时，由于气与人的交往无时不在进行，故后天之气——环境、风俗也会影响着人的性格的塑造和成型。那么，人之受气就不只限于先天，亦包括后天。"① 也就是说，后天的生存环境、文化风俗对人品质的养成有客观的熏陶和塑造作用。本尼迪克特（Ruth Benedict）在《文化模式》（*Patterns of Culture*）中提到，任何一个文化体系中的极大部分人都是按部就班地遵照社会规范、风俗习惯所认可的方式来行动的。② 也就是说，长久沿袭下来的传统习俗和相对固定的文化模式会使一个地域的人群拥有共同的思想文化特点。山东有着鲜明的区域地理环境特点。在幅员辽阔的中华大地上，山东因居太行山以东而得名，是先秦时期齐国和鲁国的故地。内陆部分紧靠"中华文明的摇篮"——以河洛为中心的黄河中下游地区，半岛地区北接渤海湾，南抵黄海。内陆和沿海交错的自然地理特征使齐、鲁两地形成了不同的思想文化特点，逐渐分化为齐文化和鲁文化两个相对独立的文化圈。这两个不同文化中心，兼同存异，取长补短，熔于一炉。有学者认为：

> 齐鲁文化是齐文化与鲁文化结合的产物，但齐文化和鲁文化并不完全相同，如：齐文化开放，鲁文化持重；齐文化尚功利，鲁文化崇伦理；齐文化重革新，鲁文化尊传统；等等。齐鲁文化结合互补，扬长避短，相辅相成，使之在整个中华民族文化发展中始终占有重要的地位，并作出了自己的伟大贡献。③

梁启超先生对文化曾有明确的定义："文化者，人类心能所开积出来之有价值的共业也。"④ 也就是说，文化就是一定程度上的共识和共鸣，只有相互融洽，和谐共存，才能形成共通性的文化概念。

春秋战国时期，伴随着社会政治、经济的剧烈变动和不同思想文化间的交相辉映，先齐、先鲁两地的民族融合与文化认同达到高潮，经过长时期的交汇、契合，逐渐形成了一个相对稳定的、统一的文化共同体，人们通常称之为"齐鲁文化"。随着秦汉时期思想文化大一统趋势的出现，齐鲁思想文化逐渐褪去地

---

① 向世陵. 中国学术通史：魏晋南北朝卷 [M]. 北京：人民出版社，2004：469.
② 郑开. 德礼之间 [M]. 北京：生活·读书·新知三联书店，2009：283.
③ 安作璋. 山东通史：先秦卷 [M]. 北京：人民出版社，2009：1.
④ 梁启超. 梁启超论中国文化史 [M]. 北京：商务印书馆，2012：1.

域色彩和独立性，会同其他各地区的思想文化一道，构成了中华文明的主干。但是，齐鲁文化特有的精神价值一直指引着中华民族多元文化的发展，为中国文化立足于世界起到了十分重要的作用。因此，深入地研究、了解作为中华文明重要组成部分的齐鲁文化的深刻内涵和演变历程，有助于厘清中华主流思想文化的发展脉络，从而更为客观地认识地域文化对中华文明的巨大贡献。历史学家斯宾格勒（Oswald Spengler）曾提出："每一种文化的根基，都是一种关于世界的概念，它是这种文化所特有的，每一种文化都有一种基本的象征，它提供出对于世界的理解，这种文化的一切表现形式都由这种象征的建立所决定。"①《易经》所创造并推崇的以八八六十四卦符号系统为形式，以"立天之道曰阴与阳，立地之道曰柔与刚，立人之道曰仁与义"②为内容的天、地、人一体宇宙观和"推天道以明人事"的整体思维方式，正是一种中华民族"一阴一阳之谓道……百姓日用而不知"③和"形而上者谓之道，形而下者谓之器"④的文化共识和文化象征。况且，回溯中国历史，古代先民文化的产生本就极有可能发轫于一系列原始巫卜宗教活动。郭沫若先生曾提出："八卦是既成文字的诱导物，而其构成时期亦不得在春秋以前。"⑤据他推定，文字的创成可能来源于对八卦符号的模仿和改进。他还进一步指出：

> 全体六十四卦，三百八十四爻。卦有卦辞，爻有爻辞，和乾卦的用九，坤卦的用六，一共有四百五十项文句。这些文句除强半是极抽象、极简单的观念文字之外，大抵是一些现实社会的生活。这些生活在当时一定是现存着的。所以如果把这些表示现实生活的文句分门别类地划分出它们的主从出来，我们可以得到当时的一个社会生活的状况和一切精神生产的模型。⑥

郭沫若先生认为，古代社会的真实状况和古代人民的思想文化都集萃于《周易》经传的思想体系中。

---

① 葛兆光．中国思想史［M］．上海：复旦大学出版社，2013：33.
② 张涛，注评．周易［M］．南京：凤凰出版社，2011：289.
③ 张涛，注评．周易［M］．南京：凤凰出版社，2011：265.
④ 张涛，注评．周易［M］．南京：凤凰出版社，2011：273.
⑤ 蔡尚思．十家论易［M］．上海：上海人民出版社，2006：60.
⑥ 蔡尚思．十家论易［M］．上海：上海人民出版社，2006：13.

中国传统思想和文化的产生与《周易》密切相关，中国传统思想和文化的演进同样与易学息息相关。张涛先生认为：

> 中国古代思想文化的产生和发展，更是与卜筮密不可分。早在龙山文化时期，使用兽骨来卜测吉凶的现象已经产生，后来逐渐发展成一种卜筮文化，或称宗教文化。人们利用占卜来预测吉凶，并用以决定国家大事，出现了专职或半专职的卜筮人员，而这又意味着中国文明的起源。①

由此可见，易学是梳理中华文明发展轨迹的重要线索。齐鲁大地是以大汶口文化、龙山文化故地为标志的中华文明重要发源地之一，也是易学的发源地之一。众多齐鲁圣贤先哲为易学的发生与发展做出了不朽的贡献。

先秦时期，孔子对易学的发展奠定之功毋庸置疑。据《史记·儒林列传》记载：

> 自鲁商瞿受《易》孔子，孔子卒，商瞿传《易》，六世至齐人田何，字子庄，而汉兴。田何传东武人王同子仲，子仲传菑川人杨何。何以《易》，元光元年征，官至中大夫。齐人即墨成以《易》至城阳相。广川人孟但以《易》为太子门大夫。鲁人周霸，莒人衡胡，临菑人主父偃，皆以《易》至二千石。然要言《易》者本于杨何之家。②

孔子"韦编三绝"以来，齐鲁大地易学的授受、传承从未中断，盛而不绝，历久弥新。孔子、荀子之后，齐鲁易学家严守师法家法，将易学精神发扬光大。西汉时期，齐鲁易学一度占据了易学研究的核心位置，易学的兴盛多有齐鲁易学的默默付出。《汉书·艺文志》云："讫于宣、元，有施、孟、梁丘、京氏列于学官，而民间有费、高二家之说。"③ 又云："《易经》十二篇，施、孟、梁丘三家。"④ 三家《易》中，孟喜、梁丘贺，古文"费氏易"的费直皆为山东人士，且均传《易》于齐鲁之间，对易学的发展影响巨大。两汉易学的集大成者郑玄，三国时期扫清象数的王弼，这些推动易学发展的关键人物，都是齐鲁易

---

① 张涛. 易学·经学·史学 [M]. 北京：北京师范大学出版社，2011：143.
② 司马迁. 史记：卷一百二十一 [M]. 北京：中华书局，1959：3127.
③ 班固. 汉书：卷三十 [M]. 颜师古，注. 北京：中华书局，1962：1704.
④ 班固. 汉书：卷三十 [M]. 颜师古，注. 北京：中华书局，1962：1703.

学家的典型代表。齐鲁文化也一直备受历代王朝的青睐,早在秦始皇时期,齐鲁文化就受到相当程度的重视,"二十八年(前219)初次东游,尚与鲁诸生议刻石颂秦德。又命齐人徐市发童男女数千人入海求仙人,可见其重视齐鲁之文化。且秦之灭齐,未用兵而以间胜,故齐秦两国因间而文化殊多交流。《吕氏春秋》之内容,大半属齐鲁文化"[1]。中国古代社会正统、官方、主流的儒学思想亦源于齐鲁故地。"西汉时期,山东是儒学发展的中心,西汉的五经八师,山东的经师有六人;东汉的五经十四博士,山东经师占了八家;附见于两汉书《儒林传》或有其他原因未被载入《儒林传》的当不下100余人,而其弟子尚不计算在内。"[2] 两汉以来,齐鲁大地文化底蕴之深厚承载了中华文明五千年的积淀,是中华主流思想文化的摇篮。然而,到目前为止,学界尚无一部有关齐鲁易学思想研究的专著,不失为一大遗憾。《系辞下》曰"夫《易》,彰往而察来"[3],《周易》思想是贯穿中华五千年思想文化脉络的精神血液。因此,本书将以齐鲁易学思想为主要研究对象和切入点,重点发掘和总结齐鲁易学思想的发展历程、价值意义以及风格特色,以期展示齐鲁文化独特的风貌,追溯它对中华文明发展的关键性推动作用。

汉唐时期是中国古代社会的鼎盛时期,国家统一,经济繁荣,社会稳定,文化灿烂。这一历史时段,中国社会有关宗法制度、文化形式、思维方式的大致形成,"汉唐盛世"奠定了中国社会思想文化不断创新、不断进步的基石。由秦汉及隋唐,盛世王朝的一统局面造就了中国古代思想文化的繁荣昌盛,也带动了易学思想的兴旺发达。有学者曾指出:"从大量史实来考察,秦汉的制度和后代的制度,不论从经济、政治、法律以至意识形态那一方面来看,都是近似的,这即是说,秦汉制度为中世纪社会奠定了基础。"[4] "汉承秦制",汉王朝继承了先秦夏、商、周及秦朝的政治制度和文化形式,构筑和确立了统一多民族国家的意识形态、伦理体系和多元文化构成,惠及了汉以后近两千年的中国社会。"自从汉武帝实行'罢黜百家,独尊儒术'的思想文化政策以后,儒学便以经学的形式逐渐成为统治思想。"[5] 汉代经学统治地位在武帝时期得以确立,儒

---

[1] 潘雨廷. 易学史丛论 [M]. 上海:上海古籍出版社,2007:31-32.
[2] 安作璋. 山东通史:秦汉卷 [M]. 北京:人民出版社,2009:9.
[3] 张涛,注评. 周易 [M]. 南京:凤凰出版社,2011:282.
[4] 侯外庐,赵纪彬,杜国庠. 中国思想通史:第2卷 [M]. 北京:人民出版社,1957:2.
[5] 孟祥才,王克奇. 齐鲁文化通史:秦汉卷 [M]. 安作璋,王志民,主编. 北京:中华书局,2004:211.

家经学成为中国古代文化阶层的精神堡垒和主要知识构成。易学在此期间得到了长足的发展，盛极一时。在这一时期受时代思潮的影响，易学研究的内容各有侧重，由汉初"文景之治"时期的尚黄老之学，到汉武帝"独尊儒术"，易学思想也乘着时代浪潮由注重黄老思想一变而为经学易。从发展脉络来看，两汉易学的传授关系、传承流变是成体系的。汉代易学的传承谱系皆有师承可考，据《汉书·儒林传》记载：

> 自鲁商瞿子木受《易》孔子，以授鲁桥庇子庸。子庸授江东馯臂子弓。子弓授燕周丑子家。子家授东武孙虞子乘。子乘授齐田何子装。及秦禁学，《易》为筮卜之书，独不禁，故传受者不绝也。汉兴，田何以齐田徙杜陵，号杜田生，授东武王同子中、雒阳周王孙、丁宽、齐服生，皆著《易传》数篇。同授淄川杨何，字叔元，元光中征为太中大夫。齐即墨成，至城阳相。广川孟但，为太子门大夫。鲁周霸、莒衡胡、临淄主父偃，皆以《易》至大官。要言《易》者本之田何。①

根据此记载，齐人田何受《易》于东武人孙虞，然后传《易》于秦汉之间，汉代易学的授受源流当以田何为原。潘雨廷先生认为：

> 汉后之经学，于易学之传，自田何始虽不可谓非，然不可仅知田何一人。因田何之易，属战国易中的齐易一部分，地当黄河下流。究其内容，近则与燕鲁之思想相似而未必全同，远则与黄河上中游之秦与三晋及长江流域的蜀楚吴更有差别。其后董仲舒（180—115）尊儒术斥百家的思想，正属邹鲁齐燕思想之综合，然以《公羊》为主，尚未重视易学。继之形成《易》为六经之原的经学易，自然取田何之齐易作为战国易之代表，然于易学之整体实有所损失。
> 今先论田何之传，当以东武王同子仲为王。东武当今山东诸城，与田何之师孙虞子乘同乡，可证明其同属齐易。且地近沿海琅琊山，方士必多，而易学亦盛。②

---

① 班固．汉书：卷八十八[M]．颜师古，注．北京：中华书局，1962：3597．
② 潘雨廷．易学史丛论[M]．上海：上海古籍出版社，2007：209．

可以看出，潘先生虽觉汉初易学的整体性、丰富性和多元性受到了邹鲁齐燕儒家思想的排斥和挤压，但不可否认的是齐鲁易学实为汉代易学生生不息的本源，齐人田何则是这一主流易学思潮的鼻祖。这从侧面也反映了齐鲁文化在秦汉时期由地域文化向主流文化靠拢，而逐渐上升为正统主流文化的趋势。

孟祥才先生认为："秦汉四百多年间，思想文化上经历了由秦朝的'独尊法术'到西汉初年的黄老之学一度兴盛，再到汉武帝实行'罢黜百家，独尊儒术'，齐鲁文化终于完成了由地域文化向主流文化的跃升。"① 齐鲁易学思想在儒家学说中具有举足轻重的地位，为齐鲁文化向主流文化的升华提供了巨大的指引作用。魏晋南北朝时期，中国社会处于人口迁徙和民族融合的动荡年代，思想文化的承续和发展受到了频繁的政权更替和长期战乱的巨大挑战。这一时期，思想文化的传承授受主要依靠"累世公卿"的世家大族的家学教育来支撑。门阀士族的南迁带来了南北文化、黄河流域和长江流域文化的交流与融合。齐鲁文化在这个阶段起到了桥梁和先锋作用。山东地区高门大族的南迁把纯正的齐鲁文化传播范围扩展到了江左，如曲阜孔氏、琅琊颜氏和王氏、清河崔氏等。这些都进一步巩固了齐鲁文化的主流地位，"以王肃和荆州学派以及其他山东经学家为代表的经学占据着主流意识形态的地位，而王弼成为正始玄学的旗帜，张湛则以东晋最后一个玄学家为魏晋玄学的终结画上了一个圆满的句号"②。齐鲁易学随着儒家经学的南渡也把影响力扩展到了长江以南，并在分裂、动荡的时代得以保存和延续。郑玄经学易、王弼玄学易都得到了流传和发展。尤其是王弼，援老庄入《易》，一扫两汉象数易学弊病，成一家之言，扩大了《周易》思想的价值内涵，《周易》与《老子》《庄子》一道并立为"三玄"。随着魏晋学术思潮正由汉代"明经"向唐代"注疏"过渡，崇尚"言约旨远""清通简要"的玄学受到推崇，易学也伴随着玄学这股繁荣的浪潮得到了学术思想界相当程度的重视。兴盛于两汉的象数易学也在魏晋南北朝时期逐渐向义理派易学转变。

隋唐时期，国家高度统一，社会安定繁荣，思想文化也高度发达，儒、释、道三教合流，兼收并蓄，举世瞩目，对东亚文化乃至世界文化都产生了空前的影响。安定团结的良好氛围，也使齐鲁文化得到了迅速的恢复发展，为盛世文化的璀璨繁荣做出了巨大的贡献。齐鲁易学思想受到儒、释、道相互冲突转化、

---

① 孟祥才. 山东思想文化史 [M]. 济南：山东人民出版社，2011：112.
② 孟祥才. 山东思想文化史 [M]. 济南：山东人民出版社，2011：207.

相互交流融合的影响，内容逐渐丰富，哲理性、思想性更为突出。孔颖达的《周易正义》受到广泛传播和高度认可，吕才易学哲学思想也引起普遍关注，易学思想进一步发扬光大。"在这一特定历史时期中产生和发展的学术思想，必然会反映这一历史时期的时代特征，而且表现出自己鲜明的特点。"① 姜广辉先生将中国经学思想史划分为四个断代："一、前经学时代；二、汉唐经学；三、宋明经学；四、清代经学。"② 汉唐时代，中央集权的统一多民族国家制度逐步完善（如汉代郡国并行制、唐代三省六部制），儒家经学在这一阶段上升为官学，被确立为中国社会思想文化的主流。纵观中国历史，易学思想在汉唐时期取得了跨越性的发展和质的飞跃，成为促进汉唐思想文化繁荣的不可或缺的有生力量。

综合来看，汉唐时期是展现齐鲁易学思想和齐鲁文化丰富内涵与突出特点的最具时代性、最典型的历史阶段，同时，这个阶段也是最能体现和反映中国思想文化光辉灿烂盛况的历史转折期、机遇期和鼎盛期。汉唐之际，是中国由统一到分裂，再到统一的特殊时期，齐鲁易学发展的地域性和空间性也逐渐减弱，从地域易学上升为主流易学。由汉代至唐初，经学随着《五经正义》的确立而定于一尊，易学研究也出现归于一统的趋向，因此，本书所指的汉唐时期，主要定位于汉至唐初这一时段，吕才辞世之年（665）以后的易学研究不在本书探讨的范围之内。综上所述，本书旨在把研究的目光定位在汉至唐初这一文化昌明的历史阶段，并对这一阶段齐鲁易学思想的发展状况、阶段性成就和历史贡献做概括性分析和总体性把握，透过《周易》经传这一综合包容的理论体系，将传统理念与现实意义相结合，力求对汉唐齐鲁思想文化做整体性、试探性的解读，以期正本清源，厘清中国思想文化的来龙去脉，展现中国主流思想文化的精神实质。

二、研究历史与现状

《系辞上》曰："神以知来，知以藏往。"③ 意思是说，对过往观点和知识了然于胸，是把握学术思想走向的基础。梁启超也说："凡研究一个时代思潮，必

---

① 张怀承. 中国学术通史：隋唐卷 [M]. 北京：人民出版社，2004：19.
② 姜广辉主编. 中国经学思想史：第1卷 [M]. 北京：中国社会科学出版社，2003：18.
③ 张涛, 注评. 周易 [M]. 南京：凤凰出版社，2011：271.

须把前头的时代略为认清,才能知道那来龙去脉。"① 因此,对前辈学者的研究成果加以继承和体悟,对他们走过的道路加以重温和认识,才能站在"巨人"的肩膀上在学术视野上迈出新的一步。自两汉以降,易学思想的研究走过了一个相当漫长的道路,及至当下,前辈先贤有关易学思想研究的著作浩如烟海,创获颇丰,涉及的领域也甚为广泛。在此,极有必要对相关的学术研究做简要的梳理和回顾。

有关齐鲁易学思想的研究,学界并没有相关性的专门著作,但是,关于汉唐断代易学的研究、重要易学思想家和易学著作的研究,相对来说资料十分丰富。

近年来,易学的研究呈蓬勃发展的趋势,成就斐然。朱伯崑先生的四卷本《易学哲学史》是较为系统、全面研究易学思想史的典范,具有重大影响力。该书开篇便提出易学发展的五个历史分期:

> 《易传》即战国时期,两汉经学即汉易时期,晋唐易学时期,宋易时期,清代汉学时期。每个时期的易学都有自己的历史特点,并且同古代经学发展的历史是相适应的。……战国时期形成的《易传》为易学哲学奠定了理论基础。两汉易学则同当时的天文历法相结合,并受到占星术和天人感应论的影响,形成了以卦气说为中心的哲学体系。晋唐易学,则同老庄玄学相结合,将《周易》原理玄学化,《周易》成了"三玄"之一。玄学派的易学史是这个时期易学哲学发展的主流。②

作者对易学史五个阶段的历史划分与《四库全书总目》"汉儒言象数,去古未远也。一变而为京、焦,入于禨祥,再变而为陈、邵,务穷造化,《易》遂不切于民用。王弼尽黜象数,说以老庄。一变而胡瑗、程子,始阐明儒理,再变而李光、杨万里,又参证史事,《易》遂日启其论端。此两派六宗,已互相攻驳"③ 所概括的"两派六宗"有异曲同工之妙,指明了易学思想演变的大致分期和发展规律。"汉易"和"宋易"分别代表了两个以"象数"和"义理"为特征、泾渭分明的易学流派,而两者之间的魏晋易学、隋唐易学则是整个易学

---

① 梁启超. 中国近三百年学术史 [M]. 北京:人民出版社,2008:2.
② 朱伯崑. 易学哲学史:第1卷 [M]. 北京:昆仑出版社,2005:43.
③ 永瑢,等. 四库全书总目提要:经部:易类 [M]. 北京:中华书局,1965:1.

发展史中的过渡期和分界线，其作用和影响亦不容忽视。作者在随后的第二编"汉唐时期"中详细论述了汉唐时期易学的发展状况。第三章"汉代的象数易学"深入讨论了孟喜卦气说在易学史中的地位和意义，《易纬》与象数之学在西汉时期的影响及其内在联系，郑玄五行说、爻辰说解《易》等，并介绍了其他易学家的易学史贡献。在第四章"魏晋玄学派的易学哲学"中，作者解读了王弼易学的主要著作和玄学观，同时，对魏晋南北朝时期玄学易与象数易论争的焦点问题展开了详细的分析。第五章"唐代易学哲学的发展"对孔颖达的治《易》风格做了点评和总结，并对其总结性著作《周易正义》进行了细致的解读。作者对孔颖达的易学贡献做了高度评价，认为"孔疏"在前人基础上的综合发挥，集众家之长，确立了综合的易学体系。作者以为孔颖达"对唐宋时期易学的发展起了深刻的影响，成为汉易转向宋易的桥梁"，其义理的阐发又为"魏晋玄学转向宋明理学提供了思想基础"①。值得注意的是，此书摆脱了一般哲学史著作脱离《易》而言《易》的局限性，关注《周易》文本本身和易学历史的发展规律，看重各时代易学研究的理论成果和哲学思想及因此产生的"哲学体系发展的历史"②，扩展了哲学史研究的范畴，视角新颖，令人耳目一新。这种新的研究视角也为本书的写作提供了可靠的研究方法。

高怀民先生的《两汉易学史》也是易学史研究的重要著作。该书考镜源流，突出介绍了两汉至魏晋时期易学的授受源流和演变过程，并对象数易学的兴起做了具体分析，同时，采用递进式的研究方法对孟喜易学、费直易学、郑玄易学、荆州学派刘表易学、王肃易注、管辂易说、王弼易说的异同及传承关系分别进行了总结和概括，对研究和分析两汉、魏晋南北朝的易学家、易学思想及思想文化趋势大有裨益。书中提及：

> 两汉易学的发展，以其内容的截然不同，划分为两大阶段："儒门易时期"与"象数易时期"。儒门易时期自西汉初年易学大师田何开始，到宣帝年间施雠、孟喜、梁丘贺三家易并盛时为止……此期间的易学为先秦儒家以易经为中心的易学的延续，作者因称之为"儒门易"。此期间易家人物颇盛，除韩婴一支不著名的家传易学外，其他所有易学家尽出自田何之门，

---

① 朱伯崑. 易学哲学史：第1卷 [M]. 北京：昆仑出版社，2005：393.
② 朱伯崑. 易学哲学史：第1卷 [M]. 北京：昆仑出版社，2005：38.

我们如称此期间为"田氏易时期",实不为过言。①

作者肯定了田何易学的历史地位,同时提出这一时期多数的易家身世多不得而知,他们的易学著作也仅能在后世学者的辑佚著作中略窥一二。但值得注意的是,易学在此期间的存续关系可以从重视师法的传承体系中清晰地看出。另外,作者认为,"象数易时期当自孟喜算起,包括西汉宣帝以后及整个东汉时代,至魏王弼《易注》问世,乃告终止"②,儒门易只能算整个汉易的序幕,而汉易的主流是象数易。作者还认为,象数易代表了两汉的学术特色,也彰显了中国文化的特色,"易学的无所不容,在中国学术中能冶一切杂学于一炉,也只有易学这一门"③。其中,天人合一思想、以人为本思想对中国文化特点的表现最为强烈。这些都体现了齐鲁易家和易学思想对两汉易学史乃至整个易学发展史、中国文化的巨大贡献。

余敦康先生的《汉宋易学解读》和《易学今昔》从宏观的历史文化视角论述了《周易》经传的传统价值和现代意义,详细阐述了易学思想与中国思想文化间环环相扣的重要关系,点明了易学"和谐创新"精神是永不褪色的时代思潮,对易学思想的研究产生了巨大而深远的影响。《汉宋易学解读》的上编"汉代易学"细致地分析了汉代象数易学兴起的原因和变化发展的情况,指出"在易学发展史上,汉代以'卦气说'为代表的象数派的易学史一个重要的中间环节"④,汉易为魏晋时期王弼义理派易学的兴起提供了基础。作者提出应该摒弃门户之见来客观地把握易学演变的规律,从总体上综合把握易学的内在精髓。该书第二章重点归纳了孟喜的易学思想和文化理想;第三章分析了《易纬》的卦气理论和文化理想;第四章介绍了东汉易学发展的过程及其实践功能;第五章论述了郑玄易学的兴起以及因之带来的汉学衰落;附录中对王弼的《周易略例》提出了独到见解,指出"王弼无论是解释《老子》或解释《周易》,都是立足于本体论哲学思维的整体观"⑤。《易学今昔》则对《周易》经传与中国传统文化的关系,易学体系的形成历史,《周易》的价值理想、智慧和精神做了深入浅出的探讨,并阐释了汉代易学和魏晋易学的时代意义,具有广泛的指导

---

① 高怀民. 两汉易学史 [M]. 桂林:广西师范大学出版社,2007:232.
② 高怀民. 两汉易学史 [M]. 桂林:广西师范大学出版社,2007:233.
③ 高怀民. 两汉易学史 [M]. 桂林:广西师范大学出版社,2007:237.
④ 余敦康. 汉宋易学解读 [M]. 北京:华夏出版社,2006:3.
⑤ 余敦康. 汉宋易学解读 [M]. 北京:华夏出版社,2006:125.

意义。

张涛先生所著《秦汉易学思想研究》是具有重要指导意义的易学思想研究著作。该书延伸了传统易学思想研究的视域，以兼容并包的研究方法广泛吸纳了各个领域易学思想研究的成果，超越了以往易学研究的范畴，开一代之风气。作者对秦汉时期的易学研究和发展过程做了深刻翔实的论述，阐释了易学在汉代正统官学的主流地位。进而提出："一部秦汉思想史，可以视为秦汉易学思想史的衍扩和伸展，可以视为适应时代的需要，以《易传》为内在灵魂和重要源头，以易学研究和运用为重要载体，以易学思想为主潮、主旋律的思想发展史。"① 书中指出：

> 我们应该摆脱传统的研究内容和方法的束缚，将考察的范围扩展至受《周易》及易学启示、影响的全部历史过程和学术文化现象上来。易学的研究对象，应当包括《周易》和易学启示、影响下的整个思想文化领域，包括曾经研究易学、运用易学的所有重要人物和著作的思想主张，而不管这些人物是否是有所师承的易学家，不管这些著作是否是专门的易学著作。只有这样，才能全面了解、把握易学发展的轨迹和规律，认识、解读当时的社会政治和思想文化现象，从而推动易学研究的不断深化和拓展。②

作者强调，易学思想研究并不是盲目拓展研究范围，而应当与易学本身的发展规律和环节紧密联系，与政治背景、文化潮流等深入结合，挖掘易学研究领域最大范畴的有益成果，全面把握易学发展轨迹，揭示易学思想在思想文化史上的地位和影响。这为全面地研究齐鲁易学思想提供了一个全新的宏观性思路。

徐芹庭先生的《易经源流——中国经学史》一书中对两汉至隋唐时期的易家和易学研究做了深刻详尽的总结。作者以概括性极强的提要写法对易学本源——先秦诸子易学进行了条理清晰的分析和考证，并对汉唐时期易学的学派演变、经传注释和易学家的为学风格做了深入细致的品评。该书将汉唐时期易学研究分为六个主要的阶段，包括"西汉——易学之黄金时代""兼收并蓄之东汉易学""玄理象数之分界——三国之易学""重视清谈玄理之两晋易学""南

---

① 张涛. 秦汉易学思想研究[M]. 北京：中华书局，2005：411.
② 张涛. 秦汉易学思想研究[M]. 北京：中华书局，2005：2.

北朝之易学""隋唐五代之易学",并分别进行了翔实的解读。特别是,该书对不同时期易学研究进行了分门别类的评述:西汉时期,施、孟、梁丘三家易之异同,古文费氏易学之博杂;东汉时期,郑玄易学,刘表易学,徐干以儒释《易》;三国时期,管辂易学,王朗、王肃易学,王弼玄学解《易》;魏晋至隋唐时期,徐邈《易音》、孔颖达《正义》;等等。同时,在每一章节之后都对相应时代的易学进行了总结,并对其间的易学书目做了梳理,极具特色。书中讨论易学传承源流时写道:"至武帝建元五年(前136)始置五经博士。历西汉末,易立于博士者有杨何施雠孟喜梁丘贺京房五家,为博士者代有之,易之传授彬彬盛矣。然溯其渊源,皆由孔子之嫡传,孔子传易于商瞿,六传至田何而汉兴。惟易学之派别,由汉始分。"① 这也间接地指明了齐鲁易学在易学史上的本源意义和官方地位。

廖名春、康学伟、梁韦弦三位先生的《周易研究史》描绘了易学发展的大致轮廓,言简意赅地叙述了《周易》研究走过的宏观历程。该书第二章"两汉易学"重点介绍了两汉象数易学兴起的概况、孟喜卦气说、郑玄五行生成说和爻辰说以及费氏古文易。该书认为汉易是易学史上一个至关重要的时期,提出两点原因使汉易得以发展并走向繁荣,其一是"先秦易学的传授于秦火之后并未中断,这是汉易发展得天独厚的条件";第二是"汉武帝独尊儒术,提倡经学,《周易》被尊为六经之一,并居六经之首,对《周易》的解说成了专门的学问,这也是汉易发展的重要原因之一"。作者认为两汉之际"不仅儒家经师研究《周易》,其他学派的思想家也探求《周易》的理论,这就为易学流派的形成和发展创造了条件"。进而从易学史的角度提出,汉代易学孕育出卦气说哲学理论系统,确立了汉代易学在整个易学研究中的关键位置,同时对"中国学术史、思想史、哲学史和文化史都有深远的影响"②。有关易学家及其易学思想在该章中也做了具体阐述。首先,作者总结了孟喜易学的四点内涵,认为孟氏易学特色"是以阴阳说来解说《周易》,以《周易》卦象来解说一年节气的变化,并以此来推断人事的吉凶"③,同时认为郑玄治《易》兼采义理和象数,推断费直治《易》以复古精神为主,"是对孔子及汉初易学传统的直接继承"④,并为后来义理派易学的进一步发展奠定了基础。第三章"魏晋隋唐易学"专门论述

---

① 徐芹庭. 易经源流:中国易经学史:上册 [M]. 北京:中国书店,2008:211.
② 廖名春,康学伟,梁韦弦. 周易研究史 [M]. 长沙:湖南出版社,1991:72.
③ 廖名春,康学伟,梁韦弦. 周易研究史 [M]. 长沙:湖南出版社,1991:82.
④ 廖名春,康学伟,梁韦弦. 周易研究史 [M]. 长沙:湖南出版社,1991:118.

了魏晋南北朝玄学义理派的兴盛与发展，其中，对王弼的学术贡献做了精练述评，认为"王弼做学问的路子，是把《老子》《庄子》《周易》沟通起来，合称'三玄'，并以之解释《论语》，实际上具有强烈的尊道排儒倾向。他和何晏的言论当时颇为惊世骇俗，被称为'正始之音'，他们还被奉为清谈的祖师"。"从总体上说，王弼的易学观，就是把《周易》看成讲政治哲学的书，进而以得意忘象说、取义说、爻位说来排斥汉易中烦琐的象数之学及占候迷信，开创以玄学解易的新风气。王弼所重视和推崇的主要为老庄玄理，他的'取义'实是取道家玄学之易。"① 该书用"王弼《周易》注占主导地位，郑玄易学衰败殆尽"来概括隋唐易学的总体趋势，认为隋唐易学超越前人"上承汉魏、下启宋明，是中国易学史的一个重要时期"②。作者还对孔颖达的易学特色甚为认可，认为他既继承汉易传统，又把取义与象数结合，孔疏也体现了其治《易》的独到之处。综合来看，该书不仅仅局限于对易学史的勾勒，还与社会政治、时代思潮相结合，突出反映了中国思想文化与易学的内在联系，极具参考价值。

吴怀祺先生的《易学与史学》通过将史学与易学结合起来，以《易》解史来进行易学与史学关系的研究，深入讨论了易学与史学的内在联系，指出易学时代意义的变化引起了中国学术思潮的转变，易学对历史研究具有重要的启发意义。

李镜池先生的《周易探源》一书认为，"《周易》是卜筮之书：其起源是在于卜筮；其施用亦在于卜筮"③，详细考证了《周易》经传的科学内涵和哲学思维，提出"《易经》所阐发之理，是从实践过程中得出来的认识，是从感性认识上升到理性认识"④，透过《经》《传》的内容可以反映时代思想的差异。

潘雨廷先生的《易学史论丛》一书"旨在客观叙述中国历史发展中，包括史前史后及有文字以来数千种易学作品的具体内容"⑤。作者认为：

> 观易学象数的洁静，义理的精微，已包含着中国历代思想与思潮的脉络。举凡科学、哲学、宗教的发展，莫不与易学有关。在传统思想中，易学的地位也至为崇高。易学于汉武帝后尊为六经之原，魏晋起化成易老庄

---

① 廖名春，康学伟，梁韦弦.周易研究史[M].长沙：湖南出版社，1991：150.
② 廖名春，康学伟，梁韦弦.周易研究史[M].长沙：湖南出版社，1991：185.
③ 李镜池.周易探源[M].北京：中华书局，2007：20.
④ 李镜池.周易探源[M].北京：中华书局，2007：14.
⑤ 潘雨廷.易学史丛论[M].上海：上海古籍出版社，2007：441.

三玄之主,隋唐以来更有儒释道三教权舆之称……①

这指明了易学史的发展进程与中国思想文化发展是同步的,而易学著作的实质性内容则需要置身于历代学者所处的不同的时空条件来分辨得失,还易学著作的本来面目。作者进一步指出:"凡历代关键性的易著,均须深入其核心的思路及承前启后的作用。由于每一种易著,势必与历史状况和思想状况息息相关,所以易学史的发展线索,也反映了中国历史与中国思想史发展的主要轮廓。"② 可见,易学思想本身就是中国历史和中国思想史的一部分,发掘和弘扬中国精神,便需要从易学思想中攫取力量,从易学史的角度去审视中国思想文化不失为一种可靠而有效的途径。潘雨廷先生的《读易提要》是一部提要性质的重要易学著作,涉及的易学典籍有 240 多种,其中,两汉至隋唐时期的易著有 38 种。张善文先生的《历代易家与易学要籍》同样是一部目录提要性质的重要易著。该书在黄寿祺先生的《易学群书评议》的基础上对历代易家和易学典籍进一步做了综合性述评。通过对该书统计,西汉至唐代有籍可考的齐鲁易学家有将近 40 位,给研究汉唐时期的齐鲁易学提供了学术基础。另外,林忠军先生主编的两卷本《历代易学名著研究》把易学看作对《周易》的解释学,主要介绍了郑玄与《周易注》、孔颖达与《周易正义》两部有关齐鲁易学的重要易学著作。

刘大钧先生的《周易概论》一书简略扼要地介绍了传统易学的研究方法,并以之为线索重点论述了易学的主要发展历程,引起了学界对传统易学研究方法的关注。该书对孟喜、施雠、梁丘贺三家易,费直易学及王弼易学等的传承和断续多有评介。作者认为西汉易学在中国易学史上占有比较重要的地位,特别是孟喜、京房的易学对后代易学研究影响巨大。他说:"因孟《易》本于田何,而田何又是汉初唯一的传《易》者,因而孟氏《易》文被后人看作西汉古《易》正宗,又加之其一直流传到唐,因此造成了很大的影响。"③ 东汉,谶纬迷信盛行,三家易几近衰敝,独费氏易学通过郑玄等人的注解得以存续。南北朝时期,"'南学'治《易》取王弼,'北学'治《易》取郑玄"④。至隋代,"南学"兴盛、"北学"衰微,周易研究呈现了王注盛行、郑学式微的局面。唐

---

① 潘雨廷. 易学史丛论 [M]. 上海:上海古籍出版社,2007:441-442.
② 潘雨廷. 易学史丛论 [M]. 上海:上海古籍出版社,2007:442.
③ 刘大钧. 周易概论 [M]. 成都:巴蜀书社,2010:79-80.
④ 刘大钧. 周易概论 [M]. 成都:巴蜀书社,2010:93.

代，孔颖达《周易正义》对唐宋儒学产生了深远的影响。该书深入浅出地介绍了易学史上关键的时间节点和相关的易学家，为清晰透彻地了解《易》本为卜筮之书的原本面貌提供了一个全新的视野。

金生杨先生的《汉唐巴蜀易学研究》是一部专门研究巴蜀地域易学、弘扬地域思想文化特色的著作。该书从巴蜀易学的发展历程、特征和渊源三方面进行了全面探索，分五章对西汉、东汉蜀汉、魏晋南北朝、隋唐、五代前后蜀时期的巴蜀易学做了论述，结构严谨，内容丰富。该书不仅专门介绍易学家的易学贡献，还将分析讨论的范围扩展至与易学有关的，对易学影响程度较深的人物，充实了该书的内容，使之架构更为丰满，全面地展示了巴蜀地域易学与中国思想文化的难以割裂的联系。作者认为，"越是具有地域特点的易学，越是具有全国性的影响"①，为整理和发扬地域易学带来了极具价值的学术参考。

除上述著作外，钱基博先生的《周易解题及其读法》、李学勤先生的《周易溯源》、吕绍刚先生的《周易阐微》、林忠军先生的《象数易学发展史》、刘玉建先生的《两汉象数易学研究》、郑万耕先生的《易学源流》、汪学群先生的《清初易学》《清代中期易学》等著作中的许多论点皆具有独到鲜明的特色，都为本书的写作提供了诸多启示，笔者受益匪浅。

三、研究思路及重点、难点、创新点

（一）研究思路

汉唐齐鲁易学思想史可以看作一部浓缩的汉唐齐鲁思想史，是围绕研究和阐释《周易》经传思想，吸纳融合各家各派理论学说的一个地域文化模型，关涉齐鲁文化的思想观念、价值追求和哲学精神。本书将汉唐齐鲁易学思想作为主要研究对象，以纵向的历史演进轨迹为主线，截取汉唐时期作为时代背景，以齐鲁地域易学思想研究为线索，重点发掘和把握汉唐时期包括齐鲁易学在内的思想文化总体发展轨迹和演变规律，致力于通过具有典型性的汉唐时期齐鲁易学思想的研究来揭示中国历史中主流思想文化的成长过程和中华民族的核心价值。在归纳总结前人的材料基础上，本书将尝试采用如下研究方法。

第一，扩大传统易学研究的范畴，将易学研究与思想史相结合的方法。徐复观先生曾提出"经学思想"的概念。他指出："中国过去涉及经学史时，只言人的传承，而不言传承者对经学所把握的意义，这便随经学的空洞化而经学史

---

① 金生杨. 汉唐巴蜀易学研究 [M]. 成都：巴蜀书社，2007：3.

亦因之空洞化。更因经学史的空洞化，又使经学成为缺乏生命的化石。……即使不考虑到古代传统的复活问题，为了经学自身的完整性，也必须把时代各人物所了解的经学的意义，作郑重的申述，这里把它称为'经学思想'，此是今后治经学史的人应当努力的大方向。"[1] 传统的研究方法囿于《周易》经传的注释和易学学派的演变，将着眼点放在专门治《易》的易学家和易学典籍本身，对受易学思想影响和启示或曾研究《周易》经传、运用易学思想的相关历史人物、思想家以及他们的实践活动关注较少。本书拟以鸟瞰式的宏观视角将易学思想的研究置于整个中国社会历史和思想文化的大潮中，与学术史、思想史、哲学史等相结合，从而整体把握它们之间相互影响、相互促进的内在联系以及中国传统文化传承上的延续性。

第二，围绕重点人物的相关思想、著述、实践活动等展开研究，并与时代思潮相结合的方法。梁启超曾说："所谓时代的研究法，专看各代学说的形成、发展、变迁及其流别。把几千年的历史，划分为若干时代。在每时代中，求其特色，求其代表，求其与旁的所发生的交涉。"[2] 本书以点带面，点面结合，既着重勾勒特定历史阶段中具体人物、著述与思想的历史轨迹和突出贡献，又凭借这一重要线索打破传统学派的限制，结合时代背景、社会文化氛围与地域特色等大环境因素，理顺齐鲁易学思想的发展过程、规律和趋势，以求更为全面地认识齐鲁易学思想的特点、地位和贡献。

第三，采用前人"经史互证""政史结合""文史互证"以及社会史与思想史相结合等研究方法。齐鲁易学思想的发展与政治、历史的演变密切相关。综合研究齐鲁易学思想需要充分认识历史和政治的发展动向以及三者之间的互动关系，全面展现齐鲁易学思想在汉唐时期社会政治、社会历史和思想文化中所产生的影响、发挥的作用和历史地位，力争厘清齐鲁易学思想在中国传统文化构成中的核心价值。

（二）重点、难点、创新点

本书选取汉唐齐鲁易学思想作为研究对象，重点是综合考察齐鲁易学在汉唐时期的发展脉络以及其对汉唐时期中华优秀传统文化主流的影响和指导作用。汉唐时期的易学研究很难摆脱汉易宗派的影响，但是本书将不过多关注易学理路的分歧和流派的冲突，而是将研究的重心放在分析齐鲁易学思想对汉唐时期

---

[1] 徐复观. 中国经学史的基础 [M]. 台北：台湾学生书局，1982：208.
[2] 梁启超. 梁启超论儒家哲学 [M]. 北京：商务印书馆，2012：15.

社会生活、政治活动、文化氛围等方面的指导作用和感召力上，剖析易学智慧与中国传统文化之间相辅相成、休戚与共的内在联系，以及易学思想在中国传统文化主流构成中的核心位置。

在进行具体研究时，本书不可避免地会遇到一些困难。第一，汉唐时期齐鲁易学家和相关易学典籍不可胜数，但是其中大多数皆已亡佚，许多重要易学家的生平年代已不可考，其易学思想和著作也只在为数不多的古籍记载中留下寥寥数语，管中窥豹，资料相对匮乏。另外，一些思想家、政治家等虽受易学的影响和启示，但他们的易学成就、易学观点和在易学思想启示下的实践活动，前人并没有做具体、全面的总结，笔者只能从相关的史料中逐一爬梳、整理、集萃，以求较为客观地反映他们的易学贡献。第二，在以重点人物为线索串联汉唐时期齐鲁易学思想的发展轨迹过程中，如何筛选具有代表性的人物、著作和事件也是摆在笔者面前的一大问题。两汉时期，承先秦易学思想发展的余续，齐鲁易学家名人辈出，西汉时期有田何、王同、伏生、孔安国、公孙弘、盖公、杨何、即墨成、周霸、衡胡、主父偃、孟喜、梁丘贺、费直、王璜等，东汉时期则有郎宗、郎𫖮、何休、郑玄、孙期、仲长统、刘表等。魏晋南北朝时期，易学专家有张邈、王肃、管辂、王弼、明僧绍、伏曼容等，文苑中有"建安七子"孔融、王粲、徐干、刘桢，"元嘉三大家"颜延之、鲍照、颜之推，《文心雕龙》著者刘勰等。隋唐时期有政治家房玄龄、马周等，思想家颜师古、吕才，经学家王元感等。这些思想家、学者、政治家中有许多并没有系统的治《易》专著，但汲取的易学智慧对他们的学术活动、政治实践产生了重要影响，如何有效地甄别他们的易学贡献，选取典型的人物异常重要。第三，如何定位和阐释齐鲁易学思想在汉唐时期易学思想发展过程以及整个中国传统文化发展中的作用，不仅需要对易学思想发展脉络有正确、清晰的了解，还需要对整个中国思想史、哲学史、社会文化史等相关知识有较为完整的掌握。第四，汉唐齐鲁易学思想的研究还需界定主要研究对象的概念和范围。齐鲁易学与齐鲁文化一样，有狭义和广义之分。狭义的齐鲁易学是指先秦齐国和鲁国时期的易学。相比来讲，广义的齐鲁易学所包含的范围更加广泛，即指按地域划分的齐、鲁故地范围内的易学，也就是通常所指的齐鲁易学。然而，本书所涉及的齐鲁易学思想的研究领域则采取更为包容的态度，即拓展至受到齐鲁易学思想熏陶，对齐鲁易学的发展产生重大影响，在齐鲁境内游学、生活、为政等的学者、政治家、思想家等。第五，有学者提出："两汉时期，以齐学和鲁学为主要特色标志的齐鲁文化，不仅使先秦时期齐、鲁两国文化得以延续和发扬光大，而且在新的大一统政治形势下，展现出特异的风采，使齐鲁之学成为国学，对两汉的政治、经济和文化产生了巨大的影响。"① 由于魏晋以后中国文化的重心发生了转移，齐鲁易学也面临断代的尴尬境地，这给材料的搜集带来一定困难。

通过具体的研究和写作，本书力图达到以下方面的创新。

第一，研究内容的创新。有关易学史的整体研究和相关的断代研究，前人都做过详细认真的总结和提炼。然而，地域易学作为易学史的重要组成部分，除金生杨的《汉唐巴蜀易学研究》等外，前辈学者很少涉及。齐鲁大地是中华文明的起源地之一，也是中国古代思想文化的主流——儒家思想的发祥地。易学思想又是儒家主流思想的理念基础。这一特点使齐鲁易学思想极具代表性。同时，"在整个中国学术典籍中，《周易》的历史连续性是最突出的，自它问世以后便从未间断过"②。因此，本书将通过对汉唐时期齐鲁易学思想的整体描绘，全面把握齐鲁易学思想的特点、贡献和精神内涵，以期彰显齐鲁易学思想在整个中国传统文化构成中的特殊地位，达到研究内容方面的创新。

第二，研究视野的创新。柯林武德（R. G. Collingwood）曾说，历史研究应当把握人类活动蕴含的思想，历史的本质是思想所构成的，也就是说历史就是思想史，而且"除了思想之外，任何别的东西都不可能有历史"③。"众所周知，思想文化的发展，不仅是某一特定时代社会存在的反映，而且是对以往思想资料加以继承和发展的结果。"④ 本书在总结前人对于汉唐时期易学本体和易学史本身研究的基础上，不囿于传统易学研究的领域，而是拓宽视野，进一步扩大易学思想研究的范畴，把包括相关的思想史、哲学史、政治史、社会史等在内的多个领域的研究成果拼贴、综合，发挥《周易》"兼容并包，广大悉备"的精神，力图完整地呈现汉唐时期齐鲁易学思想的宏观概况和发展脉络，并以此为契机，加深对齐鲁思想文化以及中国传统文化主流的认识。

第三，研究观点的创新。长久以来，丰富多彩、深厚博大的地域文化对中华优秀传统文化的传承和发展做出了巨大贡献。汉唐时期，以儒家文化为代表的齐鲁文化逐渐上升为中国传统文化的主干，成为吸收包容各民族、各地区文

---

① 孟祥才，王克奇. 齐鲁文化通史：秦汉卷 [M]. 安作璋，王志民，主编. 北京：中华书局，2004：6.
② 周桂钿，李祥俊. 中国学术通史：秦汉卷 [M]. 北京：人民出版社，2004：76.
③ 柯林武德. 历史的观念 [M]. 何兆武，张文杰，译. 北京：商务印书馆，1997：417-418.
④ 张涛. 易学·经学·史学 [M]. 北京：北京师范大学出版社，2011：15.

化精华的主体。汪学群先生曾说："《周易》是一部思想理论性很强的儒学经典，它在中国古代思想或理论建构上起过重要的作用。历代易学家或易著在解《易》过程中都把自己对天地自然、人生、社会、政治诸方面的见解注入其中，体现中国古代经学包括易学注重诠释的特点，而正是这种诠释不仅赋予易学以时代特色，折射出闪光的思想火花，而且也推动易学思想的发展。"[①] 易学思想是儒家思想体系的理念基础，体现了中华文明的开放性和包容性。本书通过对汉唐盛世时期齐鲁易学思想内涵精神的挖掘，试图阐释易学思想是齐鲁思想文化的内在灵魂，是齐鲁文化由地域文化升华到中华优秀传统文化主流的重要推动力，是中华民族核心价值观的精神内核。

---

① 汪学群.清代中期易学［M］.北京：社会科学文献出版社，2009：6.

第一章

齐鲁易学溯源

　　齐鲁文化历史悠久，底蕴丰厚，源远流长。自古及今，历史文化的形成皆离不开其特定的自然地理环境。河洛文化、巴蜀文化、三晋文化、吴越文化等都是以鲜明的自然地理条件为依托而兴起。与其他地域文明相同，独特的地理环境为齐鲁文化前身的塑造创造了得天独厚的有利条件。山东地区位于中国的东部沿海，地处黄河下游、京杭大运河的中段，东临渤海、黄海，直面太平洋，西跨泰山、沂山至黄河，辖区东部和南部半岛地区为鲁东丘陵，中部为鲁中山地，西部和北部为鲁西北平原，气候温和，四季分明，属温带季风气候。多元化的地貌特征使山东的经济发展、社会生产和文化体系都具备了兼容并包、开放日新的鲜明特色。山地、丘陵以及广袤的森林为原始狩猎畜牧业、采集业提供了优良的环境；开阔的平原和丰富的水利资源带来了农业生产的繁盛；四通八达的陆海网络为渔盐商贸等工商之业开辟了空间。陈寅恪先生曾说："滨海为不同文化接触最先之地，中外古今史中其例颇多。"[①] 东海之滨的生产生活区域逐渐成为齐鲁先民的文化图腾，内陆文化与海洋文化的优势结合也为原始齐鲁文明的开创打下了良好的基础。

　　距今约50万年前，沂源猿人开始出现在齐鲁大地上，标志着史前时期的山东就有了人类活动遗迹。据史书记载，山东地区的早期原住民被称作东夷人。《说文解字》解读"夷"字为东方之人。《礼记·王制》记载："东方曰夷，被发文身，有不火食者。"[②]《大戴礼记·千乘》："东辟之民曰夷，精以僥，至于大远，有不火食者矣。"[③]《后汉书·东夷列传》亦有关于东夷人的记述："夷者，柢也，言仁而好生，万物柢地而出。故天性柔顺，易以道御，至有君子、

[①] 陈寅恪. 陈寅恪集：金明馆丛稿初编 [M]. 北京：生活·读书·新知三联书店，2001：45.

[②] 郑玄，注. 孔颖达，疏. 十三经注疏：上 [M]. 上海：上海古籍出版社，1997：1338.

[③] 王聘珍. 大戴礼记解诂 [M]. 王文锦，点校. 北京：中华书局，1983：162.

不死之国焉。夷有九种，曰畎夷、于夷、方夷、黄夷、白夷、赤夷、玄夷、风夷、阳夷。故孔子欲居九夷也。"① "武乙衰敝，东夷浸盛，遂分迁淮、岱，渐居中土。"② 这些山东早期的土著居民通过改造自然，使用工具，长期辛勤劳动，历经旧石器时代、新石器时代，逐渐形成了独立创成、发展且极具地域特色的东夷文化雏形。可以说，齐鲁文化最早源于史前时期的东夷文化。从约八千年前的后李文化、北辛文化，约五千年前的大汶口文化、龙山文化，到公元前21世纪的岳石文化，经历五个阶段形成了东夷文化发展的历史脉络，成为齐鲁文化繁荣昌盛的精神源头。据考证，在东夷诸部落原始居民生活的时代，经济发展、社会分工和私有制的萌发促进了文化的突飞猛进，原始的宗教形式、天文历法以及礼制观念等也随之开始出现。根据考古发掘和神话传说中的记载，伏羲、黄帝、舜帝等传说时代的部族首领都与齐鲁大地有着千丝万缕的联系，并且对齐鲁文明的积淀产生过长期、重要的影响。《史记·三皇本纪》记载：

> 太皞庖牺氏，风姓。代燧人氏，继天而王。母曰华胥。履大人迹于雷泽，而生庖牺于成纪。蛇身人首，有圣德。仰则观象于天，俯则观法于地，旁观鸟兽之文，与地之宜，近取诸身，远取诸物，始画八卦，以通神明之德，以类万物之情。造书契以代结绳之政。于是始制嫁娶，以俪皮为礼。结网罟以教佃渔，故曰宓牺氏。养牺牲以庖厨，故曰庖牺。有龙瑞，以龙纪官，号曰龙师。作三十五弦之瑟。木德王。注春令。故《易》称"帝出乎震"，《月令》孟春"其帝太皞"是也。都于陈。东封太山。立一百一十一年崩。③

这段史料简要记叙了伏羲氏效法自然创制八卦以及始作嫁娶之礼、授民佃渔、畜牧等技术的重要事迹。雷泽，又称雷夏泽，大概位于今山东菏泽东北，也是舜帝捕鱼之故地。据记载，成纪即成阳县，同样位于山东菏泽地区。可见，伏羲氏始作八卦的活动是与山东地区密不可分的。《孟子·离娄下》曰："舜生于诸冯，迁于负夏，卒于鸣条，东夷之人也。"注云："诸冯、负夏、鸣条，皆

---

① 范晔. 后汉书：卷八十五[M]. 李贤，等注. 北京：中华书局，1965：2807.
② 范晔. 后汉书：卷八十五[M]. 李贤，等注. 北京：中华书局，1965：2808.
③ 司马迁. 史记：附录二[M]. 裴骃，集解. 司马贞，索引. 张守节，正义. 北京：中华书局，2014：4051-4052.

地名也。负海也，在东方夷服之地，故曰东夷之人也。"① 显而易见，海岱之间的东夷地区亦是舜帝的故里。《史记·五帝本纪》云："舜耕历山，渔雷泽，陶河滨，作什器于寿丘，就时于负夏。"② 其中的地名多在山东境内。《墨子·尚贤中》云："古者舜耕历山，陶河滨，渔雷泽，尧得之服泽之阳，举以为天子，与接天下之政，治天下之民。"③ 叙述了舜躬耕历山，制陶河滨，捕鱼雷泽，尧于雷泽寻舜，并禅位于舜的事迹。不难看出，传说人物的活动大多与齐鲁故地息息相关。

随着周王朝的建立和齐鲁封国的确立，齐鲁文化越来越多地受到宗周文化的辐射影响。地缘上的亲近，加之拥有共同的社会环境和文化基础，齐鲁文化逐渐实现了与主流文化的有机融合，最终形成了兼具齐鲁两地特色的齐鲁文化体系，上升为整个中华文明的根脉之一。齐鲁文化体系兼容并包，博大精深，历来被认为是中华优秀传统文化主流的重要组成部分。这也使得齐鲁易学既受到齐鲁文化熏陶而独具特色，又体现着中华优秀传统文化主流的风格而独领风骚。易学从最初的卜筮起源到孔子整理《周易》并成为儒家"群经之首"，从汉代定于一尊、立为"天人之学"到唐代《周易正义》兼宗象数义理而化为易学正宗，及至宋代的易理阐发、史论结合的哲理化转向，明代程朱易学、心学易及佛易会通的大发展，再到清代朴学易、训诂考辨的兴起都或多或少地受到齐鲁文化、齐鲁思想家、齐鲁易学家及易学典籍的深刻影响。追本溯源，齐鲁易学是中华易学兴起传衍的主要源头和重要载体，也是窥探官方主流易学新旧代嬗的重要窗口。总而言之，要推究中国易学思想演变发展的过程，就必须首先对齐鲁易学进行整体考察和梳理。

第一节　传说时期的齐鲁易说

《汉书·艺文志》总结道："《易》道深矣，人更三圣，世历三古。"④ 由此产生了"人更三圣"的先秦易学分期，即易学经历了上古伏羲氏画八卦，中古周文王重卦、作卦爻辞，下古孔子整理经学易三个重要阶段之说。《易纬·乾凿

---

① 焦循. 孟子正义 [M]. 沈文倬, 点校. 北京：中华书局，1987：537.
② 司马迁. 史记：卷一 [M]. 北京：中华书局，1959：32.
③ 孙诒让. 墨子间诂 [M]. 孙启治, 点校. 北京：中华书局，2001：57-58.
④ 班固. 汉书：卷三十 [M]. 颜师古, 注. 北京：中华书局，1962：1704.

度》云："垂黄策者羲，益卦演德者文，成命者孔也。"①《易纬·通卦验》有言："苍牙通灵，昌之成，孔演命，明道经。"② 郑玄以为苍牙意指伏羲，昌借指周文王。虽然纬书之言不可尽信，但"人更三圣，世历三古"是先秦易学源头的说法一直流传下来。

伏羲可谓易学产生的始祖。传说中，易学发轫于伏羲氏画卦。《系辞下》曰："古者包牺氏之王天下也，仰则观象于天，俯则观法于地，观鸟兽之文与地之宜，近取诸身，远取诸物，于是始作八卦，以通神明之德，以类万物之情。"③《管子·轻重》曰："虙戏作，造六峜以迎阴阳，作九九之数以合天道，而天下化之。"④ 八卦始创于伏羲氏之传说一直以来得到学界较为统一的认可。清人皮锡瑞认为，伏羲画卦最大的贡献在于立君臣父子夫妇的纲纪伦常，"故《易》者，所以继天地，理人伦而明王道"⑤。这也就肯定了伏羲画卦之功。《白虎通·号》曰："古之时，未有三纲六纪，民人但知其母，不知其父……饥即求食，饱即弃余。茹毛饮血，而衣皮苇，于是伏羲……因夫妇，正五行，始定人道。"⑥ 这也印证了鹿门先生的观点。《史记·三皇本纪》也有关于伏羲氏效仿天地万物于雷泽画卦的记载。其中，雷泽大约位于今山东菏泽一带，也是伏羲氏主要活动地区，由此可见，伏羲氏的事迹大多与齐鲁故地有着紧密的联系，是齐鲁易学的源头。

蒙文通先生认为传说中伏羲之父燧人氏为风姓的祖先，伏羲、女娲亦是风姓，炎帝、黄帝之前中国的部落首领多为风姓之人，"太昊之胤，胥国于济、洈之间，知风姓诚东方之民族也"⑦。通过对传说和史料的甄别，他认为伏羲氏出自东夷民族，同时他提出，燧人氏以来已有关于制卦的创述，画卦并非出自一人一时之手，创作之功归于伏羲是因其为部落中最杰出的代表。⑧虽然没有直接的史料能够证明伏羲氏画卦的史实，但伏羲及东夷先民的智慧对易学开辟所做的贡献是不可磨灭的，八卦的创立是先秦易学演进过程中的重要里程碑。王献唐先生曾对伏羲故里做过多次考证，他认为伏羲一族出于山东泗水，原居于泰

---

① 司马迁. 史记：卷四 [M]. 北京：中华书局，1959：119.
② 林忠军.《易纬》导读 [M]. 济南：齐鲁书社，2002：188.
③ 张涛，注评. 周易 [M]. 南京：凤凰出版社，2011：277.
④ 黎翔凤. 管子校注 [M]. 北京：中华书局，2004：1507.
⑤ 皮锡瑞. 经学通论 [M]. 北京：中华书局，1954：2.
⑥ 陈立. 白虎通疏证：上 [M]. 吴则虞，点校. 北京：中华书局，1994：50-51.
⑦ 蒙文通. 蒙文通文集（第一卷）：古史甄微 [M]. 成都：巴蜀书社，1999：55.
⑧ 蒙文通. 蒙文通文集（第一卷）：古史甄微 [M]. 成都：巴蜀书社，1999：55-62.

山一带高耸之地,而"伏羲生于雷泽,雷泽所在为成阳"①。雷泽现位于山东鄄城县东南、菏泽市东北一带。近人高怀民先生认为,有关伏羲氏的史料最可靠的是地理上所留下的几处遗迹,分别为太昊之墟(今河南淮阳)、伏牛山和《左传》所记载春秋时期的任、宿、须句、颛臾四国,"整个看起来,伏羲氏的遗迹西起伏牛山区,东达泰山山区,中间便是所谓的淮河平原。伏羲氏的活动地区,便在这一带"②。《左传·僖公二十一年》记载:"任、宿、须句、颛臾,风姓也,实司太皞与有济之祀,以服事诸夏。"③ 其中,太皞指伏羲氏,任、宿、须句、颛臾即今山东济宁市任城区、东平县东、东平县西北以及费县。众所周知,自然地理环境往往对文明的形成有着关键的化育作用。伏羲氏长期生活于中国古代文明起源地之一的黄河流域山东地区,难免受到当地的生活风俗和自然条件的客观影响。伏羲氏画卦取象于天,察法于地,天文、地理等自然环境要素是其取材的重要渠道。不难看出,八卦的创立离不开东夷文化背景之浸染,伏羲氏与齐鲁易学存在不可分割的关联。伏羲氏自古以来被视为中华文明的人文始祖,是易学的主要源头。在易学初创的神话传说时期,伏羲氏将人文精神寓于图像符号中,并将对世界的认识及对人与自然关系的理解以阴阳、"三才"等观念加以划分,形成了易学的基本精神,其首创之功和启蒙意义不可磨灭。而在易学形成和发展的过程中,齐鲁故地作为人文始祖伏羲的重要活动区域,是孕育和承载易学基本精神的主要环境。以伏羲氏创立八卦为代表的传说时代人物事迹对整个易学发展来说,是一个"初步的但又是具有决定性意义的开端"④,他们在吸纳齐鲁故地文化养分的同时,奠定了齐鲁易学的发展格局。

第二节 春秋时期的齐鲁学术与易学

春秋战国时代,诸侯并起,烽火连年,社会局势动荡不安,是中国古代社会的重要转型时期。中国社会掀起了一场重大而深远的变革。首先表现为"礼乐崩坏,世风颓废",社会制度迎来巨大变革。随着社会生产力的提高,土地制度、赋税制度、财富分配状况等不断剧烈变化。旧的奴隶主贵族制度开始瓦解,

---

① 王献唐. 炎黄氏族文化考 [M]. 济南:齐鲁书社,1985:495.
② 高怀民. 先秦易学史 [M]. 桂林:广西师范大学出版社,2007:35.
③ 李梦生. 左传译注 [M]. 上海:上海古籍出版社,1998:260.
④ 蒙培元. 伏羲与周易文化 [J]. 天水师范学院学报,2008(4):3.

原有的社会政治局面被打破，以土地私有化和商业经营为特征的新兴地主阶级逐渐走上历史舞台。经济上的富足使新兴阶级有了政治上的诉求，这些诉求大多以学说的形式反映到思想文化领域。其次，连续不断的兼并战争对稳定的诸侯势力格局造成了巨大冲击，打破了相对平和的社会生存环境，人口流动性加大。一方面，战火硝烟、兵荒马乱的剧烈变动削弱了统治阶级的控制力，为思想文化的发展营造了一种相对自由独立、宽松包容的氛围，思想家的创造力得到一定程度的释放。另一方面，越发激烈的战争、日益沉重的奴役和苦难也引起了思想界对现实生存状况的思考，反抗现实、追求精神解放以及重塑社会秩序等思潮也汹涌澎湃起来。随着"王官之学"学术垄断被打破，学术思想在民间传播开来。思想文化犹如挣脱了缰绳的野马迸发出新的活力，百家争鸣、百花齐放，中国学术思想迎来了空前繁荣的局面。正如《荀子·解蔽》所说："今诸侯异政，百家异说，则必或是或非，或治或乱。"① 在这中国文化的轴心时代中，众多极具思辨性、理性探索精神和创始意义的学术流派涌现出来，诸子百家优秀的思想家层见叠出，中国进入了学术思想的开创时代。先秦时期是中国文化的源头，诸子百家是先秦文化的载体。由于中国社会正在经受着急剧的战乱和变动，先秦诸子对学术思想的追求不再仅仅局限于形而上的"道"，而是开始关注社会民生、天下大势，带着"问题意识"致力于解决社会现实问题。《淮南子·氾论训》云："百川异源而皆归于海，百家殊业而皆务于治。"② 儒、墨、道、法、阴阳、纵横各家各派都以社会和谐安定为己任，围绕社会政治、人生理想、自然哲学等议题针砭时弊，提出了独到的见解。众派争流、奇花怒放的过程中，一大批原始典籍汇集而成，经学应运而生。易学在这一时期发挥着重要作用。传统的易学不再简单地局限于占筮吉凶，对《周易》的哲理化解释在主流易学中逐渐占据主要位置，奠定了易学发展的基本方向。《易传》诸篇的横空出世搭建了一个综合百家、超越百家的思想熔炉，开物成务、与时偕行的思想体系引导易学与社会现实相结合，合百家之言于一体。《系辞下》曰："《易》之兴也，其于中古乎？作《易》者，其有忧患乎？"③ 这表达了易学关注社会现实的思想倾向。百家治《易》给易学带来了源源不断的活力，也为诸子百家思想的发展提供了理论的滋养。齐鲁学术思想在这一趋势下同样得到了释放，孔

---

① 王先谦. 荀子集解 [M]. 沈啸寰，王星贤，整理. 北京：中华书局，2012：374.
② 刘文典. 淮南鸿烈集解 [M]. 冯逸，乔华，点校. 北京：中华书局，1989：427.
③ 张涛，注评. 周易 [M]. 南京：凤凰出版社，2011：283.

子整理六经奠定了齐鲁儒家学派的主流地位，稷下学宫荟萃百家的盛况把齐鲁学术思想的迸发推向了高潮，所有要素都为齐鲁思想文化从地域文化上升到主流文化地位铺平了道路。这一时期，齐鲁易学在先驱孔子的带领下逐步壮大，成为易学发展的主干，综合包容性增强，开始展现出道德教化的特点，人文理性色彩愈加浓厚。随着孔子以后诸子易学的繁荣，齐鲁易学兴盛不断，齐鲁易家传承不绝，齐鲁易学的影响力扩展至全国，并与社会政治紧密结合，影响了时局的发展，进一步推动了学术思想的兴旺。

第三节 孔子与儒家易学

谈到齐鲁文化或中华优秀传统文化，就不能不谈孔子。孔子作为中华优秀传统文化的象征，被誉为"至圣先师""万世师表"，是儒家学派的创始人，也是齐鲁文化的精神领袖。太史公言道："孔子布衣，传十余世，学者宗之。自天子王侯，中国言《六艺》者折中于夫子，可谓至圣矣！"[①] 早在先秦时期，齐鲁大地就已成为轴心时代中国思想文化的核心区域。[②] 秦汉以后，随着儒学主流、主干地位的确立，作为孔子故里的齐鲁大地成为中华民族心目中的文化圣地，齐鲁文化的官方地位也随之提升，建构了中华民族的民族性格和人文底色，为中华文明发展注入了不竭动力。有学者指出：

> 齐鲁文化发展史上，孔子创立儒家学派具有划时代的意义。孔子之前的齐鲁文化仅仅是一种发展程度较高的地域文化，它还缺乏一种足以统领各项文化成果，足以突破地域局限，可以为全体华夏民族所认同的学说……有了儒家学说，齐鲁文化才真正具有民族、地域的超越性，才真正能够担负起领导中国文化的使命。[③]

换句话说，儒家学说的内核可以认为源于齐鲁文化。成长环境潜移默化地影响着一个人的思想理念。孔子诞生和成长于鲁国，自幼受到齐鲁文化浸润，

[①] 司马迁.史记：卷四十七［M］.北京：中华书局，1959：1947.
[②] 颜炳罡.轴心文明与齐鲁文化的多重意蕴［J］.东岳论丛，2022（9）：138.
[③] 孟祥才，胡新生.齐鲁思想文化史：从地域文化到主流文化［M］.济南：山东大学出版社，2002：123.

以"年少好礼"闻名乡里，以仁与礼为核心搭建的儒家学说难免汲取了齐鲁故地文化风俗。《史记·孔子世家》云："孔子生鲁昌平乡陬邑。其先宋人也，曰孔防叔。防叔生伯夏，伯夏生叔梁纥。纥与颜氏女野合而生孔子，祷于尼丘得孔子。鲁襄公二十二年而孔子生。生而首上圩顶，故因名曰丘云。字仲尼，姓孔氏。"[1] 齐鲁大地是孔子的诞生地，也是儒家思想的发源地。一方面，孔子及其弟子所建立的儒家学派发轫于齐鲁故地，沿流数源，儒家学说深受齐鲁文化熏陶，充满了齐鲁文化色彩。比如，齐文化尊贤尚功，鲁文化重礼教、崇信义；齐文化融通进取，鲁文化守正弘德；等等。这些特点在儒家学说中都能或多或少寻得踪迹。另一方面，齐鲁文化在融合演变过程中，逐渐形成以因袭鲁礼为灵魂的文化系统，齐文化和鲁文化在宗周的鲁礼中实现了一体化。儒学建立之初被看作邹鲁乡邦之学。孔子及其弟子游走于齐鲁之间积极传播儒学思想，使得齐风鲁韵融入儒家学说之中。孔子自己便提出过"齐一变，至于鲁，鲁一变，至于道"[2]。孔子及其后学的努力促使以儒学为代表的齐鲁文化在汉代跃升为官方正统的意识形态，成为全民族的精神信仰。

此外，孔子重礼也反映了儒家学说源于鲁的时代印记。礼是西周和春秋时期社会政治伦理生活的一种普遍范式。[3] 鲁国出自周公姬姓之后，为周王室同姓宗邦国，与宗周礼乐文化一脉相承。东周以降，王室衰微，礼崩乐坏。鲁国继续尊崇礼乐文化，施行周代的礼治和宗法制度，一时间成为天下文明重镇。韩宣子适鲁观《易象》与《鲁春秋》就曾发出过"周礼尽在鲁矣"的感叹。在齐鲁文化的氛围中，尤其是受到邹鲁乡风影响，孔子更加推崇仁与礼，提出"克己复礼以为仁。一日克己复礼，天下归仁焉"[4] 的核心理念。这既是创建以仁为中心的伦理道德体系的基石，又是儒者修身养性的基本路径和儒家追求的最高社会理想。

孔子在整个中国学术思想史，特别是中国易学史上始终占有极为重要的地位。有学者指出：

> 孔子是在他前后的人物中最具代表性的一个，因为他对当时的问题认识很深，在处理个别的问题上，他不一定能对每一个问题都处理的比别人

---

[1] 司马迁. 史记：卷四十七 [M]. 北京：中华书局，1959：1905.
[2] 杨伯峻. 论语译注 [M]. 北京：中华书局，2006：70.
[3] 丁原明. 墨学与齐鲁文化 [J]. 管子学刊，1993（2）：52.
[4] 杨伯峻. 论语译注 [M]. 北京：中华书局，2006：138.

好，比别人更有效，但没有一个人能像他关心全面性的问题。晚于他的诸子，不论是赞成他或反对他，也没有一个不受他的影响；认同与责难，都把焦点集中于孔子，是足以证明他已开始居于思想史的中心地位和文化思想的代表。①

孔子注重在继承传统思想文化的基础上，充分发挥传统文化中对现实有益的部分，试图通过对文化传统的重构找到处理现实问题的办法。孔子及其儒门弟子与《周易》经传的关系即是建立在这一思想根基之上。

众所周知，《易经》本为卜筮之书，成书于周代以前，有着漫长的代嬗递变过程。因此，其成书非一时一地一人之手，可以认为是在统合先周各个时期官方筮法、筮例的基础上有所增益的一整套卜筮系统。按照当下学术界的共识，《周易》大致可以划分为《易经》和《易传》两部分。其中，《易经》部分由六十四卦卦象及其相关的卦辞和爻辞组成。《易传》部分则是对整个《易经》经文的阐释，共包含七种十篇，包括《彖》《象》《系辞》各上下两篇和《文言》《说卦》《序卦》《杂卦》诸篇，统称为"十翼"。随着周代官方筮书的定型，《易经》部分的文本逐渐经典化和哲理化，跳出了其原本作为"卜筮之书"形式上的窠臼，具有了自然哲学和人文理性的思想倾向。《易经》的成书大约在周初。在经典化过程中，各家各派对于《易经》的认识产生了不同见解，随之对经文阐释的著作也开始逐步出现，直至战国中后期，在诸子思想风起云涌、百花齐放的时代，"十翼"应运而生。篆文"翼"字从羽，在此"翼"字取其羽翼辅佐之意。汉代的学者习惯上将诠释儒家经典的著作称为"传"，因此，"十翼"也被合称为《易传》，延续至今。关于《易传》的成书历程和学派归属历来存在不同的观点，各执一端，莫衷一是。早在汉代，司马迁的《史记》及班固的《汉书》都将孔子确认为"十翼"的作者。直到宋代，在疑经变古思潮影响下，欧阳修著《易童子问》开始对这一提法产生怀疑。现今，仍有部分学者盲目地言必称孔孟，试图通过多方考据来证明《易传》完全为孔子所作，认为《易传》是儒门一家之言；另一部分则认为《易传》中的道家思想更为浓厚，继承了道家的思想理路，或认为是儒道调和的产物。他们的观点各有论据，都具有一定的合理性。综合来看，"十翼"也并非出于一时一地一人之手，而是一个综合包容的产物，既融合了儒、道思想，又为各家各派所接受、借重和弘扬，

---

① 韦政通. 中国思想史 [M]. 长春：吉林出版集团有限责任公司，2009：49.

以其多元包容性为突出特点，历经沧桑逐渐杂糅会通了诸子思想，成为中华传统文化的思想宝库。张涛先生曾经对这一问题有过高度概括的总结：

> 《易传》诸篇是以儒为主、儒道互补、综合百家、超越百家的产物，其问世不仅与孔子和儒家、老庄和道家有着密切的关系，而且与墨家、法家、阴阳家、兵家等也联系紧密。可以说，诸子各家都从《易传》也就是《周易》六十四卦卦爻辞中得到了某种启示和沾溉，获得了众多资源和丰富养料，同时又将自己的思想意识、价值取向融入《易传》的成书过程中，促使其成为秦汉思想乃至整个古代中国思想文化的内在灵魂和重要源头。当然，在这一过程中，孔子和儒家的思想贡献又是最为突出的。①

孔子及其儒家弟子是对《周易》经传进行整理和阐释的集大成者。1973年长沙马王堆汉墓出土的《帛书易传·要篇》中记载："子曰：易，我后其祝卜矣，我观其德义耳也。"② 春秋战国时期，孔子及其弟子将《周易》从祝卜巫史之手解放出来，注重发挥其道德教化的作用，对易学的涅槃发展做出了巨大贡献。汉代，《周易》作为"六经之首"的地位便开始确立，《汉书·艺文志》把易学类文献列为"六艺略"之首，成为名副其实的"六经之原""群经之首"。历来儒家学者将"正易传，继春秋"作为对孔门事业的继承和发展。同时，孔子及其后学将《周易》中的古代先哲智慧进行逻辑化处理和归纳总结，使其秉承自然天道、回归社会人事，构建了《周易》哲学的理论体系。

"人更三圣，世历三古。"孔子是齐鲁文化的传承者，也是齐鲁易学的奠基人。孔子赞《易》，"推天道以明人事"，将《易》与现实问题相互关联，进行重新整理和诠释，试图解决先秦时期的社会矛盾。他倡导教化之功，着力发挥伦理道德的作用，赋予了易学新的内涵。借助孔子和诸子百家的整理研究，古老的《易经》焕发出新的生机，开始成为阐释天道规律、宣扬道德教化的平台，人文理性的色彩越发浓重。孔子对易学的塑造可谓厥功至伟。

一、孔子与《周易》

"《易》本卜筮之书"③，作为我国古代史官、巫卜之人所掌握的一门技术，

---

① 张涛. 易学思想诠释与历史文化探微［M］. 北京：东方出版社，2022：4.
② 连劭名. 帛书周易疏证［M］. 北京：中华书局，2012：409.
③ 十三经注疏：上［M］. 上海：上海古籍出版社，1997：6.

经过漫长的传承、演变和积淀得以流传下来。《周礼·春官·大卜》："掌三易之法：一曰《连山》，二曰《归藏》，三曰《周易》。其经卦皆八，其别皆六十有四。"① 说明了早在孔子之前已有作为卜筮之书的《周易》存在。在易学发展的早期，宗教文化、巫卜文化、祖先文化等是《周易》思想所涵盖的主要方面。春秋以降，孔子在继承夏商周以来传统文化的基础上，将其与古代卜筮活动相剥离，给古老的《易经》注入了人文理性的鲜活灵魂，指明了以《周易》经传为载体的易学思想传承与发展的基本方向，把易学研究推向了一个新的高潮。可以说，"《易经》成为一种有系统的哲学，自孔子始"②。几千年来，《周易》经传及其思想体系集萃、融会了诸子百家思想的精髓，深入影响了中国传统的思维方式、价值体系、审美观念等方面，《周易》思想深刻影响了中国传统文化的思维方式与价值体系，可谓"百姓日用而不知"③。"开物成务，与时偕行"是《周易》思想的题中之义。作为"十翼"的奠基人，孔子对《周易》经传思想体系的重新建构具有划时代的意义。这一壮举使易学思想得以涅槃重生、充满活力，拓宽了《周易》经传思想的内涵和外延。

众所周知，孔子与《周易》的关系问题可以说是易学研究的根本性问题。具体说来，孔子是否读过《周易》，《周易》的卦辞、爻辞是否与孔子有关，《易传》是否为孔子所作三个主要问题是争论的焦点。宋代欧阳修作《易童子问》质疑孔子与《周易》关系以来，乘着疑经辨古之思潮，有关孔子与《周易》之间关系的论争一直长期延续。孔子与《周易》究竟有无直接相关的联系成为学术界的重要课题。随着考古发掘的进步和时代的变迁，孔子与《周易》的关系也不断有了新的证据。1973年出土的马王堆汉墓帛书《要》篇有"夫子老而好《易》，居则在席，行则在囊"④ "《易》，我后其祝卜矣，我观其德义耳"⑤ 等记载。这些都为厘清孔子与《周易》的关系提供了强有力的佐证。笔者认为，按照传世典籍和相关史书的记载，孔子曾经见过《周易》，并且长期认真研究和学习《周易》。

首先，《左传》中所记诸占反映了《周易》古已有之。《左传》记叙昭公二年韩宣子适鲁云："二年春，晋侯使韩宣子来聘，且告为政，而来见，礼也。观

---

① 十三经注疏：上 [M]. 上海：上海古籍出版社，1997：802-803.
② 梁启超. 梁启超论儒家哲学 [M]. 北京：商务印书馆，2012：149.
③ 张涛，注评. 周易 [M]. 南京：凤凰出版社，2011：265.
④ 连劭名. 帛书周易疏证 [M]. 北京：中华书局，2012：405.
⑤ 连劭名. 帛书周易疏证 [M]. 北京：中华书局，2012：409.

书于大史氏，见《易象》与《鲁春秋》，曰：'周礼尽在鲁矣。吾乃今知周公之德与周之所以王也。'"晋杜预注云："《易象》，上下经之象辞。《鲁春秋》，史记之策。《春秋》尊周公之典以序事，故曰'周礼尽在鲁矣'。"①根据杜预的阐释，《鲁春秋》为鲁国的国史，鲁国之《易象》为专言象数的著作。韩宣子来到鲁国，发现周朝的古籍、典章制度和文化传统等都在鲁国保存十分完好，尤其是专门记叙筮占的《易象》也完整留存下来。这说明《周易》在鲁国已经广为流传，春秋时代确有《周易》传本的存在。按照这一线索，唐代孔颖达就曾提出："太史氏之官职掌书籍，必有藏书之处，若今之秘阁也。观书于太史氏者，氏犹家也。就其所司之处，观其书也。见《易象》，《易象》鲁无增改，故不言《鲁易象》。其《春秋》用周公之法，书鲁国之事，故言《鲁春秋》也。"②孔颖达的这一观点在某种程度上可以为传本《周易》在春秋时期的鲁国早已普及提供一定的依据，生于书香门第的孔子能得以观之也在情理之中。有学者甚至提出，今本的《大象传》很可能是孔子依据《易象》所作的，正如他以《鲁春秋》为蓝本作《春秋》一样。韩宣子聘鲁时，孔子年方十二。此时，藏于鲁太史处的《易象》可能仅在上层社会间流传，孔子不得而见。六十载过后，晚年的孔子归鲁，在整理文献的过程中发现已经在社会中流传甚广的《易象》，并加以删定改编是极有可能的。匡亚明先生认为，"在孔子时代，《周易》已经流行，而且还有人作过注解"③。此外，《左传》中穆姜谈《易》的故事也是孔子见过《周易》的有力佐证。

《左传·襄公九年》记载："穆姜薨于东宫，始往筮之，遇艮之八。史曰：'是谓艮之随，随其出也，君必速出。'姜曰：'亡！是于《周易》曰：随，元亨利贞，无咎。元，体之长也。亨，嘉之会也。利，义之和也。贞，事之干也。体仁足以长人，嘉德足以合礼，利物足以和义，贞固足以干事，然故不可诬也。是以虽随无咎。今我妇人而与于乱，固在下位，而有不仁，不可谓元；不靖国家，不可谓亨；作而害身，不可谓利；弃位而姣，不可谓贞。有四德者，随而无咎。我皆无之，岂随也哉！我则取恶，能无咎乎！必死于此，弗得出矣！'"④从中可以看出，穆姜已有将卦象比附人事的深刻思考，身为妇人尚能如此深谙《周易》中的道德伦理，更何况作为鲁国大司寇的孔子了。

---

① 十三经注疏：下［M］.上海：上海古籍出版社，1997：2029.
② 十三经注疏：下［M］.上海：上海古籍出版社，1997：2029.
③ 匡亚明.孔子评传［M］.南京：南京大学出版社，1990：360.
④ 十三经注疏：下［M］.上海：上海古籍出版社，1997：1942.

《晋书·束晳传》记曰："初，太康二年，汲郡人不准盗发魏襄王墓，或言安釐王冢，得竹书数十车。……其《易经》二篇，与《周易》上下经同。《易繇阴阳卦》二篇，与《周易》略同，《繇辞》则异。《卦下易经》一篇，似《说卦》而异。《公孙段》二篇，公孙段与邵陟论《易》。"① 汲冢《周易》的内容与今本《周易》大致相同，是今本《周易》流传于孔子时代的有力证据。杜预在《春秋经传集解后序》中提出，汲冢本《周易》上、下篇今传相同，但别有《阴阳说》而无《彖》《象》《文言》《系辞》诸篇，从何怀疑其时孔子造之于鲁而尚未播之于远国。杜预认为孔子所撰《易传》此时尚未成形，因而未能远播。但仍可以看出，类似于今本《周易》之书已经在各诸侯国上层广泛传播，孔子应该得以见之。魏襄王与孟子活动于同一时期，魏安釐王正值荀子所处时期。孟子对《周易》未留下只言片语，荀子则经常援《易》以为说。然而术业有专攻，很有可能是当时以占筮功用为主的《周易》没有得到孟子的足够重视，而荀子却对其有深入的了解。况且，孔子早年只是把《周易》视为卜筮之书，经常占卜，认为"吾百占而七十当，唯周梁山之占也，亦必从其多者而已矣"②，但并没有将其纳入教材之中。孔子年少时之所以不推崇《周易》可能是囿于君子之道，怕引起误会，不想与史巫同途。廖名春先生认为："孔子晚年以前不但不曾'好《易》'，反而视'好《易》'为求'德性'、'孙正而行义'的对立面。在这时的孔子看来，《周易》是卜筮之书，为君子所羞称。"③ 然而，其不好《易》并不是说要远离筮占，"百占而七十当"恰恰说明孔子对卜筮之术的熟识。

此外，董治安先生曾提出："《左传》《国语》的记载表明，早在春秋时期，《易经》已经在上层社会流传较广，不少诸侯、贵族、大夫以及史官、卜官，都动辄引用《易经》占事断事；而占断的内容，竟广泛涉及诸侯之国或大夫之家的种种要务，包括政治、军事、外交活动等。显然，此时的《易经》，已经以其特殊的筮书作用开始具有了非比寻常的政治意义。"④显而易见，原本为卜筮之用的《周易》在春秋战国时期已经开始渐渐具有政治指导作用的特殊意义，受到士大夫们的广泛认可，其人文理性和社会政治的功用逐步凸显出来。孔子历任鲁国的大司寇等职，身为诸侯国的上层统治阶级，关心《周易》与国家政治

---

① 房玄龄，等．晋书：卷五十一［M］．北京：中华书局，1974：1432-1433.
② 连劭名．帛书周易疏证［M］．北京：中华书局，2012：409.
③ 廖名春．帛书《易传》初探［M］．台北：文史哲出版社，1998：173.
④ 董治安．先秦文献与先秦文学［M］．济南：齐鲁书社，1994：166-167.

的联系必不可少，在《周易》功能衍扩到政治、军事等领域的过程中，孔子难免不受其影响。

暮年的孔子重视《周易》中修身、理政、德义教化的作用而不去强调筮术，这一点从子贡的疑问中可以得到相当程度的印证。子贡曰："夫子它日教此弟子曰：'德行亡者，神灵之趋。知谋远者，卜筮之繁。'赐以此为然矣。以此言取之，赐缗行之为也。夫子何以老而好之乎？"①孔子去世后，孔门之学分派而立，大约有子张、子思、颜氏、孟氏等八派之多。荀子就常常批判子思和孟子的学术观点，认为"子思唱之，孟轲和之"②。可见，以子贡代表的相当一批孔门弟子对《周易》筮术的排斥，对《周易》文献也有根深蒂固的成见，因是发出"夫子亦信其筮乎？"③的强烈感叹。自卫返鲁之后，已是暮年的孔子对《周易》产生了浓厚兴趣，言曰："《尚书》多于矣，《周易》未失也。且有古之遗言焉。予非安其用也。"④可以说，孔子是进入晚年后才开始重视《周易》的启示意义和道德教化作用的，由此提出"夫《易》，刚者使知惧，柔者使知图，愚人为而不妄，渐人为而去诈。文王仁，不得其志以成其虑，纣乃无道。文王作，讳而辟咎，然后《易》始兴也。予乐其智之"⑤的论断。孔子以德义内涵来解释《周易》，由筮占问卜到求其德义的转变，确立了易学发展的基本方向。有学者曾明确提出：

> 《周易》古经产生在西周初年，到了春秋时代，已经流传较广，有很多人学习，《左传》《国语》两部书里记春秋时人引用《周易》占事或论事的记录，有二十条之多；通《周易》者有周、鲁、卫、郑、晋、齐、秦等国人物；不仅有卜官、史官，而且有一般贵族，甚至像鲁国穆姜，以一个妇人也会大谈《周易》。孔子生活在春秋后期，以他那样"博学多能"，那样丰富的生活经历，见过《周易》，读过《周易》，差不多是可以肯定的。⑥

《左传》《国语》中二十几条的筮占足以证明当时对《周易》的高度重视，

---

① 连劭名. 帛书周易疏证 [M]. 北京：中华书局，2012：405.
② 王先谦. 荀子集解 [M]. 沈啸寰，王星贤，整理. 北京：中华书局，2012：94.
③ 连劭名. 帛书周易疏证 [M]. 北京：中华书局，2012：409.
④ 连劭名. 帛书周易疏证 [M]. 北京：中华书局，2012：405.
⑤ 连劭名. 帛书周易疏证 [M]. 北京：中华书局，2012：405.
⑥ 高亨，董治安. 孔子与周易 [J]. 文史哲，1962（6）：1.

因此不能否认"孔子晚年确曾钻研过《周易》,并且进行过讲授,在讲授过程中可能做过整理,加入一些体会和说明"①。综上所述,我们可以相信,活跃于春秋后期的孔子理应是接触过《周易》的,其与《周易》确是有很深的渊源的。

宋人林光世论及:"古之君子,天地、日月、星辰、阴阳造化、鸟兽草木无所不知,不必读卦辞、爻辞,眼前皆自然之《易》也。世道衰微,《易》象几废,孔圣惧焉,于是作《大象》《小象》,又作《系辞》,……令天下后世皆知此象自仰观俯察而得也。"② 表达了对孔子作《易传》的敬仰之情。魏伯阳《周易参同契》中亦有"夫子庶圣雄,《十翼》以辅之"③ 的说法。早在汉代,史迁就明确提出了孔子研习《周易》并作《易传》的说法。《史记·孔子世家》记载:"孔子晚而喜《易》,序《彖》《系》《象》《文言》。读《易》,韦编三绝。曰:'假我数年,若是,我于《易》则彬彬矣。'"④根据《史记》所记,孔子暮年对《周易》十分喜爱,并作"十翼",为读《周易》曾经多次翻断了编联竹简的牛皮索。孔子以如此勤奋的精神来研读《周易》,说明孔子对《易》是有过深入研究和学术关怀的。孔子对《周易》的重视程度由此可见一斑。这段记录恰好可以与《汉书·儒林传》"盖晚而好《易》,读之韦编三绝,而为之传"⑤ 相互佐证。类似记载最早见于《易纬·乾凿度》记孔子泣曰:"天也,命也……五十究《易》,作《十翼》,明也,明易几教。"⑥ 孔子自谓"五十而知天命",对天人关系有过深切思考。而究天人之际是《周易》思想体系的核心内容。郭沫若先生认为:"孔子所说的'天'其实只是自然,所谓'命'是自然之数或自然之必然性,和向来的思想是大有不同的。"⑦ 孔子心目中的天是自然的存在,是自然界的运行规律。与旧的有意识的天不同,孔子的天道思想整合融会了老子"道"的精神内核,对自然的天进行了抽象化的合理阐释,在思想上具有巨大的进步意义。孔子"五十而知天命"的感叹似乎是在对易道重新认识和解读后蕴含了后世'天人合一'思想的雏形。值得注意的是,《汉书·艺文

---

① 匡亚明. 孔子评传 [M]. 南京:南京大学出版社,1990:361.
② 林光世. 水村易镜 [M] //纳兰性德. 通志堂经解:卷二. 扬州:江苏广陵古籍刻社,1996:213.
③ 魏伯阳. 周易参同契集释 [M]. 朱熹,等注. 北京:中央编译出版社,2015:162.
④ 司马迁. 史记:卷四十七 [M]. 北京:中华书局,1959:1947.
⑤ 班固. 汉书:卷八十八 [M]. 颜师古,注. 北京:中华书局,1962:3589.
⑥ 林忠军.《易纬》导读 [M]. 济南:齐鲁书社,2002:139.
⑦ 郭沫若著作编辑出版委员会. 郭沫若全集:历史编:第1卷 [M]. 北京:人民出版社,1982:358.

志》中也有与《史记》相似的记述："孔氏为之《彖》《象》《系辞》《文言》《序卦》之属十篇。"①总体来看，这些相似或相同的记载，在一定程度上说明孔子曾接触并研习过《周易》，"十翼"的确立与孔子更是密不可分。

证明孔子与《周易》之间有直接、密切关系的史料是《论语》。作为先秦的资料，《论语》几乎是学界公认的直接反映孔子思想的经典。《论语·述而》中"子曰：'加我数年，五十以学《易》，可以无大过矣'"②的记载同《史记·孔子世家》"孔子晚而喜《易》"③的记录如出一辙。孔子认为自己五十以知天命，正值此时，对《易》的喜爱当在其晚年。然而，孔子老而好《易》之说曾遭到很多质疑。有人提出，在《论语·公冶长》中有子贡所言："夫子之文章，可得而闻也；夫子之言性与天道，不可得而闻也。"④这里所说的"性与天道"有指易道。因此，他们认为七十二贤人之一、"受业身通"的子贡尚且不知夫子之谈易道，只能说明孔子与《易》并非有关。吕思勉先生并不认同这一看法，他说："孔子好《易》，尚在晚年，弟子之不能人人皆通，更无异论。"⑤孔门之徒甚众，各有所长，不可得而闻者不足为奇。况且，孔子晚年才喜爱《周易》，难免会出现众人所不能周知的情况。的确，孔子弟子甚广，授业收徒者不计其数，加之出身背景、人生阅历、学术造诣、对孔门思想理解程度等方面各有差异，因此，各执一词的情况也较多，这并不能否定孔子好《易》之说。

有疑古学者则提出"五十以学《易》"中的"易"字应该遵循《鲁论》读作"亦"字。这就产生了有关《论语》词句鲁读、鲁论的问题。廖名春先生认为"'易''亦'异文是由于同音通假而致"⑥。两字的通假当为两汉以后所出，因此，史迁所见之《论语》应为"易"字。况且，马王堆帛书《要》篇"夫子老而好《易》"的记载应该出自先秦。鲁读的问题并不足以证明孔子与《周易》无关。李学勤先生通过仔细推敲古今众多学者关于孔子与《周易》关系的论述得出："《论语·述而》和《史记·孔子世家》都说明孔子非常重视《周易》一书。到了晚年，尤其喜好，从而撰作《易传》，他的实际行为，印证了他说过的话。《论语》和《史记》文字虽有出入，彼此并没有什么矛盾。"⑦同时，

---

① 班固. 汉书：卷三十 [M]. 颜师古，注. 北京：中华书局，1962：1704.
② 杨伯峻. 论语译注 [M]. 北京：中华书局，2006：80.
③ 司马迁. 史记：卷四十七 [M]. 北京：中华书局，1959：1937.
④ 杨伯峻. 论语译注 [M]. 北京：中华书局，2006：52.
⑤ 吕思勉. 先秦学术概论 [M]. 昆明：云南人民出版社，2005：65.
⑥ 廖名春. 周易经传与易学史新论 [M]. 济南：齐鲁书社，2001：149.
⑦ 李学勤. 周易溯源 [M]. 成都：巴蜀书社，2006：69.

他指出《论语·述而》"是孔子同《周易》一书直接有关的明证"①。如果把《论语·述而》与《汉书》所述做对比，可以发现，《汉书》的记载在一定程度上是有取于《论语》的。另外，《论语·子路》中有："子曰：'南人有言曰："人而无恒，不可以作巫医。"善夫！''不恒其德，或承之羞。'子曰：'不占而已矣。'"②这段对《周易》恒卦九三爻辞的引用意在说明人没有持久恒常的德行，难免会蒙羞。孔子之所以引南人"人而无恒，不可以作巫医"之说来阐释九三爻辞，旨在强调道德修养的重要性。"不占而已矣"也就是说，精通于易道的人无须占筮，自能明辨吉凶，道德的力量自会庇佑他。孔子对《周易》思想有自己独到的认识和解读，这些都反映了孔子对易学原则的深刻认识，对吉凶悔吝卜筮之道的熟识掌握。此外，从《论语》这段对话可以发现，孔子并不是以《周易》占筮之用为主要依据，而是以《易》所蕴含的道理来判断人事的吉凶，推崇道德取向的重要意义和"不占而已矣"的哲理化意涵。"德"的教化作用是孔子赞《易》所关注的重点。孔子很可能是担心后世之人曲解自己对《周易》的重新定位和解读，在帛书《要》篇中发出了"《易》，我后其祝卜矣，我观其德义耳也。……后世之士疑丘者，或以《易》乎？吾求其德而已，吾与史巫同涂而殊归者也。君子德行焉求福，故祭祀而寡也。仁义焉求吉，故卜筮而希也。祝巫卜筮其后乎？"③的感慨，以期后学能更为清楚地理解其对《易经》的认识。孔子寄望通过仁德的理论表达将易学阐述的重点引导到德义方向上来，把易学与传统的史巫问卜加以区别。不过，孔子的德义阐释没有简单地完全抛弃以往的占筮传统，而是通过卜筮等已有手段对天道人事、道义得失等具体问题进行形象化的解读，在真正意义上实现了易学思想体系的创设。

　　细籀《论语》文辞不难发现，《论语》的价值取向、思维方式都与《易经》有颇多互通之处。《论语·里仁》中"德不孤，必有邻"④与《坤·文言》"敬义立而德不孤"⑤遥相呼应，都强调了内心修德的重要性。《论语·宪问》中"子曰：'不在其位，不谋其政。'曾子曰：'君子思不出其位'"⑥与《艮·

---

① 李学勤. 周易溯源 [M]. 成都：巴蜀书社，2006：83.
② 杨伯峻. 论语译注 [M]. 北京：中华书局，2006：158.
③ 连劭名. 帛书周易疏证 [M]. 北京：中华书局，2012：409.
④ 杨伯峻. 论语译注 [M]. 北京：中华书局，2006：45.
⑤ 张涛，注评. 周易 [M]. 南京：凤凰出版社，2011：18.
⑥ 杨伯峻. 论语译注 [M]. 北京：中华书局，2006：174.

象》中"兼山，《艮》。君子以思不出其位"①亦有异曲同工之妙。《论语·子路》中"子曰：'不得中行而与之，必也狂狷乎！狂者进取，狷者有所不为也'"②的"中行"与《复卦》中"中行独复"③、《益卦》中"有孚中行"④等皆体现了孔子的中庸之道。从这些《论语》谈《易》抑或与《易》暗合的语句中都能隐约看出孔子道德理念和仁义思想的影子。奋发有为、劝善改过、提升道德修为等话题都是孔子教诲弟子所经常谈到的问题，都在某些层面或多或少地反映了孔子对《周易》这一古老典籍新的理解和阐释，也足以说明孔子曾以《周易》教授弟子。夫子"五十以学《易》"的执着钻研及对易学思想性内涵的汲汲追求与"自强不息"的《周易》精神不谋而合。正如孔子对子路所言及的那样"发愤忘食，乐以忘忧，不知老之将至"⑤。可以这样假设，孔子对于《周易》的孜孜不倦、不懈探求正是秉承了这一点。苏渊雷先生曾说："《论语》中论忠恕一贯之道，中庸恒谦之德，与《易传》符合处，更俯拾即是。"⑥这些都说明了孔子与《周易》是有着紧密联系的。

清人皮锡瑞主张卦辞、爻辞当为孔子所作，说"史迁、扬雄、班固、王充但云文王重卦，未尝云作卦辞、爻辞。当以卦爻之辞并属孔子所作。盖卦爻分画于羲文，而卦爻之辞，皆出于孔子。如此则与《易》历三圣之文不背"⑦。清人尚秉和也对孔子作"十翼"深信不疑，"……故《十翼》非孔子不能为，不敢为，而记录《十翼》者，则孔子之门人也"⑧。以上两种论断虽多因循旧说，但在前人众多翔实论述的基础上，孔子及其思想对《周易》经传的浸染是后人所公认的。

金景芳先生对孔子与《周易》经传存在密切关系持充分肯定态度。他认为，《易传》十篇基本上为孔子所作，同时也提出：

> 但里面有记述前人遗闻的部分，有弟子记录的部分，也有后人窜入的部分，脱文错简还不计算在内。具体说，《系辞传》里的筮法和"易有太

---

① 张涛，注评. 周易［M］. 南京：凤凰出版社，2011：214.
② 杨伯峻. 论语译注［M］. 北京：中华书局，2006：158.
③ 张涛，注评. 周易［M］. 南京：凤凰出版社，2011：106.
④ 张涛，注评. 周易［M］. 南京：凤凰出版社，2011：178.
⑤ 杨伯峻. 论语译注［M］. 北京：中华书局，2006：81.
⑥ 苏渊雷. 易学会通［M］. 郑州：中州古籍出版社，1985：10.
⑦ 皮锡瑞. 经学通论［M］. 北京：中华书局，1954：9.
⑧ 尚秉和. 周易尚氏学［M］. 北京：中华书局，1980：6.

极,是生两仪,两仪生四象,四象生八卦"数语;《说卦》里的"乾,健也,坤,顺也"至"故谓之少女"一段话,都是了解《周易》的关键性问题。不了解这些,就不知《周易》中的乾坤、九六为何物。所以,这些东西,一定是孔子学《易》以前就有的,不是孔子所作。①

另外,有关《系辞》中的某些语句是否出自孔子之手,金景芳先生认为:"这只能说明《系辞》不是孔子亲手写的,不能证明《系辞》不是孔子作。因为古人著作与后世不同,很多卜筮自己写定的,例如,《孟子》《庄子》都是如此。章学诚《文史通义》有《公言》一篇,正是谈这个问题。"②无论如何,孔门后学对孔子有关《周易》的思想所做的整理记录,总体上反映的是孔子的易学思想。孔子曾经研究过《周易》,而且对《周易》有过诸多的思想阐释,据此,孔子作《易传》是有可能的。即便不是孔子亲著,而为孔子弟子著录,其蕴含的儒学思想也理应属于孔子易学的基本精神和学术理念。

《易传》中反映的许多思想都与孔子思想相合,显然是有承于孔子思想的。高亨先生认为,"《周易大传》七种,汉人以为孔丘作(见《史记·孔子世家》《汉书·艺文志》),先秦人无此说也"③。在他看来,根据《史记·孔子世家》《汉书·艺文志》的记载,孔子作《易大传》应为汉说,先秦时并无此说。孔子以后,其弟子及再传弟子著书方始引孔子之言并冠以"子曰"两字。若《文言》和《系辞》均为孔子所亲作,全篇皆为孔子之言,"子曰"当不能复用,然《乾·文言》和《系辞》中涉及"子曰"的记录分别有六条和二十三条,都是引用孔子的言论,与前述相矛盾。另外,《文言》《系辞》所引孔言之二十九条于它书中皆未出现,"自非实录,当是作者伪托"④。《彖》《象》《说卦》《序卦》《杂卦》中虽无"子曰"出现,然而可以断定并非孔子自著。但是,他又指出,孔子确实读过《易经》,《论语》中《述而》《子路》两篇及《史记·孔子世家》皆当有所依据;孔子曾以《易经》授人,《史记·仲尼弟子列传》《汉书·儒林传》亦有所据。同时,关于《易传》作者及其时代问题,高亨先生做了两点论断:"(一)《易传》七种大都作于战国时代;(二)《易传》七种不出

---

① 金景芳.学易四种[M].长春:吉林文史出版社,1987:215.
② 金景芳.知止老人论学[M].长春:东北师范大学出版社,1998:105.
③ 高亨.周易大传今注[M].济南:齐鲁书社,2009:4.
④ 高亨.周易大传今注[M].济南:齐鲁书社,2009:4.

于一人之手。"① 另外，顾颉刚先生曾根据《周易》卦爻辞中的故事推定其作者应为当时卜筮之官，著作时代当在西周初叶。李镜池先生也认为"《易传》七种十篇，不是一人之作，《文言》《系辞》更是《易》说业编，辑录而成"，进而提出，"《易经》所阐发之理，是从实践过程中得出来的认识，是从感性认识上升到理性认识"②。他认为《周易》卦辞、爻辞经过了作者的精心删定和整理，有丰富的哲学内涵和艺术韵味，卦爻辞"反映了周人由原始社会到奴隶社会的历史现实，而且又发挥了编著者相当进步的哲学思想"③。

近年来，学术界普遍认为十翼非孔子亲作。《易传》诸篇并非出于一人一时，而是经过战国以来长期的积累、整理和编排逐渐形成的。"即退一步言，设非孔子所自作，至少亦系弟子所录，当与《论语》等视，斯皆孔子思想之所寄也。"④ 不管《易传》七种十篇是否皆为孔子亲作，有一点我们不可否认：孔子及其儒门弟子对《周易》经传思想的深化拓展和有序传承之贡献是至关重要的。从《易经》到《易传》的言语文辞和思想结构都有着强烈的孔门印迹。张涛先生曾说："《易传》蕴含着儒家的思想内容，体现了儒家的文化价值理想，特别是其中的自强不息、刚健中正，更是孔子及儒家的道德哲学和人生态度。"⑤ 这是有确切依据的。《易传》中"立人之道曰仁与义"⑥"君子以自强不息"⑦"君子体仁足以长人"⑧ 等所体现的思想内涵皆与孔子思想一脉相承。更重要的是，《易传》十篇各篇思想互补，共同构建了系统的易学体系，在发展变化中涵盖了中华文明的各个方面。

春秋战国时期，整个中国社会都经历着巨大的变革，周王室衰微，诸侯并起，奴隶社会逐渐向封建社会转型，固有的社会阶层和社会结构分崩离析，社会思想日新月异。蒙昧的奴隶社会开始呼唤人文理性的变革。在这一云谲波诡的环境下，诸子百家都渴望从《易经》的变化之道中找到社会变革和现实人生理想的正确方向，各家各派纷纷借鉴、融会易学思想来丰富和发展自家的学术思想，以期解释社会现状、满足社会大众对思想文化进步的需要。作为传统的

---

① 高亨. 周易大传今注 [M]. 济南：齐鲁书社，2009：4.
② 李镜池. 周易探源 [M]. 北京：中华书局，1978：11-14.
③ 李镜池. 周易探源 [M]. 北京：中华书局，1978：192.
④ 苏渊雷. 易学会通 [M]. 郑州：中州古籍出版社，1985：4.
⑤ 张涛. 秦汉易学思想研究 [M]. 北京：中华书局，2005：18.
⑥ 张涛，注评. 周易 [M]. 南京：凤凰出版社，2011：289.
⑦ 张涛，注评. 周易 [M]. 南京：凤凰出版社，2011：4.
⑧ 张涛，注评. 周易 [M]. 南京：凤凰出版社，2011：4.

卜筮之书，由史官、巫卜所掌握的《易经》焕发出新的生机，成为阐发新思想的重要平台。与此同时，诸子百家的思想主张和学术成果也潜移默化地影响着易学的研究，出现了易学与诸子百家思想深入互动的局面。儒家是百家争鸣时期的重要派别，儒家思想在与易学思想交流互动的过程中，对易学思想的发展产生了巨大而深远的推动作用。在经历了上古时期的积淀和演变后，《易经》的文本内容日趋完备，卦爻辞系统成为卜筮占验活动的重要依据，其哲理性、规律化的结构体系折射出人文理性的星星之火。在卜筮活动普遍发挥功用的同时，易学渐趋褪去宗教巫卜的色彩，走上了哲学化的发展道路。"《易经》成为一种有系统的哲学，自孔子始。"① 孔子及其儒门弟子在《易经》脱离以往的占筮活动而转向哲理化和抽象化发展的过程中起到了承前启后的关键作用。众所周知，"六经皆先王旧典，而孔子因以设教，则又别有其义"②。孔子在继承古代易经文化的基础上，发现了天道与人事的共通性，将天道与人事相互联系，发幽阐微，微言大义，注重教育性和思想性的发挥，开辟了《易经》思想通往人文理性的前进方向。据马王堆帛书《要》篇中记载：

> 《易》，我后其祝卜矣，我观其德义耳也。幽赞而达乎数，明数而达乎德，又仁[守]者而义行之耳。赞而不达于数，则其为之巫。数而不达于德，则其为之史。史巫之筮，乡之而未也，始之而非也。后世之士疑丘者，或以《易》乎？吾求其德而已，吾与史巫同涂而殊归者也。君子德行焉求福，故祭祀而寡也。仁义焉求吉，故卜筮而希也。祝巫卜筮其后乎？③

孔子摆脱了传统观念的束缚，极具创新精神地用理智、道德的方式来看待世界，以殊途同归的方式把赞《易》的侧重点放在德义而非卜筮方面，强调的是超脱《易》的卜筮用途而注重提高道德涵养、精神修为方面的"不占而已矣"。同时，《周易》经过孔子适当的整理和引申逐渐成为宣扬道德训教的著作，注重卦爻辞中的伦理道德和政治文化意涵，充分释放了它在社会实际生活中的资鉴和教化作用。《史记·孔子世家》记曰："孔子不仕，退而修诗书礼乐，弟子弥众，至自远方，莫不受业焉。"④ 在礼乐崩坏的年代，孔子致力于传道授

---

① 梁启超. 梁启超论儒家哲学[M]. 北京：商务印书馆，2012：149.
② 吕思勉. 先秦学术概论[M]. 昆明：云南人民出版社，2005：55.
③ 连劭名. 帛书周易疏证[M]. 北京：中华书局，2012：409.
④ 司马迁. 史记：卷四十七[M]. 北京：中华书局，1959：1914.

业、济世安民,通过重新编排和整理先王之遗迹"六经",试图恢复西周社会的礼乐传统,宣扬德义的教化功用,这无疑是有进步意义的。在孔子那里,抽象的筮数与现实的寓意相结合,互为体用,环环相扣,卜筮变为理解社会生活哲理的一种途径,而术数与义理是了解和把握《周易》哲理内涵的外在形式,也是必由之路,但究天人之道的思想却是卜筮外衣下孔子的终极追求。

孔子在伏羲、文王时代筮占易学的基础上,贯通天人之道,建立起天地人一体的思想体系,在易学发展过程中具有里程碑式的深远意义。《庄子·天运》中有这样一段对话:

> 孔子谓老聃曰:"丘治《诗》《书》《礼》《乐》《易》《春秋》六经,自以为久矣,孰知其故矣,以奸者七十二君,论先王之道而明周、召之迹,一君无所钩用。甚矣夫!夫人之难说也,道之难明邪?"老子曰:"幸矣,子之不遇治世之君!夫《六经》,先王之陈迹也,岂其所以迹哉!今子之所言,犹迹也。夫迹,履之所出,而迹岂履哉!夫白鶂之相视,眸子不运而风化;虫,雄鸣于上风,雌应于下风而风化。类自为雌雄,故风化。性不可易,命不可变,时不可止,道不可壅。苟得其道,无自而不可;失焉者,无自而可。"孔子不出三月,复见,曰:"丘得之矣。乌鹊孺,鱼傅沫,细要者化,有弟而兄啼。久矣,夫丘不与化为人!不与化为人,安能化人。"老子曰:"可,丘得之矣!"①

老子讲求"道法自然",注重人与自然的互相感知,从自然中得道。孔子从先王圣典中汲取力量,谙熟典章制度、治世方略,而忽略了一切制度方略都是从自然、人性而来,回归自然才是推行道德教化的根本。在老子启发下,孔子通过易道把天、地、人三者联系在一起,建立了《易》以贯之的整体思维体系。由天道而及人事,实现了天人之间的沟通和共鸣;由"神道设教"个体的谈天论道到"有教无类"、教化众人的普世转变,推动了易学思想的不断更新与进步,对古代易学文化的整理和传播厥功至伟,对后世易学发展的影响至深至远。《汉书·艺文志·六艺略》称:"六艺之文:《乐》以和神,仁之表也;《诗》以正言,义之用也;《礼》以明体,明者著见,故无训也;《书》以广听,知之术

---

① 王先谦.庄子集解[M].北京:中华书局,1987:130-131.

也;《春秋》以断事,信之符也。五者,盖五常之道,相须而备,而《易》为之原。"① 孔子整理六经,保存和总结了前代极为宝贵的历史史实和典章制度。《易经》是"六艺"之源,是中国传统文化的本源,易道是天地人相互统摄的基础。正所谓易道广大,无所不包,孔子的天道观所蕴含的天人合一的易学体系广大悉备,洁净精微,诸子百家皆援《易》以为说,各家各派都将自己杰出的思想成果援以入《易》。可以说,孔子是易学思想发展的奠基人。自孔子开始,易学思想不断为中华文明的延续注入活力,中华文明的精华也持续滋养着易学思想不断壮大。

二、孔子与齐鲁易学传承

《史记·孔子世家》云:"孔子以诗书礼乐教,弟子盖三千焉,身通六艺者七十有二人。如颜浊邹之徒,颇受业者甚众。"② "六经"古已有之,经过孔子精心的删修整理、发挥阐释而成为儒家的重要经典。孔子以"六经"教授弟子,托事明义,推行道德教化。孔门后学以"六经"为研习和教学的科目,确立了"六经"的官学地位。"人能弘道,非道弘人"③,历经不同形式的传承和演变,由"六经"而阐发的经学思想渐渐代表了中国文化的价值本原。"六经"无疑是中华民族的文化瑰宝。孔子之后,经学传统影响了中国两千五百多年。《周易》是群经之首,孔子晚年甚好之,读之韦编三绝,可能对其文本进行过整理,对《周易》做了六艺本原的价值定位,自此易学传承不绝。

齐鲁故地是孔子的故乡,也是孔子主要活动的地区。孔子是齐鲁易学兴盛的奠基人。齐鲁易学的传承谱系自孔子始。《汉书·艺文志》云:"昔仲尼没而微言绝,七十子丧而大义乖。故《春秋》分为五,《诗》分为四,《易》有数家之传。"④《史记·仲尼弟子列传》中有记载:"孔子传《易》于瞿,瞿传楚人馯臂子弘,弘传江东人矫子庸疵,疵传燕人周子家竖,竖传淳于人光子乘羽,羽传齐人田子庄何,何传东武人王子中同,同传菑川人杨何。何元朔中以治《易》为汉中大夫。"⑤同样的线索在《史记·儒林列传》亦有迹可循:

---

① 班固. 汉书:卷三十 [M]. 颜师古, 注. 北京:中华书局, 1962:1723.
② 司马迁. 史记:卷四十七 [M]. 北京:中华书局, 1959:1938.
③ 杨伯峻. 论语译注 [M]. 北京:中华书局, 2006:190.
④ 班固. 汉书:卷三十 [M]. 颜师古, 注. 北京:中华书局, 1962:1701.
⑤ 司马迁. 史记:卷六十七 [M]. 北京:中华书局, 1959:2211.

  自鲁商瞿受《易》孔子，孔子卒，商瞿传《易》，六世至齐人田何，字子庄，而汉兴。田何传东武人王同子仲，子仲传菑川人杨何。何以《易》，元光元年征，官至中大夫。齐人即墨成以《易》至城阳相。广川人孟但以《易》为太子门大夫。鲁人周霸，莒人衡胡，临菑人主父偃，皆以《易》至二千石。然要言《易》者本于杨何之家。①

  司马迁家族世代史官，以治史谨慎著称，其父司马谈又受《易》于杨何，因此这两段史料的可靠性值得肯定。从史迁的这段记载中可以看出，齐鲁易学的传授系统非常清晰。

  商瞿是齐鲁易学传承的重要一环。《史记》中有关商瞿的记载非常有限，仅有"商瞿，鲁人，字子木。少孔子二十九岁"②寥寥数语。尽管着墨较少，但商瞿在齐鲁易学的传承中起着承上启下的关键作用。自孔子传《易》于鲁人商瞿，齐鲁易学始终稳步有序地传承下来，直至汉兴后的杨何。光子乘羽、田子庄何、王子中同等一批山东籍学者皆为易学的延续不断打下了坚实基础。另外，班固在《汉书·儒林传》中也对易学的传授系统进行了仔细描绘。《汉书·儒林传》中记载：

  自鲁商瞿子木受《易》孔子，以授鲁桥庇子庸。子庸授江东馯臂子弓。子弓授燕周丑子家。子家授东武孙虞子乘。子乘授齐田何子装。及秦禁学，《易》为筮卜之书，独不禁，故传受者不绝也。汉兴，田何以齐田徙杜陵，号杜田生，授东武王同子中、雒阳周王孙、丁宽、齐服生，皆著《易传》数篇。同授淄川杨何，字叔元，元光中征为太中大夫。齐即墨城，至城阳相。广川孟但，为太子门大夫。鲁周霸、莒衡胡、临淄主父偃，皆以《易》至大官。要言《易》者本之田何。③

  尽管《史记》与《汉书》多有抵牾，但都大致交代清楚了自孔子至春秋末期的传《易》体系，同时客观地呈现了易学在儒家内部的传承不绝、生生不息。《后汉书·儒林列传》也对汉兴以后的易学源流、师承关系做了精练明晰的

---

① 司马迁. 史记：卷一百二十一 [M]. 北京：中华书局，1959：3127.
② 司马迁. 史记：卷六十七 [M]. 北京：中华书局，1959：2211.
③ 班固. 汉书：卷八十八 [M]. 颜师古，注. 北京：中华书局，1962：3597.

47

概括：

> 田何传《易》授丁宽，丁宽授田王孙，王孙授沛人施仇、东海孟喜、琅琊梁丘贺，由是《易》有施、孟、梁丘之学。又东郡京房受《易》于梁国焦延寿，别为京氏学。又有东莱费直传《易》，授琅琊王璜，为费氏学，本以古字，号古文易。又沛人高相传《易》，授子康及兰陵毋将永，为高氏学。施、孟、梁丘、京氏四家皆立博士，费高二家未得立。①

淄川人田何是西汉今文易学的开创者。《汉书·艺文志》记载："及秦燔书，而《易》为筮卜之事，传者不绝。汉兴，田何传之。讫于宣、元，有施、孟、梁丘、京氏列于学官，而民间有费、高二家之说。刘向以中《古文易经》校施、孟、梁丘经，或脱去'无咎''悔亡'，唯费氏经与古文同。"② 秦政燔书，《易》虽作为卜筮用书而传承不绝，但易学总体的发展受到了极大阻碍，传播范围和影响力有限。田何是汉初的易学大师，西汉前期的易学家多出自其门下，其在易学继承和传授方面起到了极大的推动作用，为易学的人才培养和广泛传播打下了坚实基础。田何后学之《易》说被定为官学，也为汉代官方易学的延续扫清了障碍。齐鲁易学的地位在田何及其弟子的努力下得以确立，成为汉代的主流易学。

一般认为，汉兴之前，齐鲁易学的传授可大略分为两条脉络。一是（鲁）商瞿—（鲁）桥庇子庸—（江东）馯臂子弓—（燕）周丑子家—（齐）孙虞子乘—（齐）田何子装一脉相承。二是"孔门十哲"、深通易理的子夏传《易》于西河（济水、黄河间），相传其作《子夏易传》，但难辨真伪。子夏即卜商，相传生于山东、河南一带，少孔子四十四岁。唐代李鼎祚在《周易集解序》中提及"卜商入室，亲授微言"③，说明子夏是很有可能从孔子问《易》的。有关子夏这一支易学的传承并没有翔实的史料记载，遂无迹可考。值得注意的是，孔孟之后，战国时期儒家学派的重要学者荀子曾数次引用《易经》以阐释自己的学说，并表达了"善为《易》者不占"④ "以贤易不肖，不待卜而后知吉"⑤

---

① 范晔. 后汉书：卷七十九：上 [M]. 李贤，等注. 北京：中华书局，1965：2548.
② 班固. 汉书：卷三十 [M]. 颜师古，注. 北京：中华书局，1962：1704.
③ 李鼎祚. 周易集解 [M]. 台北：台湾商务印书馆，1968：2.
④ 王先谦. 荀子集解 [M]. 沈啸寰，王星贤，整理. 北京：中华书局，2012：507.
⑤ 王先谦. 荀子集解 [M]. 沈啸寰，王星贤，整理. 北京：中华书局，2012：504.

的易学观。这显然是有乘于孔子重视德义的治《易》特点的。及至汉兴，齐人田何分别传《易》于东武人王同、洛阳人周王孙、梁人丁宽以及齐国人服生，四人于《易》都有著述，由于年代久远皆已亡佚。丁宽传田王孙、高相。民间学派"高氏易"高相自言其学出自丁宽，"治《易》与费公同时，其学亦亡章句，专说阴阳灾异，自言出于丁将军"①。高相传其子高康及兰陵毋将永。田王孙又传《易》于施雠、孟喜（东海兰陵人）、梁丘贺（琅琊诸人）三人。由是《易》有施、孟、梁丘三家闻名于世，且皆列于学官。王同一支授《易》于孟但、即墨成、鲁周霸、莒衡胡、临淄主父偃、杨何（淄川人），杨何授前京房（齐郡太守）以及司马迁之父司马谈，前京房授东武人梁丘贺，梁丘贺又传于其子梁丘临，梁丘临传五鹿充宗。梁丘贺先事前京房学《易》，后又更事田王孙研习易学。梁丘临曾问业于施雠，可谓兼得梁丘易与施雠易。琅琊王吉好梁丘《易》，使其子王骏受《易》于梁丘临。除授业梁丘临外，施雠传张禹、鲁伯（琅琊人）。张禹传彭宣、戴崇。鲁伯传太山毛莫如、琅琊邴丹。孟喜则传白光（东海兰陵人）、翟牧以及焦延寿。焦延寿自言问《易》于孟喜。焦延寿传后京房，汉元帝时京氏之易亦列于学官。五鹿充宗授《易》士孙张、邓彭祖、衡咸（齐）。后京房传东海殷嘉、姚平、乘弘。另民间有古文费氏易学费直（东莱人）—王璜（琅琊人）一系，"长于卜筮，亡章句，徒以彖象系辞十篇文言解说上下经"②。今文高氏易学、古文费氏易学虽未列于学官，但影响甚广。汉代后期，有马融、荀爽、郑玄、刘表、虞翻、陆绩直至魏晋王弼。

除儒家易学的稳步传承以外，诸子百家都注重易学思想的发挥，深研易理，从易学思想的阐发中寻找与各家各派的契合点，以推动各家学说与时俱进、发展壮大，在社会变革中获得新的定位。百家治《易》的同时，易学兼容并包的特点发挥得淋漓尽致，吸收融会了各家各派各有特色的治学理念和学术主张，博采众长，易学及易学思想取得了划时代的巨大进步。道家、墨家、法家、阴阳家等都对易学有所涉猎，发掘《易经》丰富的哲理内涵，并从不同的视角为易学注入新的能量。《易经》对诸子百家思想有一定启发。

---

① 班固. 汉书：卷八十八 [M]. 颜师古, 注. 北京：中华书局, 1962：3602.
② 班固. 汉书：卷八十八 [M]. 颜师古, 注. 北京：中华书局, 1962：3602.

第四节　荀子与易学

荀子是先秦重要的思想家，"是先秦思想的批判者，也是先秦思想的综合者"①，"荀子精于《易》学"②，承继于孔子—商瞿—馯臂子弓一系，也是先秦易学传承中不可回避的重要一环。《荀子》中曾多次称引《周易》进行阐述，荀子的天道观、人性论、礼义观，以及礼法观念、天人相分等众多思想都不同程度上折射出易学思想的光辉。可以看出，《周易》天、地、人一体的宇宙观和整体思维方式对荀子思想中有关事天法地、礼法之间等的诸多思考存在特定影响，荀子推崇"善为《易》者不占"，在有所损益的基础上扩充了易学思想的范畴，加速了易学思想由重视宗教巫术形式逐渐向关注天人之际的人文理性方向发展。荀子思想与易学有着天然联系。

自古以来，往往把后辈学者对孔子思想的继承分为八家，即所谓儒家八派。具体来说，有子张、子思、颜氏、孟氏、漆雕氏、仲良氏、孙氏以及乐正氏八家。然而，并不是每一位儒者都能准确精妙地对孔子思想进行有益的补充、发展和创新。匡亚明先生提出："在这些儒家派别之中，只有以祖述孔子为己任的孟轲和荀卿为代表的两派，在一定程度上对孔子思想有所阐述，也有所补充、发展和修正。"③孟子虽言必称孔子，其思想中亦处处流淌着孔子思想，但整部《孟子》中并没有提及《周易》一句，不失为一大憾事。与孟子不同，荀子对孔子的易学有很深的体悟和把握，是先秦儒家中系统引《易》论理的代表人物。同时，荀子易学是战国时期儒家易学得以保存下来较多的一系。刘向曾在《孙卿书录》中称荀子"善为《易》"④，皮锡瑞称"荀子能传《易》"⑤，蒙文通言"诸子征《易辞》，始于荀卿"⑥。《荀子》书中引《易》、论《易》之处甚多，显示出了荀子对易学的足够重视和深厚的易学底蕴。在齐鲁易学史上，荀子是极具特色的人物。荀子虽非山东人，但曾在齐国稷下学宫"三为祭酒"，对

---

① 韦政通．中国思想史［M］．长春：吉林出版集团有限责任公司，2009：208.
② 李学勤．帛书《周易》与荀子一系《易》学［J］．中国文化，1989（1）：30.
③ 匡亚明．孔子评传［M］．南京：南京大学出版社，1990：369.
④ 皮锡瑞．经学历史［M］．周予同，注释．北京：中华书局，2011：30.
⑤ 皮锡瑞．经学历史［M］．周予同，注释．北京：中华书局，2011：30.
⑥ 蒙文通．蒙文通文集（第1卷）：古学甄微［M］．成都：巴蜀书社，1998：86.

稷下学术做了深刻的融会和总结，是稷下学术末期最为重要的一位大师，也是"先秦诸子中最后一位大师"①。《汉书·儒林传》曰："仲尼既没，七十子之徒散游诸侯……天下并争于战国，儒术既黜焉，然齐鲁之间学者犹弗废，至于威、宣之际，孟子、孙卿之列咸遵夫子之业而润色之，以学显于当世。"②齐鲁之学的长盛不衰与荀子的传播之功是分不开的。同时，荀子曾两度出任兰陵令，晚年居兰陵（今山东苍山西南）著述讲学，并终老兰陵，为齐鲁学术思想的发展提供了滋养，尤其是对齐鲁易学的传承与弘扬做出了突出贡献。因此，荀子易学是齐鲁易学十分重要的组成部分。

一、荀子事略

荀子，名况，字卿，又称孙卿。战国时期赵国人。生卒不详。荀子出生地虽不在齐鲁故地，但其三次担任齐国稷下学宫"祭酒"一职，其学术经历亦大部分处于齐鲁地区，因此，他深入继承和发扬了齐鲁文化，是孔子之后齐鲁易学的重要传承人。荀卿大约生于战国后期，晚于孟子、庄子，应与屈原处于同一时代。据现有史料的记载，其主要活动时间当为公元前298年至公元前238年期间。《史记·孟子荀卿列传》对荀子的事迹有所记述：

> 荀卿，赵人，年五十始来游学于齐……齐襄王时，而荀卿最为老师。齐尚修列大夫之缺，而荀卿三为祭酒焉。齐人或谗荀卿，荀卿乃适楚，而春申君以为兰陵令。春申君死而荀卿废，因家兰陵。李斯尝为弟子，已而相秦。荀卿嫉浊世之政，亡国乱君相属，不遂大道而营于巫祝，信讥祥，鄙儒小拘，如庄周等又猾稽乱俗，于是推儒、墨、道德之行事兴坏，序列著数万言而卒。因葬兰陵。③

刘向的《书录》一书中也有"孙卿有秀才，年五十始来游学"④的表述。然而，据《风俗通·穷通》记载："齐威、宣之时，聚天下贤士于稷下，……

---

① 郭沫若著作编辑出版委员会. 郭沫若全集：历史编：第2卷 [M]. 北京：人民出版社，1982：213.
② 班固. 汉书：卷八十八 [M]. 颜师古，注. 北京：中华书局，1962：3591.
③ 司马迁. 史记：卷七十四 [M]. 北京：中华书局，1959：2348.
④ 王先谦. 荀子集解 [M]. 沈啸寰，王星贤，整理. 北京：中华书局，2012：35.

是时，孙卿有秀才，年十五始来游学。"①"五十""十五"两种记载多有出入。据晁公武《郡斋读书志》考证，此处"十五"应为正解，《史记》与刘向的记载当为传写颠倒。不难发现，以上记叙皆未言明荀子何时适齐。桓宽《盐铁论·论儒》有齐湣王年间"孙卿适楚"②的记载，说明荀子当在齐湣王末年到达齐国。荀子与齐国渊源颇深。荀子早年曾经游学于齐国稷下学宫，并多次担任"祭酒"，稷下学宫的游学经历对荀子思想体系的建立和塑造具有决定性的意义，后游历齐、楚、赵、秦等国，宣扬自己的政治主张，但始终未被各国统治者采纳。荀子暮年定居今山东兰陵，潜心学术研究和教学，博学而重教，战国末期重要的思想家和政治家韩非、李斯皆出于其门下。荀子著书立说，流传下来的有《荀子》一书。《荀子》经西汉刘向整理，唐杨倞编订，凡三十二篇，为荀子及其后学纂辑而作，是研究荀子思想的主要著作。在动荡、变革的战国时代，荀子以儒家思想为主，对整个先秦时期的学术思想进行了全面深刻的批判和总结，最终贯通各家，成一家之言，在中国儒学史和思想史上留下了浓重的一笔。韦政通先生说："荀子是先秦思想的批判者，也是先秦思想的综合者。"③荀子可以说是"上承孔孟，下接《易》《庸》，旁收诸子，开启汉儒，是中国思想史从先秦到汉代的一个关键"④。不难发现，荀子思想是连接先秦至汉代中国思想史的关键环节，对后世影响深远。郭沫若先生曾提出："汉人所传的《诗》《书》《易》《礼》以及《春秋》的传授系统，无论直接或间接，都差不多和荀卿有关……六艺之传自然有他的影响在里面了。"⑤换句话说，荀子对部分儒学经典的传承有重要作用，荀子是儒家学派甚至是中国思想史上起到承上启下关键作用的一代大家。清代汪中在《荀卿子通论》中也肯定了荀子对儒家"六艺"的有序传承起到了至关重要的作用。荀子却不失为一位秉承儒家学说的齐鲁学术巨擘。荀子作为集儒家大成、集百家大成的思想巨匠，深刻体现了《易传》融会百家的思想倾向。同时，他的思想学说又明显地带有百家的影响，尤其是兼采诸家的易学思想的深刻影响。无论从荀子的政治思想、哲学精神，还是天人观、人性论、礼义观、教育观等都能看出荀子是深通易道的。

---

① 应劭，撰．王利器，校注．风俗通义校注［M］．北京：中华书局，1981：322．
② 王利器．盐铁论校注［M］．北京：中华书局，1992：149．
③ 韦政通．中国思想史［M］．长春：吉林出版集团有限责任公司，2009：208．
④ 李泽厚．中国古代思想史论［M］．北京：生活·读书·新知三联书店，2008：107．
⑤ 郭沫若著作编辑出版委员会．郭沫若全集：历史编：第2卷［M］．北京：人民出版社，1982：213．

荀子的时代适当"战国七雄"式微，秦政一统的格局蓄势待发，学术思想界普遍关注时局，大一统的思想倾向逐渐明朗的时代。在这一局势下，荀子沿着儒家的学术传统，综合采用各家各派的学术观点，深入关切社会现实，贯通天地自然与人伦制度，主张统一和一贯的思想，这种诉求并不仅仅局限于政治领域，而是更加注重学术思想领域的批判总结与继承发展，以期实现政治上和思想上共同的统一和超越。同时，荀子从天人观、人性论、隆礼与重法的社会理论等方面对儒家思想进行了有益的补充和增强，极大地发展了儒家的哲学思想、政治思想、社会思想及道德观，为大一统思想的确立铺平了道路，成为新时代环境下的儒家。冯友兰先生曾说："至荀卿而儒家壁垒，始又一新。"①《荀子》一书是体现荀子思想的主要作品，书中用典甚多，直接引《易》的地方有三处，表面上看似乎不多，但易学思想的运用却贯穿全篇。从《荀子》引《易》用《易》来看，荀子对《易经》诸多观点有着深刻的理解和把握，对于《易经》文辞义理的掌握更为娴熟。《荀子》文理间与《易传》有着天然共通的哲学内涵，荀学一派与《易传》的形成更是渊源颇深。由此可见，《易经》及易学思想对荀子思想形成有着影响和建构之功，《荀子》中也处处体现着荀子对易学的传承和弘扬。

二、荀子与《易》的渊源

一般认为，荀子精通易学，其易学思想有孔门易学的影子。胡元仪《郇卿别传》曰："郇卿善为《诗》《礼》《易》《春秋》。……从馯臂子弓受《易》，并传其学。称子弓比于孔子。……由是汉之治《易》《诗》《春秋》者皆源出于郇卿。"②《风俗通·穷通》中亦有"孙卿善为《诗》《礼》《易》《春秋》，至襄王时，而孙卿最为老师"③的相近评价。荀子以擅长"六经"著称，"六艺"之学是构成荀子思想的基础。究其易学源流，盖传自孔子及其再传弟子馯臂子弓。韩愈认为"荀卿之书，语圣人必曰孔子、子弓。子弓之事业不传，惟《太史公书·弟子传》有馯臂子弓，子弓受《易》于商瞿"④。荀子尊崇孔子及馯臂子弓，按照其生活年代推算，荀子极有可能是子弓的弟子。

---

① 冯友兰. 中国哲学史 [M]. 北京：中华书局，1961：394.
② 王先谦. 荀子集解 [M]. 沈啸寰，王星贤，整理. 北京：中华书局，2012：32-33.
③ 应劭，撰. 王利器，校注. 风俗通义校注 [M]. 北京：中华书局，1981：322.
④ 王先谦. 荀子集解 [M]. 沈啸寰，王星贤，整理. 北京：中华书局，2012：8.

李学勤先生说:"荀子常以孔子、子弓并称,子弓乃是传《易》的楚人馯臂子弓,荀子的学术源出于他,因而《荀子》书中多次引用《周易》经传。"①子弓的学术来源在《史记》和《汉书》中皆有涉及。《史记·仲尼弟子列传》中提到孔子授《易》于鲁人商瞿,商瞿传楚人馯臂子弘,子弘传江东人矫子庸疵。《汉书·儒林传》则记录为商瞿传《易》于鲁人桥庇子庸,子庸传江东馯臂子弓。两书对子弓易学传系关系的记载略有差异。元代吴莱认为仲弓与子弓同是一人。马宗霍依照唐代韩愈"太史公书弟子传有姓名曰馯臂子弓,是弘一作弓之证"说,认为"两书所载虽不同,案弘一作弓。矫与桥、疵与庇形近而讹,实即一人,特授受之序互异耳,则子弓之易学于商瞿,无可疑者"②。郭沫若先生提出,"弘字应该是肱字的笔误,肱与臂,一字一名,义正相应。弓是肱的假借字",子弓自然就是馯臂子弓,据此推断"子弓定然是《易》的创作者"③。《易》的作者到底是否为子弓我们尚且不谈,但子弓的易学自然是与孔子一脉相承的。另外,东汉应劭以为子弓曾兼师子夏,深得子夏一派易学之传。唐杨倞则称子弓盖为仲弓。综合来看,馯臂子弓应是孔子的再传弟子,但其生卒年代已不可考。不过,荀子易学的来源,前人多认为出自馯臂子弓。

首先,《荀子》一书中时常把孔子与子弓并称,或许说明了其师承所出。荀子以善为《易》著称,并多次称道孔子与子弓,如《荀子·儒效》篇中"天不能死,地不能理,桀、跖之世不能污,非大儒莫之能立,仲尼、子弓是也"④,《非十二子》篇中"……遂受而传之,以为仲尼、子弓为兹厚于后世,是则子思、孟轲之罪也"⑤,等等。清儒汪中《荀卿子通论》中开篇便提到"荀卿之学出于孔氏,而尤有功于诸经",并高度评价了荀子对六经传承之功,"盖自七十子之徒既殁,汉诸儒未兴,中更战国、暴秦之乱,六艺之传赖以不绝者,荀卿也。周公作之,孔子述之,荀卿传之,其揆一也"⑥。他认为:"《非相》《非十二子》《儒效》三篇每以仲尼、子弓并称;子弓之为仲弓,犹子路之为季路。知荀卿之学,实出于子夏、仲弓也。"⑦ 季路之说有典可证,仲弓之说却无文献上的有力支撑。但荀子学说以"礼"为中心,凸显了其儒家者流的学术倾向。由

---

① 李学勤. 走出疑古时代 [M]. 沈阳:辽宁大学出版社,1994:77.
② 马宗霍. 中国经学史 [M]. 上海:上海书店,1984:19.
③ 郭沫若. 郭沫若全集:历史编:第1卷 [M]. 北京:人民出版社,1982:391-394.
④ 王先谦. 荀子集解 [M]. 沈啸寰,王星贤,整理. 北京:中华书局,2012:137.
⑤ 王先谦. 荀子集解 [M]. 沈啸寰,王星贤,整理. 北京:中华书局,2012:94-95.
⑥ 汪中. 新编汪中集 [M]. 田汉云,点校. 扬州:广陵书社,2005:412.
⑦ 汪中. 新编汪中集 [M]. 田汉云,点校. 扬州:广陵书社,2005:412-413.

此看来，荀子易学是有取于孔子及其再传弟子的。

其次，早在战国，荀子意识到由于时代的变迁或传承中的讹误，儒学逐渐被孔门后学所误读，加之如老庄等其他学派影响力的日渐式隆，儒学开始面临新的挑战。有鉴于此，荀子试图重塑儒家学说的威望，遂汲取百家之精髓对礼义之法进行了重新诠释。

最后，荀子为儒家学说在后世，特别是汉代的传承与发扬奠定了坚实稳固的基础。荀子自称儒家，继承了儒家思想的衣钵，而又在批判和改造的基础上兼收墨、法、道家思想的有益成分，从而构筑了独树一帜的思想体系。道家的自然天道观、墨家的认识论和逻辑思想、法家重法思想都综合在以儒家"礼"为内核的荀子思想中，"礼义之统"①、隆礼与重法相结合成为荀子思想的主要特点，而易学思想则是荀子思想的灵魂。《荀子》一书的观点与《易传》有明显的类似或相通之处。郭沫若先生认为："《易传》显明地是把荀子的说话展开了，它把他的见解由君臣父子的人伦问题扩展到了天地万物的宇宙观上去了。"② 他提出："《系辞传》，至少其中的一部分，也明明受了荀子的影响，从思想系统上可以见到它们的关系。"③ 荀子思想与易学存在着天然的亲近关系，无论是构成荀子思想的天人观、人性论还是礼义观，都与易学有着不同程度的思想关联。荀子思想与易学有着密不可分的内在联系。笔者拟从荀子引《易》论《易》、《荀子》名篇与易学以及荀子思想与易学三方面加以探讨。

（一）荀子称引《易经》

《荀子》一书是体现荀子思想的主要作品，书中用典甚多，直接引《易》的地方有三处，表面上看似乎不多，但易学思想的运用却贯穿全篇。从《荀子》引《易》用《易》来看，荀子对《易经》诸多观点有着深刻的理解和把握，对于《易经》文辞义理的掌握更为娴熟。《荀子》文理间与《易传》有着天然共通的内涵，荀学一派与《易传》的形成更是渊源颇深。

《荀子》三十二篇中，直接提到《易》这部书的地方大概只有《大略》篇"善为《诗》者不说，善为《易》者不占，善为《礼》者不相，其心同也"④

---

① 牟宗三. 牟宗三先生全集［M］. 台北：联经出版事业有限公司，2003：165.
② 郭沫若著作编辑出版委员会. 郭沫若全集：历史编：第1卷［M］. 北京：人民出版社，1982：397-398.
③ 郭沫若著作编辑出版委员会. 郭沫若全集：历史编：第1卷［M］. 北京：人民出版社，1982：397-398.
④ 王先谦. 荀子集解［M］. 沈啸寰，王星贤，整理. 北京：中华书局，2012：490.

一处。这一条是荀子对易学的总体看法。他认为精通于易道者，不必囿于占筮。真正通晓《易》内涵之人自然会以易理来指导自己的行为，无须占筮就可趋吉避凶。可以看出，荀子对易道的理解已经超脱了传统的宗教巫术形式，沿着孔子"不占而已矣"的治《易》方向，侧重对自然人事道理的领悟。李学勤先生认为："'易'到荀子手里或荀子这个时代，已经由占卜转为哲学，由迷信上帝到自我主宰。"① 张涛先生亦认为《荀子·大略》所阐述的"善为《易》者不占"的立场与"孔子'不占而已矣'的观点是一脉相承的，反映了儒家解《易》的基本特点，即强调《易经》的知识性和学术性，突出其道德内涵和教育意义"②。可以说，荀子易学源于对孔子易学思想的批判继承，而着眼于发挥《易经》哲理内涵的实际作用。

荀子称引《易》之处有三。其一为《大略篇》提出："《易》曰：'复自道，何其咎？'《春秋》贤穆公，以为能变也。"③此处称引《小畜》卦初九爻辞"初九，复自道，何其咎？吉"④。初九以阳爻位居《小畜》之始，与六四阴爻相呼应，但能反身自复阳刚之道，不为六四所蓄及，因此无咎而吉。《春秋》尊秦穆公之贤德，因其能够变通而不拘泥守旧，知错能改，复回正道。穆公之贤在于适时"变化"，改过迁善，这与《易》的变易之道是相合的。《大略》全篇强调守礼的关键作用，但一味因循旧制，排斥变革，就会与时代的发展相悖。因此，荀子此处引《小畜》爻辞意在突出"变"的重要性，突出《易》的变化之道才是顺应历史潮流的。胡自逢先生认为，"此明引《周易》经文，释春秋之意，以立其说也"⑤。荀子引爻辞以阐释《易》所蕴含的义理，这显然是对微言大义的孔子易学思想的继承。借事以论《易》的哲理是荀子引《易》的一大特点。

其二为《荀子·大略》："《易》之《咸》，见夫妇，夫妇之道，不可不正也，君臣父子之本也。咸，感也，以高下下，以男下女，柔上而刚下。聘士之义，亲迎之道，重始也。"⑥在这里，荀子把"礼"比作人的鞋履，人失去了鞋履就会"颠蹶陷溺"，所失虽然看似微小，但却会导致大的祸乱，"故人无礼不生，事无礼不成，国家无礼不宁"⑦。荀子意在强调"礼"是个人、社会乃至国

---

① 李泽厚. 中国古代思想史论 [M]. 北京：生活·读书·新知三联书店，2008：129.
② 张涛. 秦汉易学思想研究 [M]. 北京：中华书局，2005：7.
③ 王先谦. 荀子集解 [M]. 沈啸寰，王星贤，整理. 北京：中华书局，2012：482.
④ 张涛，注评. 周易 [M]. 南京：凤凰出版社，2011：45.
⑤ 胡自逢. 先秦诸子易说通考 [M]. 台北：文史哲出版社，1974：2.
⑥ 王先谦. 荀子集解 [M]. 沈啸寰，王星贤，整理. 北京：中华书局，2012：479.
⑦ 王先谦. 荀子集解 [M]. 沈啸寰，王星贤，整理. 北京：中华书局，2012：480.

家最重要准则。夫妇之道是人伦教化的基石,固然要重其始。这段对《咸》卦卦象的解释,阐明了君臣夫妇之道,尊卑上下之别。《易》强调得位、中正,君臣夫妇要相互感应,各守其位,才能保持阴阳的平衡,达到天地万物的和谐共处。荀子所引"咸,感也""柔上而刚下""以男下女"等概念皆与《咸·彖》原文相同。《咸·彖》曰:"咸,感也。柔上而刚下,二气感应以相与。止而说,男下女,是以'亨,利贞,取女吉'也。"①可以看出,荀子对《易》的篇章文句是甚为熟悉的。李学勤认为:

这几句话,实际援用了《易传》中的《彖传》《说卦》《序卦》三篇。《咸》卦《艮》下《兑》上,《说卦》云:"《艮》三索而得男,故谓之少男。《兑》三索而得女,故谓之少女。"所以说"《咸》见夫妇"。《序卦》讲《咸》卦说:"有天地然后有万物,有万物然后有男女,有男女然后有夫妇,有夫妇然后有父子,有父子然后有君臣"……所以讲"夫妇之道不可不正也,君臣、父子之本也"。②

廖名春先生亦认为,"这一段易说,融汇了《易传》中的《彖传》《说卦》《序卦》三篇之意而成一家之言。……荀子在《易传》的基础上,对《咸》卦的微言大义进行了阐发。……《易传》是孔子思想的集大成,荀子受其影响,援引其说,这是自然的"③。另外,他认为荀子此处运用卦变说解释《咸》卦是除《易传》外其他易说所没有的,荀子以卦变说分析《咸》卦只能说源自《易传》。《说卦》《序卦》皆可看作对《咸·彖》的进一步补充和解释,凸显了《咸》卦所含哲理的重要意义。《咸》卦体现了夫妇之道和嫁娶之礼,礼仪人伦是尊卑有序的基础,是《易》所倡导的和谐有序社会的根基。荀子通过对易理的阐释和论述,表达了对孔门"礼"的尊崇,体现了其对易学思想的融会贯通。荀子思想中的孔门传统和易学思想的影响之深也可窥见。

其三为《荀子·非相》:"凡人莫不好言其所善,而君子为甚。故赠人以言,重于金石珠玉;观人以言,美于黼黻文章;听人以言,乐于钟鼓琴瑟。故君子之于言无厌。鄙夫反是,好其实,不恤其文,是以终身不免埤污佣俗。故《易》

---

① 张涛,注评.周易[M].南京:凤凰出版社,2011:132.
② 李学勤.周易溯源[M].成都:巴蜀书社,2006:134-135.
③ 廖名春,康学伟,梁韦弦.周易研究史[M].长沙:湖南出版社,1991:29.

曰：'括囊，无咎无誉。'腐儒之谓也。"①此段亦是对爻辞的引用。《坤》卦六四爻辞为"六四，括囊，无咎无誉"②。"括囊"之句乃指君子应当惜言，怀才而深藏不露，不轻易展现自己的才干和智慧，这样既不会招致灾祸，也不会获得赞誉，因此便"无咎无誉"，这里强调了谨言慎行的重要性。荀子此处引《坤》六四爻辞来支撑证明自己的观点。这段引证直抒胸臆，意在表达对腐儒的鄙夷和批判。荀子认为君子应该善言敢为，不能唯唯诺诺，患得患失而缄口不说，不求有功但求无过那是鄙夫的所为。虽然此处的解说与经传原文有悖，有断章取义之嫌，然而荀子对乐言的激励也是对易理内涵的一种批判继承。从以上三点引证来看，荀子对易学思想的运用已经到了信手拈来的境界。而且，易学思想已经与荀子思想深度结合，两者默契度极高，显得相得益彰。

另外，《荀子》中亦有引《易》卦名之处。《荀子·赋》曰："有物于此，居则周静致下，动则綦高以钜。圆者中规，方者中矩。大参天地，德厚尧、禹。精微乎毫毛，而充盈乎大宇。忽兮其极之远也，攭兮其相逐而反也，卬卬兮天下之咸蹇也。德厚而不捐，五采备而成文。"王先谦注曰："卬卬，高貌。云高而不雨，则天下皆蹇难也。"③这段文字提到了《咸》《蹇》两卦卦名。马积高认为，"'咸蹇'二字，前人均不得其解，实指《易》之二卦"④。《蹇·彖》曰："蹇，难也，险在前也。见险而能止，知矣哉！"《蹇》卦象征艰难险阻，但《坎》险在前，《艮》止在后，说明了君子见险能止，审时度势，灵活应对便能化险为夷。《蹇》卦内卦为《艮》，外卦为《坎》，《艮》为山为止，《坎》为水为险。《咸》卦上为《兑》卦，下为《艮》卦；《艮》卦象征山，《兑》卦象征泽，表明了山泽通气，相互感应之意。表面上看，此处似是以《咸》《蹇》两卦卦象来形容山高云绕的壮丽气象。但笔者以为，荀子在此称引两卦之深意是为强调君子法天地而修德重礼的重要意义。"《象》曰：山上有水，《蹇》。君子以反身修德。"⑤ 在此，荀子由天地之一般规律而推及人事，表现出了对易学思想的深刻体悟。《咸·彖》曰："天地感而万物化生，圣人感人心而天下和平。观其所感，而天地万物之情可见矣！" "《象》曰：山上有泽，《咸》。君子以虚受

---

① 王先谦. 荀子集解［M］. 沈啸寰，王星贤，整理. 北京：中华书局，2012：83-84.
② 张涛，注评. 周易［M］. 南京：凤凰出版社，2011：16.
③ 王先谦. 荀子集解［M］. 沈啸寰，王星贤，整理. 北京：中华书局，2012：459-460.
④ 马积高. 荀学源流［M］. 上海：上海古籍出版社，2000：162.
⑤ 张涛，注评. 周易［M］. 南京：凤凰出版社，2011：166.

人。"①也就是说，君子应该虚怀若谷，有容纳万有的气度，以谦虚包容的态度与人相处，掌握自然的一般规律，与天地相互感应，就能达到泰然自处之境界。细究起来，《荀子·赋》通篇谈论的是荀学思想，而不是简单地发思古之幽情。赋篇开头所言之"爰有大物"，在王先谦看来，充盈乎天地之间的这个"大物"对人来说莫过于礼。汪中以为"荀卿所学，本长于礼"②。作为一个儒者，荀子重"礼"，"礼"是荀子学说的核心。荀子倡导"法后王"，提出"隆礼义而杀《诗》《书》"③，可见，"礼"是荀子思想的根基，其一切的华丽文辞、理论构想皆以"礼"为落地的根本。因此，这里引《咸》《蹇》二卦的意义并不会是仅仅为修辞而用。通过这些，我们可以知道，荀子不仅继承了孔子的学说，而且将儒家学说与其他各派相融合，用到实处，增强了儒学的时代性，极大地发展了孔门之学。

除此之外，《乾·文言》曰："同声相应，同气相求。水流湿，火就燥，云从龙，风从虎，圣人作而万物睹，本乎天者亲上，本乎地者亲下，则各从其类也。"④世间的同类事物存在着相互感应，并会天然相互聚拢。正如水流易往湿处相聚，火苗易于燥处燃烧，志趣相投，见解相当的人自然而然地会聚合到一起。宇宙万物皆以群类而有所区分，事物的走向往往因为具有相通的道理和品性而殊途同归。不难看出，这一段语句的文辞与易理同《荀子》中的两篇文字颇有相近之处。《荀子·劝学》曰："施薪若一，火就燥也；平地若一，水就湿也。草木畴生，禽兽群焉，物各从其类也。"⑤这段文字试图通过直观的物象表达去解释自然界的哲理，是荀子运用《易经》思想所常见的一种形式。同样，《荀子·大略》也有类似的语句。《荀子·大略》曰："道不同，何以相有也？均薪施火，火就燥；平地注水，水流湿。夫类之相从也，如此之著也，以友观人，焉所疑？"⑥从内容来看，此段以自然界的注水、施火两种现象来指出人以群分的道理，意在说明交朋友是反映人品格的一面镜子，从一个人所交的朋友便能看出其本身的道德情操。荀子试图透过事物的表象来挖掘朴素的哲理，以

---

① 张涛，注评.周易[M].南京：凤凰出版社，2011：132-133.
② 王先谦.荀子集解[M].沈啸寰，王星贤，整理.北京：中华书局，2012：19.
③ 王先谦.荀子集解[M].沈啸寰，王星贤，整理.北京：中华书局，2012：139.
④ 张涛，注评.周易[M].南京：凤凰出版社，2011：8.
⑤ 王先谦.荀子集解[M].沈啸寰，王星贤，整理.北京：中华书局，2012：7.
⑥ 王先谦.荀子集解[M].沈啸寰，王星贤，整理.北京：中华书局，2012：497.

期起到借鉴训释的作用。不难发现，两句话都是为了说明"方以类聚，物以群分"① 这个道理的。显然，以上两处文辞间有取于《乾·文言》，义理上亦与《系辞上》甚为契合。与谈"礼"见诸《荀子》全篇，对《春秋》《乐经》的专门评论，引用《诗经》《尚书》分别数十次相比，荀子对《易经》的引述并不是很多。虽然在数量上并不占优势，但从几处荀子对《易经》文辞的阐释能够看出，荀子对《易经》确有深入的研究。

总体来说，《荀子》诸篇中与《易》义相合者甚多，荀子是深通易道的。荀子易学不仅仅是对先秦易学思想的简单综合，更重要的是在广泛筛选吸纳各家成分的同时，创造出一种以易学思想为灵魂的理智主义思想体系。这个思想体系包含了天道观、人性论、礼义观等关于宇宙人生的各个方面。它们各具特色而又环环相扣，紧密统一在"穷理尽性"的易学精神之中。荀子治《易》多援引文辞，以敷畅事理，阐明致治之道。

（二）荀子思想与易道

1. 易学与荀子天道观

荀子的天道观是荀子思想体系中的重要内容。先秦时期，中国古代人文思想大多萌芽于对宇宙天道的思考。天人关系是构成易学天、地、人"三才"逻辑结构的基本框架。值得注意的是，荀子对天道、人事之间关系的思考与易学思想有深入的关联。荀子对"天"的论述主要集中于《荀子·天论》之中，《荀子·王制》和《荀子·礼论》也有涉及。《荀子·天论》开篇曰：

> 天行有常，不为尧存，不为桀亡。应之以治则吉，应之以乱则凶。强本而节用，则天不能贫；养备而动时，则天不能病；修道而不贰，则天不能祸。故水旱不能使之饥渴，寒暑不能使之疾，袄怪不能使之凶……倍道而妄行，则天不能使之吉。故水旱未至而饥，寒暑未薄而疾，袄怪未至而凶。受时与治世同，而殃祸与治世异，不可以怨天，其道然也。故明于天人之分，则可谓至人矣。②

梁启雄先生解释说："自然规律既无意识，亦无情感；因此，它不能爱尧就

---

① 张涛，注评. 周易 [M]. 南京：凤凰出版社，2011：263.
② 王先谦. 荀子集解 [M]. 沈啸寰，王星贤，整理. 北京：中华书局，2012：300-301.

保存规律的正常性,亦不能恶桀就丧亡规律的正常性。"①禹治桀乱的时代变化并非由天道主宰的。荀子认为,"天"即是自然界的代名词,自然界有其本身的运行规律,不受人类意志的支配,天与人应该分开来看待。"不为而成,不求而得,夫是之谓天职。"② 天的职责就是自然而无为。人类活动不会左右天道的存亡,疾病灾祸都遵循着一定的自然法则,顺应自然、遵循规律自会获得祯祥,与自然背道而驰便会引发凶险祸乱;丰衣足食、俟时而动即会远离疾病,顺行天道就不会导致祸患。这些都是自然界再朴素不过的道理。牟宗三先生认为:"荀子之天非宗教的,非形而上的,亦非艺术的,乃自然的,亦即科学中'是其所是'之天也。"③荀子概念中的"天"是自然界寒暑更替、日月轮回的一般规律,即"列星随旋,日月递炤,四时代御,阴阳大化,风雨博施"④ 的自然运行秩序。荀子心目中的"天"与儒家以往对"天"的认识不同,孔子所说的"天"是"主宰之天";孟子所说的"天"时而为"主宰之天",时而为"运命之天",抑或义理之天;而荀子所说之"天""则为自然之天,此盖亦由于老庄之影响也"⑤。孔子、孟子所言的"天"是德化的"天",是承担道德使命的"天",他们经常把天与人联系起来,把天人看作一个整体,认为天道能够主宰人事,宣扬人要与天合德,人事和天道的贯通。而荀子提倡明天人之分,否认天具有承载道德的功用,这不符合儒家一贯的"天人合一"主流思想。荀子的观点与庄子的论调却有几分相似。《庄子·大宗师》曰:"天无私覆,地无私载,天地岂私贫我哉?"⑥ 庄子认为天即是自然,与道德无关。从传统观点来看,"天人之分"的主张看似与易学所倡导的天、地、人一体的宇宙图式是相背离的。然而,我们忽视了一点:易学思想也是尊重天道自然的运行法则的,而不是纯粹讲求天人之合。《系辞下》曰:

> 天下同归而殊涂,一致而百虑,天下何思何虑?日往则月来,月往则日来,日月相推而明生焉;寒往则暑来,暑往则寒来,寒暑相推而岁成焉。往者屈也,来者信也,屈信相感而利生焉。尺蠖之屈,以求信也;龙蛇之

---

① 梁启雄. 荀子简释 [M]. 北京:中华书局,1983:220.
② 王先谦. 荀子集解 [M]. 沈啸寰,王星贤,整理. 北京:中华书局,2012:301.
③ 牟宗三. 牟宗三先生全集 [M]. 台北:联经出版事业有限公司,2003:185.
④ 王先谦. 荀子集解 [M]. 沈啸寰,王星贤,整理. 北京:中华书局,2012:302.
⑤ 冯友兰. 中国哲学史 [M]. 北京:中华书局,1961:355.
⑥ 王先谦. 庄子集解 [M]. 北京:中华书局,1987:69.

蛰，以存身也。精义入神，以致用也；利用安身，以崇德也。①

探究和遵循自然变化的规律并加以施用，以求安身立命，树立崇高的美德才是易道的核心内容。荀子主张"制天命而用之"②就是这个道理。从荀学的思想脉络来看，"天人之合"是建立在"天人之分"的基础上的。那么，又怎么能说荀子与《易》相悖呢？实际上，荀子想要强调的是，人不应该仅仅把生存发展中的挫折归罪于天，应该看到自己在天地间所处的位置。更进一步说，人的生活和生产活动与自然环境是紧密相连、不可分割的一个整体，人类活动首先要注意的是是否符合天道运行的自然规律，违背自然法则必然会受到惩罚。在这个层面上，人要把自身与天区分开来，顺应和利用自然界的普遍规律，也就是荀子所讲的："天有其时，地有其财，人有其治，夫是之谓能参。舍其所以参而愿其所参，则惑矣。"③单纯地去思考天意而不去追求人事的努力是不能达到天人之合的。荀子在这里并不是彻底否定孔子"天人和谐"的观点，而是尊崇"唯圣人为不求知天"④，在孔子理论基础上吸收庄子观点完成一种综合超越和完善创新。

在古代农业社会里，农耕是国之根基，而农业生产活动往往受到自然环境的巨大制约。在荀子看来，为保障农业生产的顺利进行、人民良好生存状况和国家的稳定，必须做到三方面：一是有效地掌握自然规律，顺应天道自然；二是建立完备的农业生产体系和社会秩序，利用和改造自然；三是通过"礼"搭建沟通天人的一种渠道。总起来看就是荀子所谓"圣人清其天君，正其天官，备其天养，顺其天政，养其天情，以全其天功。如是，则知其所为，知其所不为矣，则天地官而万物役矣"⑤。荀子不是刻意舍弃天人之合，而是更加注重发挥人的主观能动作用和人文理性的光辉，这与"自强不息"的易学精神是深度结合的。"知其所为"和"知其不为"都是人理性精神的表现形式。《荀子·解蔽》说"庄子蔽于天而不知人"⑥，就是要表达庄子"无为而治"并不是国泰民安的有效途径，孔子的积极进取、刚健有为才是治国安邦的济世良药。在这一

---

① 黄寿祺，张善文．周易译注［M］．上海：上海古籍出版社，2001：581．
② 王先谦．荀子集解［M］．沈啸寰，王星贤，整理．北京：中华书局，2012：310．
③ 王先谦．荀子集解［M］．沈啸寰，王星贤，整理．北京：中华书局，2012：302．
④ 王先谦．荀子集解［M］．沈啸寰，王星贤，整理．北京：中华书局，2012：302．
⑤ 王先谦．荀子集解［M］．沈啸寰，王星贤，整理．北京：中华书局，2012：303．
⑥ 王先谦．荀子集解［M］．沈啸寰，王星贤，整理．北京：中华书局，2012：380．

点上，荀子是有意于继承孔子的。荀子以为"礼义不加于国家，则功名不白。故人之命在天，国之命在礼"①。荀子意在表明"天人之合"是以"礼"为媒介的，在明于天人相分的同时，也要抓住天人之间共通的规律和秩序，强本节用，养备动时，达到天人和谐。

此外，《易》有易简、不易、变易三层内涵：简易即自然质朴简单的道理；不易即亘古不变的自然规律；变易即强调不仅要顺应自然而更要懂得变通，因时而制。这三层含义正是荀子所要表达的思想内容。首先，寒暑迭来，日月盈亏的现象都是自然简单直观的规律，是之谓"易简"。其次，荀子主张："百王之无变，足以为道贯。"王先谦注曰："无变，不易也。百王不易者，谓礼也。言礼可以为道之条贯也。"②梁启雄先生也认为"此'无变'专指道理无变"，也就是"凡经历过百王们悠久的考验都无法变革掉的某种道理"③。这里恒久不变的自然法则就是对"礼"的追求，是之谓"不易"。最后，"大天而思之，孰与物畜而制之？""从天而颂之，孰与制天命而用之？""望时而待之，孰与应时而使之？"④等都是对变通之道的肯定，"明者因时而变，知者随事而制"⑤，是之谓"变易"。《系辞下》曰"《易》穷则变，变则通，通则久"⑥与荀子应时制宜，裁天道而用之的变通思想有着深刻关联。可见，易学的变化之道早已渗透到荀子思想的深处。《荀子·天论》云："天有常道矣，地有常数矣，君子有常体矣。"⑦这种对天、地、人的自然划分似乎也是对易学天地人整体宇宙观扬弃和继承的结果。《系辞下》曰："《易》之为书也，广大悉备：有天道焉，有人道焉，有地道焉。"⑧荀子有关天人的划分以及天生人成的思想都与易道有丰富的内在联系。再如，《荀子·王制》曰："有天有地而上下有差，明王始立而处国有制。"⑨"故天地生君子，君子理天地。君子者，天地之参也，万物之摠也，民之父母也。无君子则天地不理，礼义无统，上无君师，下无父子，夫是之谓至乱。君臣、父子、兄弟、夫妇，始则终，终则始，与天地同理，与万世同久，

---

① 王先谦. 荀子集解 [M]. 沈啸寰，王星贤，整理. 北京：中华书局，2012：310.
② 王先谦. 荀子集解 [M]. 沈啸寰，王星贤，整理. 北京：中华书局，2012：310.
③ 梁启雄. 荀子简释 [M]. 北京：中华书局，1983：230.
④ 王先谦. 荀子集解 [M]. 沈啸寰，王星贤，整理. 北京：中华书局，2012：310.
⑤ 王利器. 盐铁论校注 [M]. 北京：中华书局，1992：162.
⑥ 黄寿祺，张善文. 周易译注 [M]. 上海：上海古籍出版社，2001：572.
⑦ 王先谦. 荀子集解 [M]. 沈啸寰，王星贤，整理. 北京：中华书局，2012：305.
⑧ 黄寿祺，张善文. 周易译注 [M]. 上海：上海古籍出版社，2001：602.
⑨ 王先谦. 荀子集解 [M]. 沈啸寰，王星贤，整理. 北京：中华书局，2012：151.

夫是之谓大本。"①君子为天地之"参"表达的就是："夫'大人'者，与天地合其德，与日月合其明，与四时合其序，与鬼神合其吉凶。先天而天弗违，后天而奉天时。"②君子在效仿天地的同时也达到了天人合一的境地。与天地合德是君子的至高追求，这就需要发挥"礼"沟通天人之际的重要作用。而慎终敬始、尊卑有序都是易学思想的论调。《易》曰："有天地然后有万物，有万物然后有男女，有男女然后有夫妇，有夫妇然后有父子，有父子然后有君臣，有君臣然后有上下，有上下然后礼义有所错。"③《易》有关人伦秩序的表达，重视礼义的逻辑皆与荀子观点有客观紧密的联系。另外，《荀子·礼论》曰："礼有三本：天地者，生之本也；先祖者，类之本也；君师者，治之本也。……故礼上事天，下事地，尊先祖而隆君师，是礼之三本也。"④ "礼"是荀子思想的中心论题，荀子的礼义观念或许是在对《易》天尊地卑、乾坤定位的思考中成形的。荀子讲"天地合而万物生，阴阳接而变化起，性伪合而天下治"⑤正是对一阴一阳之谓道，刚柔相推而生变化的易道的最好总结。荀子天道观是从人格化神化的天命思想到理性主义天道的巨大转变，从而建立了以阴阳为基本元素，以天人关系为基本架构的理智主义理论体系，这与易道对其的重大影响不无关系。

2. 易学与荀子的人性论

《荀子·儒效》曰："道者非天之道，非地之道，人之所以道也，君子之所道也。"⑥ 与孔孟不同，荀子站在人本的角度去审视天人关系，推翻了天命思想的主导地位，凸显人的主体意识。人道的问题由此上升为荀学的重点，这也是儒家学派思想转变的重心。有学者指出："儒学对于人道问题的思考向来与天道问题密切相关，其中天与人总是互相规定的，对于天的理解往往折射出对于人的看法，反之亦然。"⑦荀子作为儒家传统天人观的革新者，重新诠释了儒家对天道的看法，他把形而上的天转化为务实功利化的天道，必然影响其对天人关系的理性主义重新解构，以及对人性本身的彻底探索。作为儒家学派重要代表

---

① 王先谦. 荀子集解 [M]. 沈啸寰，王星贤，整理. 北京：中华书局，2012：162.
② 黄寿祺，张善文. 周易译注 [M]. 上海：上海古籍出版社，2001：21.
③ 黄寿祺，张善文. 周易译注 [M]. 上海：上海古籍出版社，2001：647.
④ 王先谦. 荀子集解 [M]. 沈啸寰，王星贤，整理. 北京：中华书局，2012：340.
⑤ 王先谦. 荀子集解 [M]. 沈啸寰，王星贤，整理. 北京：中华书局，2012：356.
⑥ 王先谦. 荀子集解 [M]. 沈啸寰，王星贤，整理. 北京：中华书局，2012：122.
⑦ 赵法生. 荀子天论与先秦儒家天人观的转折 [J]. 清华大学学报（哲学社会科学版），2015，30（2）：97.

的孟子主张"性善论",而荀子与之相对,提出"性恶论"。首先,荀子观念中的"性"如何界定。荀子认为,"生之所以然者谓之性。性之和所生,精合感应,不事而自然谓之性"①。梁启雄先生指出,这里的"性"字指"天赋的本质",也就是"生理学上的性"②。很明显,荀子所说的"性"是生而具有的天性,没有后天的人为修饰。《荀子·性恶》云:"凡性者,天之就也,不可学,不可事;礼义者,圣人之所生也,人之所学而能、所事而成者也。"③荀子以为人的天性就是人性,这是人与生俱来的,不能通过后天的学习来效仿,但是礼义却是人通过后天的修为所能获得的。这是荀子人性论的基本层面。其次,人性与动物性的异同。《荀子·非相》又云:"人之所以为人者,何已也?曰:以其有辨也。"④在荀子眼中,人不是单一的动物性的存在,人与动物之间有本质上的区别。人的本性是不待学而知的,具体来说就是"饥而欲食,寒而欲暖,劳而欲休,好利而恶害",这些都是"人之所生而有"的,所谓"无待而然者也"⑤。如果人类仅仅顺从于天赋予的本性,那么,对衣食的需求,趋利避害的自然欲望就会引起无谓的争斗和混乱,因此,圣王创制出道德意义上的规则来约束和指导人的行为,陶冶性情,规避不必要的斗争。所以,从这个意义上说,人与动物是不同的。"故人之所以为人者,非特以其二足而无毛也,以其有辨也。夫禽兽有父子而无父子之亲,有牝牡而无男女之别,故人道莫不有辨。辨莫大于分,分莫大于礼,礼莫大于圣王。"⑥善于学习仁义道德观念和遵守圣王的制度礼法才是人类有别于动物的最大特点。冯友兰先生认为,孟子说人与禽兽的区别在于人具有是非之心等善端,而荀子则说是因为人有"优秀的聪明才力"⑦。因此,孟子倡导性善说而荀子则主张性恶论。最后,在荀子看来,"礼"是人类聪明才力的集中体现。荀子明确地提出德性、礼法是人高于动物本能的一种社会性存在。这是其人性论的关键层面。从以上两个人性论层面可以看出,荀子人性论基本架构是依据易道的基本精神而确立的。《说卦传》曰:"昔者圣人之作《易》也,将以顺性命之理,是以立天之道曰阴与阳,立地之道曰柔与

---

① 王先谦. 荀子集解 [M]. 沈啸寰,王星贤,整理. 北京:中华书局,2012:399.
② 梁启雄. 荀子简释 [M]. 北京:中华书局,1983:309.
③ 王先谦. 荀子集解 [M]. 沈啸寰,王星贤,整理. 北京:中华书局,2012:421.
④ 王先谦. 荀子集解 [M]. 沈啸寰,王星贤,整理. 北京:中华书局,2012:78.
⑤ 王先谦. 荀子集解 [M]. 沈啸寰,王星贤,整理. 北京:中华书局,2012:78.
⑥ 王先谦. 荀子集解 [M]. 沈啸寰,王星贤,整理. 北京:中华书局,2012:79.
⑦ 冯友兰. 中国哲学史 [M]. 北京:中华书局,1961:359.

刚，立人之道曰仁与义。"①仁、义是构成人道的基本要素，也是荀子人性论关注的重点。《易》认为仁义是人之所以立的基础，这与荀子人禽之"辨"的论点是甚为一致的。荀子以为人之所以能掌控自己的欲望和情感，避免无谓的混乱和争夺是因为人类摆脱了本性的束缚而利用圣王所拟定的道德礼法来驯服自身天性的缺陷。顺从天性的好逸恶劳、趋利避害以及沉溺于各种欲望是人性使然。荀子说："人之性恶，其善者伪也。"② 对于人性并不光彩的一面的厌恶或许是荀子提出"性恶论"的主要前提。而"礼"作为人理性认知的一面促进了人的道德努力，是解决"性恶"问题的一把钥匙。《乾·文言》曰："元者，善之长也；亨者，嘉之会也；利者，义之和也；贞者，事之干也。君子体仁足以长人，嘉会足以合礼，利物足以和义，贞固足以干事。君子行此四德者，故曰'乾：元，亨，利，贞。'"③《乾卦》蕴含的"四德"表现在人道上就是"仁、义、礼、知"，这"四德"又以礼为主要表现形式。荀子曰："君子处仁以义，然后仁也；行义以礼，然后义也；制礼反本成末，然后礼也。三者皆通，然后道也。"④ 荀子崇尚礼义，以仁为本体，强调礼的重要功用。荀子依据乾之四德创立了一个以礼义为中心的人性论架构。四德是易学人道精神最为重要的部分，也是奠定荀子人性论的四个基石。无疑，易道在框架结构上与荀子是殊途同归的。

3. 易学与荀子的礼义观

礼义观是荀学的核心内容。荀子推崇"法后王，一制度，隆礼义而杀《诗》《书》"⑤，在荀子天人关系的整体系统中，礼义是沟通天人的天然渠道。荀子曰："在天者莫明于日月，在地者莫明于水火，在物者莫明于珠玉，在人者莫明于礼义。……故人之命在天，国之命在礼。"⑥站在人性本恶的立场上，荀子以为礼义是规范人行为的重要标准，隆礼是人的崇高追求，对国家的稳定发展起至关重要的作用。那么，荀学体系中的"礼"到底为何物？《荀子·礼论》开篇就做出了阐释："礼起于何也？曰：人生而有欲，欲而不得，则不能无求；求

---

① 黄寿祺，张善文．周易译注 [M]．上海：上海古籍出版社，2001：615．
② 王先谦．荀子集解 [M]．沈啸寰，王星贤，整理．北京：中华书局，2012：420．
③ 黄寿祺，张善文．周易译注 [M]．上海：上海古籍出版社，2001：10．
④ 王先谦．荀子集解 [M]．沈啸寰，王星贤，整理．北京：中华书局，2012：476．
⑤ 王先谦．荀子集解 [M]．沈啸寰，王星贤，整理．北京：中华书局，2012：139．
⑥ 王先谦．荀子集解 [M]．沈啸寰，王星贤，整理．北京：中华书局，2012：309．

而无度量分界,则不能不争;争则乱,乱则穷。"①荀子认为,人类从出生就具有动物性,这一特性驱使着人类最原始的欲望。人性的欲望不能得到满足就会引发矛盾和混乱。因此,先王"制礼义以分之,以养人之欲,给人以求",而"使欲必不穷乎物,物必不屈于欲,两者相持而长"②,这就是礼的起源。可以看出,荀子对礼的起源的认识与《履卦》的精神有一定的内在相通性。《履·象》曰:"上天下泽,'履';君子以辩上下,定民志。"③ 意思是君子要效仿《履卦》的精神,遵守礼法,做到尊卑有序,以使国泰民安。不难发现,这与《易》倡导的"知崇礼卑"具有共同的思想倾向。《说卦传》曰:"物畜然后有礼,故受之以《履》。"④《荀子·大略》曰:"礼者,人之所履也,失所履,必颠蹶陷溺。所失微而其为乱大者,礼也。"⑤清人惠栋曾在《周易述》中引这一段文辞来强调荀子观念中的"履"与"礼"是有内在联系的。在荀子看来,"履"和"礼"对于人来说有着相同的意义,"礼"就是人之所"履",失掉了礼义就等同于人没有穿鞋子,必然导致社会秩序的失衡。所以,必须防微杜渐,见微知著,从小事做起来遵守礼法,维护国家的稳定安康。《履卦》暗示君子处事要谨慎,不越礼法,小心而行,体现了居安思危的易学精神。在这一问题上,荀子隆礼的思想借鉴和发挥了易道居安思危的忧患意识,运用《履卦》来证明隆礼的必要性。忧患意识是易学精神的重要组成部分,而《履卦》是居安思危意识的直接体现。《系辞下》曰,"《易》之兴也,其于中古乎?作《易》者其有忧患乎?是故《履》,德之基也……",强调"《履》,和而至""《履》以和行"⑥。也就是说,"履"即是"礼",礼法是国家的道德根底,君子应该按照《履卦》的精神做到顺和而不违礼,捍卫国家的道统。和顺而不违背礼法即要求君子知微知彰,常备不懈,身处安乐的环境更要重视礼法,"礼义之统"隆而国家兴。《系辞下》曰:"危者,安其位者也;亡者,保其存者也;乱者,有其治者也。是故君子安而不忘危,存而不忘亡,治而不忘乱。是以身安而国家可保也。"⑦君子常怀戒惧之心,国家才能长治久安。以上谈到的君子和荀子所指的

---

① 王先谦.荀子集解[M].沈啸寰,王星贤,整理.北京:中华书局,2012:337.
② 王先谦.荀子集解[M].沈啸寰,王星贤,整理.北京:中华书局,2012:337.
③ 黄寿祺,张善文.周易译注[M].上海:上海古籍出版社,2001:98.
④ 黄寿祺,张善文.周易译注[M].上海:上海古籍出版社,2001:646.
⑤ 王先谦.荀子集解[M].沈啸寰,王星贤,整理.北京:中华书局,2012:479.
⑥ 黄寿祺,张善文.周易译注[M].上海:上海古籍出版社,2001:592.
⑦ 黄寿祺,张善文.周易译注[M].上海:上海古籍出版社,2001:582.

君子都是理想的执行者，而君子是荀子眼中贯彻礼义制度的最佳人选。《荀子·王制》曰："天地者，生之始也；礼义者，治之始也；君子者，礼义之始也。为之、贯之、积重之、致好之者，君子之始也。"①君子通过"终日乾乾"的努力来修习礼法是礼仪制度建立的初始，在荀子眼中，礼义是国家的规矩、绳墨，是维护国家安定的重要法则，这符合《易传》倡导的"何以守位？曰仁。何以聚人？曰财。理财正辞、禁民为非曰义"②的理念。隆礼重法、居安思危是治国兴邦的必由之路，这是荀学思想的中心。荀子崇尚"礼义之统"，认为礼是人道之极，抓住了理性主义的灵魂，这无疑与《易》的人文主义精神是内在相通的。

此外，荀子有关"礼"的表述多与易道精神有相合之处。例如，荀子说："天地以合，日月以明，四时以序，星辰以行，江河以流，万物以昌，好恶以节，喜怒以当，以为下则顺，以为上则明，万物变而不乱，贰之则丧也。礼岂不至矣哉！"③言辞间与《乾·文言》所讲"夫'大人'者，与天地合其德，与日月合其明，与四时合其序，与鬼神合其吉凶"④的逻辑架构存在相互关联。《荀子·礼论》曰："礼者，谨于治生死者也。生，人之始也；死，人之终也；终始俱善，人道毕矣。故君子敬始而慎终。终始如一，是君子之道、礼义之文也。"⑤此处慎重敬始的观点与《系辞下》中"《易》之兴也，其当殷之末世，周之盛德邪？当文王与纣之事邪？是故其辞危。危者使平，易者使倾；其道甚大，百物不废。惧以终始，其要无咎，此之谓《易》之道也"⑥所指出的"惧以终始"思想亦有深刻的关联。

小结

荀子在《荀子·礼论》中提出"礼之三本"的主张，即"天地者，生之本也；先祖者，类之本也；君师者，治之本也。……故礼上事天，下事地，尊先祖而隆君师，是礼之三本也"⑦。他把"天地""先祖""君师"统统囊括在以

---

① 王先谦．荀子集解［M］．沈啸寰，王星贤，整理．北京：中华书局，2012：161.
② 黄寿祺，张善文．周易译注［M］．上海：上海古籍出版社，2001：569.
③ 王先谦．荀子集解［M］．沈啸寰，王星贤，整理．北京：中华书局，2012：346.
④ 黄寿祺，张善文．周易译注［M］．上海：上海古籍出版社，2001：21.
⑤ 王先谦．荀子集解［M］．沈啸寰，王星贤，整理．北京：中华书局，2012：349.
⑥ 黄寿祺，张善文．周易译注［M］．上海：上海古籍出版社，2001：603-604.
⑦ 王先谦．荀子集解［M］．沈啸寰，王星贤，整理．北京：中华书局，2012：349.

"礼"为中心的思想体系中，树立了围绕"礼"而运行的自然、社会和国家的整体秩序。天、地、人三个维度通过"礼"而相互关联，相互影响，共同构筑了三位一体的完整系统，"礼"是维持一系统良好运转的"心脏"，同时是天地人互相沟通交流的有效途径。礼的本源来自天、地、人，礼的法则效法自然规律，因此，荀子的"礼"与易学思想的内容高度一致，从某种意义上来说，"礼"就是穷通变化的易道。"法后王"的主张是对"法先王"的批判和创新，更是对易道变化的高度总结。可以说，荀子的思想体系是在与易学精神的深入互动中不断演进而产生的。"礼"的本质是"法"，荀子沿着儒家的道统，尊君尚礼、援法入儒，其施王道、隆礼法的理论重在发挥法治的社会政治作用，而人的道德理想与社会政治、国家社稷是相互连接在一起的，儒家的圣人意识与盛世构想是一个统一的结构，荀子以"礼"为中心的思想体系正是对这个框架结构的重新丰富和诠释，这为后来大一统帝国的形成奠定了理论基础。

第二章

西汉时期的齐鲁易学

第一节 西汉经学易的兴起与发展

秦汉时期是中国传统文明的融创时期。侯外庐先生指出,"秦汉在制度上是先后承袭的,其间虽有小的变迁,而精神则是一脉相承的"①。秦朝一统中国以后,推行郡县制,力推法家思想,建立了统一的君主专制的中央集权制度,引起了传统社会的巨大转型,学术文化思想也随之展现出新的变化。先秦时期百家争鸣的学术格局为秦政大一统的新官学形式所取代,儒、墨、道、法等形式内容各异的学术派别在大一统的趋势下逐渐融会成统一的文明形态。汉兴以后,历经连年征伐的大汉王朝亟须休养生息,重整旗鼓,黄老之学、无为而治的思想文化氛围活跃起来,"文景之治"使汉朝顺利度过艰难的初创阶段,相对宽松的学术环境也为易学的进一步发展和整合创造了条件。同时,汉初的陆贾、叔孙通、贾谊等"醇儒"在总结秦亡教训的基础上力倡儒学,根据时代特点和社会政治需要,本之儒术,融贯黄老,行仁义、施仁政,将礼与法结合,提出"儒家治国"设想,为"独尊儒术"的大一统形势创立夯实了根基,儒学逐渐向正统官学的道路上发展。汉武帝时期,黄老之说的弊端日益凸显,为摒弃不合时代要求的黄老之学,在董仲舒、公孙弘等的倡议和推动下,汉王朝实施了"罢黜百家,独尊儒术"的统治思想,儒家"五经"被列于学官,设立五经博士,成为新官学,从此,儒家"五经"之学继承和综合百家之学成为新时代主流的官方学术体系。五经体系实际上成为社会政治和文化思想的最高准则,成

---

① 侯外庐,赵纪彬,杜国庠. 中国思想通史:第 2 卷 [M]. 北京:人民出版社,1957:3.

第二章　西汉时期的齐鲁易学

为汉王朝治国理政、制定方略的重要理论依据和思想支撑。在这一过程中，作为儒学的重要组成部分，齐鲁易学充分参与了学术思想界的重大变革，为汉代学术思想的复兴做出了突出贡献，并得到了长足的发展。

齐鲁易学承接先秦时期诸子易学繁盛的余绪，在西汉时期继续稳步发展。随着《周易》被立为"五经"之首，以及经学《易》官学地位的确立，齐鲁易学得到了西汉政权的官方认可，成为易学发展的主流，齐鲁易学家田何、杨何之学率先列于学官，为后来官方易博士体系的建立打下了坚实基础，其传承更是前后相继，彰显了齐鲁易学长盛不衰的旺盛生命力和承自儒家易学的正统位置。从西汉易学的传承来看，齐鲁易学是西汉经学《易》的主干。《汉书·艺文志》明确记载："及秦燔书，而《易》为筮卜之事，传者不绝。汉兴，田何传之。讫于宣、元，有施、孟、梁丘、京氏列于学官。"[1] 西汉易学的传承并未遭受到秦王朝"焚书坑儒"政策的直接冲击，《易》作为卜筮之书而得以免于秦火，汉武帝建元五年（前136），汉代始置五经博士，易学作为儒家"五经"之学的主要组成部分而被列为官学，设《易》博士，研习传承者不绝，因此，易学传承的谱系比较清晰。总体来看，汉代有版本卦序与章句内容存在异同的"南北两大易学系统"："一个是承于孔子、传自田何的北方易学系统，一个是以马王堆帛书《周易》为代表的南方易学系统。"[2] 除此之外，当时易学的传承在儒家学者中相当普及，有大批饱学之士、鸿儒巨擘对易学进行了深入研究，如陆贾、贾谊、韩婴、董仲舒、主父偃等都对易学研究情有独钟，他们通过易学来阐述自己的思想主张，偏重以义理解《易》。这些易学家与好《易》学者延续了易学的有序传承，他们的研究成果勾勒出两汉易学思想发展的整体架构与演变轨迹，他们对易学思想的实践和运用为易学的振兴拓展了空间，同时反映了儒家学派在学术思想领域中影响力持续增强的发展趋势。此外，我们看到，道家思想对易学的影响也不断深化，以《淮南子》为代表的诸多重要著述的出现把易学的整体发展推向了高潮。综合来看，儒家经学正统官学地位的确立，儒家学说的进一步复兴壮大，促使处于儒学核心位置的易学步入了正统官学的道路。在此背景下，齐鲁易学作为汉代以前易学研究的主要阵地亦随儒学官方化的潮流取得了正统官学的身份，成为学术思想发展的先锋。

在汉代经学昌隆的情况下，作为易学发展的主干，齐鲁易学得到了良好的

---

[1] 班固．汉书：卷三十［M］．颜师古，注．北京：中华书局，1962：1704.
[2] 张涛．秦汉易学思想研究［M］．北京：中华书局，2005：44.

传承和发展，齐鲁易学在授受源流、学派演变等方面的脉络皆有迹可循，呈现出与易学总体的发展轨迹相吻合的趋势。从传授和影响的范围来看，在南北两大传授体系中皆有齐鲁易学家的身影。首先，在北方传授体系中，即承自孔子一脉的易学流派，齐鲁易学家所占比重较大。《史记》《汉书》皆载，孔子授《易》于鲁人商瞿。商瞿之传历经鲁人桥庇子庸、江东馯臂子弓、燕人周丑子家、东武人孙虞子乘六世传至齐人田何。由于汉王朝的统治者皆重视易学，汉初，田何便以精于易学受到汉惠帝的尊崇，幸其庐，拜田何为师，田何成为西汉易学正宗。"汉兴，言《易》自淄川田生"①，田何传《易》于东武人王同、雒阳周王孙、梁人丁宽、齐人服生。王同传汉中大夫淄川人杨何，杨何是汉初易学主要传承人，"要言《易》者本于杨何之家"②。另外，"齐即墨成，至城阳相。广川孟但，为太子门大夫。鲁周霸、莒衡胡、临淄主父偃，皆以《易》至大官"③。《史记》《汉书》所记主要是在汉代被列于官学的官方学派易学，也就是经学博士的传授体系。从学术源头来看，祖述孔子、以田何为宗的北方易学体系是汉代官方易学的主流，而齐鲁籍的易学家成为汉代官方易学的主要代言人，并且以善治《易》而为官者甚众，社会影响力较大。汉武帝时，杨何易学被立为博士；宣帝时，施雠、孟喜、梁丘贺三家易学皆立为博士；元帝时，京房易学亦立为博士。除施雠为沛人外，杨何、孟喜、梁丘贺皆为齐鲁之人，京房受《易》于焦延寿，焦氏为梁人，但其自言受《易》于孟喜，因此京氏易学亦可归为齐鲁之传。吴翊寅在《易汉学考》中总结道：

  西汉易学派别凡四：曰训诂举大义，周、服、王、丁、杨、蔡、韩七家易传是也；曰阴阳候灾变，孟喜、京房、五鹿充宗、段嘉四家易传是也；曰章句守师说，杨何、施、孟、梁丘、京五家博士所立以教授者是也；曰象象解经意，费直、高相二家，民间所用以传授者是也。④

在西汉易学的四大流派主要代表人物中，齐鲁籍贯的易学家占有很高的比重，具有齐鲁易学背景的人物更不胜枚举。西汉时期，有杨何、孟喜、梁丘贺

---

① 班固. 汉书：卷八十八 [M]. 颜师古，注. 北京：中华书局，1962：3593.
② 班固. 汉书：卷八十八 [M]. 颜师古，注. 北京：中华书局，1962：3597.
③ 班固. 汉书：卷八十八 [M]. 颜师古，注. 北京：中华书局，1962：3597.
④ 吴翊寅. 易汉学考 [M] //续修四库全书：第39册. 上海：上海古籍出版社，2002：113.

等易学列于学官,据《后汉书·儒林传》载,"及光武中兴……于是立五经博士,各以家法教授,《易》有施、孟、梁丘、京氏"①,他们皆是齐鲁易学的代表,直到东汉的建立,齐鲁易学始终占据着官方位置,同时还有承自齐鲁易学的京房易学亦列于学官。西汉以今文《易》为正统,《易》博士系统是今文官方易学的主流。与今文《易》不同,民间有古文《易》的流传,如费氏《易》、高氏《易》等。古文易学不重章句,徒以"十翼"解经,继承先秦儒家的传统,注重以义理解《易》。东莱人费直是古文《易》复兴的典型代表,其学主要传于琅琊人王璜。费直、王璜皆出于齐鲁。沛人高相则授《易》于其子高康和兰陵人毋将永。毋将永亦为齐鲁之人。不难看出,民间古文易学的传授当以齐鲁籍人士为主。足见,齐鲁易学家及齐鲁易学研究在北方易学体系建立和完善的过程中做出了重大贡献,是西汉易学发展的主线,是汉代官方易学体系确立的中流砥柱。同时,齐鲁易学在整个易学史乃至易学思想的传承演变过程中占据了极为重要的核心位置,为易学承上启下的有序发展铺平了道路。其次,南方易学体系以马王堆汉墓帛书《易》及数篇易说为代表,主要传播流传于楚地。据推断,马王堆出土的帛书《易》年代约在汉文帝十二年(前168)之际,显然,当时易学的流传范围已经颇为广泛。帛书《易》除在卦序与文字方面略有出入外,与传世的今本《易》在经文内容上区别不大。虽然两大易学流派在传本卦序和文字内容方面稍有差异,但它们拥有大致相同的思想内涵和治学理念。这显示了南方易学体系可能与北方易学体系同出一源,受到儒家易学的可观影响,也就是说,极有可能受到作为易学主流的齐鲁易学之沾溉。此外,在学术文化氛围浓厚的汉代,有许多没有确切师承关系和学派源流的学者、思想家也同样投身于易学研究,在钻研经学《易》的同时,丰富和拓宽了易学思想的范畴,注重易学思想在实践领域的广泛发挥和运用,出于齐学、秉承儒学精神的董仲舒、公孙弘等都是他们中的典型代表。由此看来,南北呼应的两大易学体系与众多易学精神的实践者都与齐鲁易学有千丝万缕的紧密关系,他们共同促进了易学在有汉一代的飞速发展,并为齐鲁易学主流地位的巩固添砖加瓦。西汉时期,齐鲁易学的发展迎来了春天,展现出关注义理、与社会政治密切结合的特点,齐鲁易学迈出了走向官方主流地位的重要一步。

---

① 范晔. 后汉书:卷七十九:上 [M]. 李贤, 等注. 北京:中华书局, 1965:2545.

第二节　西汉大一统与董仲舒的易学思想

一、董仲舒事略

董仲舒，广川人，大约活动于公元前198年至公元前106年间，是西汉时期著名的思想家、儒学及经学大师。他虽非山东籍人士，但其学出于齐学，深受齐鲁儒学，特别是齐鲁易学的长期熏陶，是齐鲁易学的重要传承人。其一生著述颇丰，主要代表作有《春秋繁露》一书，其致力于深研《春秋公羊》学，是公羊学派的首要代表。《汉书·五行志》云："昔殷道弛，文王演《周易》；周道敝，孔子述《春秋》。则《乾》《坤》之阴阳，效《洪范》之咎征，天人之道粲然著矣。汉兴，承秦灭学之后，景、武之世，董仲舒治《公羊春秋》，始推阴阳，为儒者宗。"[1] 董仲舒是西汉时期新儒学的领军人物，汉景帝时为经学博士，"为群儒首"。王充称赞他说："文王之文在孔子，孔子之文在仲舒。"[2] 认为他是孔子之学的正统继承者。皮锡瑞认为，"孟子之后，董子之学最醇"[3]。西汉是儒学发展的关键机遇期，董仲舒受到最高统治者的推崇和青睐，倡导和阐述孔门儒学思想，博采诸子思想而对儒学进行了推陈出新的彻底改造，适应了社会矛盾的转化和封建王朝的需要，把儒学推上了意识形态领域统治思想的主导地位。

汉武帝时期，重用董仲舒、公孙弘等儒学大师，"罢黜百家，独尊儒术"，整齐学术、统一思想，实现了思想文化领域的大一统局面。易学思想在儒学确立为官学的同时，也逐渐成为汉代的官方哲学，成为大一统王朝的思想根源，对其后几千年中国思想文化产生了深远的影响。董仲舒是易学走向官方哲学之路的关键助推力，易学思想是董仲舒新儒学思想的重要构成要素，它随着儒学思想的崛起而进入中国思想文化领域的主流。史籍虽未载董仲舒专门治《易》之事，但易学革故鼎新的变化之道、阴阳和谐的天人思想等都与其所提倡的新

---

[1] 班固. 汉书：卷五 [M]. 颜师古，注. 北京：中华书局，1962：1316-1317.
[2] 王充，著. 张宗祥，校注. 论衡校注 [M]. 郑绍昌，标点. 上海：上海古籍出版社，2010：283.
[3] 皮锡瑞. 经学通论 [M]. 北京：中华书局，1954：4.

儒学变革息息相关，深入影响了董仲舒以《春秋公羊》学为中心的思想体系以及天人感应、阴阳思想等众多理论主张。范文澜先生指出："董仲舒的哲学基本上是《易经》阴阳学说的引申。""《易经》的阴阳学与战国以来盛行的阴阳五行学，融合成为董仲舒的《春秋公羊》学。"①董仲舒通过《易经》把传统的儒家学说与阴阳五行思想沟通结合，打着《春秋公羊》学的旗号，开创了统一战国以前各家学说、符合西汉政治一统需要的哲学观点。董仲舒在《春秋繁露·玉杯》中说："《诗》《书》序其志，《礼》《乐》纯其美，《易》《春秋》明其知。"②他把《易》与《春秋》共同作为明智经典和前世明鉴，发现了易学与春秋学拥有同样的价值理念和思维特点，遂将二者结合，在求同存异中提炼出董氏的《春秋公羊》学。可以说，董学与易学是深入互通的。同时，作为汉代重要的思想家和学者，留存在其思想成果和学术著作中的易学思想十分丰富。

《春秋繁露·精华》曰：

> 故天下虽大，古今虽久，以是定矣。以所任贤，谓之主尊国安；所任非其人，谓之主卑国危。万世必然，无所疑也。其在《易》曰："鼎折足，覆公餗。"夫鼎折足者，任非其人也。覆公餗者，国家倾也。是故任非其人而国家不倾者，自古至今未尝闻也。故吾按《春秋》而观成败，乃切悁悁于前世之兴亡也。③

此段引《鼎卦》九四爻辞"鼎折足，覆公餗，其形渥，凶"④论述国家兴亡与举贤任能的重要联系，与孔子重其德义的易学理念如出一辙。《系辞下》曰："子曰：'德薄而位尊，知小而谋大，力小而任重，鲜不及矣！'《易》曰：'鼎折足，覆公餗，其形渥，凶。'言不胜其任也。"⑤这段话以鼎器为例，揭示了新的体制能良好运行，需要贤人端正居位，施展效用。

《春秋繁露·玉英》曰：

> 齐桓忧其忧而立功名。推而散之。凡人有忧而不知忧者凶，有忧而深

---

① 范文澜. 中国通史 [M]. 北京：人民出版社, 2015: 147-148.
② 苏舆. 春秋繁露义证 [M]. 钟哲, 点校. 北京：中华书局, 1992: 35.
③ 苏舆. 春秋繁露义证 [M]. 钟哲, 点校. 北京：中华书局, 1992: 97.
④ 黄寿祺, 张善文. 周易译注 [M]. 上海：上海古籍出版社, 2001: 418.
⑤ 黄寿祺, 张善文. 周易译注 [M]. 上海：上海古籍出版社, 2001: 582.

忧之者吉。《易》曰:"复自道,何其咎。"此之谓也。匹夫之反道以除咎尚难,人主之反道以除咎甚易。《诗》云:"德辅如毛。"言其易也。①

此处引用了《小畜卦》初九爻辞"复自道,何其咎?吉"②,意为初九以阳刚之爻居于最下,被畜而危,自知危机而复归阳道,因此而终究获得吉祥,表达了君子贵能自知,善于补过,返归正道,而至功效显著,泽被深远的道理。董仲舒此处用意颇深,旨在提醒统治者要有居安思危的忧患意识,自知其短,善于反省和悔过,预判政治走向,做出正确决策。这是对易学"安而不忘危,存而不忘亡,治而不忘乱"③忧患意识的直接阐释和体现。

此外,《春秋繁露·基义》曰:

天之气徐,乍寒乍暑。故寒不冻,暑不暍,以其有馀徐来,不暴卒也。《易》曰"履霜坚冰",盖言逊也。然则上坚不逾等,果是天之所为,弗作而成也。人之所为,亦当弗作而极也。凡有兴者,稍稍上之以逊顺往,使人心说而安之,无使人心恐。故曰:君子以人治人,懂能愿。此之谓也。圣人之道,同诸天地,荡诸四海,变易习俗。④

董仲舒在此引用《坤·象》中"'履霜坚冰',阴始凝也;驯致其道,至坚冰也"⑤一句来阐述普遍的道理,倡导顺应天道自然运行的规律,通过宣扬教化以改变政治风气和社会风俗。《汉书·董仲舒传》载董仲舒言:"《易》曰:'负且乘,致寇至。'乘车者君子之位也,负担者小人之事也,此言居君子之位而为庶人之行者,其患祸必至也。若居君子之位,当君子之行,则舍公仪休之相鲁,亡可为者矣。"⑥通过以上对《易》的运用可以发现,董仲舒已经把易道思想深入内化,使之成为董学的重要组成部分。《坤卦》中"履霜,坚冰至"⑦以客观的自然物象来解释自然变化的抽象规律,是孔门易学的阐释传统。董仲舒继承孔子、荀子以来的儒家易学传统,将易道广泛应用到董学的各个方面,他善于

---

① 苏舆.春秋繁露义证[M].钟哲,点校.北京:中华书局,1992:72.
② 黄寿祺,张善文.周易译注[M].上海:上海古籍出版社,2001:91.
③ 黄寿祺,张善文.周易译注[M].上海:上海古籍出版社,2001:582.
④ 苏舆.春秋繁露义证[M].钟哲,点校.北京:中华书局,1992:352.
⑤ 黄寿祺,张善文.周易译注[M].上海:上海古籍出版社,2001:28.
⑥ 班固.汉书:卷八十八[M].颜师古,注.北京:中华书局,1962:2521.
⑦ 张涛,注评.周易[M].南京:凤凰出版社,2011:14.

运用《易经》辞占来论述和阐发政治思想及哲学理念，显示了其深厚的易学功底和易学思想对他的深刻影响。董仲舒综合、完备的天人感应理论和阴阳灾变说"构成了后来孟喜、京房、《易纬》象数易学重要的观念背景和理论依据"①，最终促使了象数易学的诞生，而象数易学是以董仲舒受命改元理论为基础的。我们看到，董仲舒虽不曾专门治《易》，但其思想体系的形成离不开对易学思想成果的继承和资鉴，更有益地推进了易学正统地位的确立及易学思想的突破发展。

二、易学的整体思维与董仲舒的大一统思想

"大一统"政治构想是中国历代统一王朝奠定政治格局的理论基础，是中国人寻求国家与社会统一的政治实践，也是中华民族文明统一的根基。经过"春秋无义战"的频繁兼并战争和长期混乱状态，秦王朝最终实现了政治上的统一，然而秦历二世而亡，又历经楚汉相争长达五年的互相征伐，最终建立了西汉政权，汉承秦制，实行统一的中央集权制度。但是，西汉初期设立的众多诸侯王对中央政权构成了巨大的威胁和挑战。面对这一复杂的局面，董仲舒在总结历史经验教训的基础上进行了深入的理论探讨，在思想意识层面提出了"大一统"的理论主张。

汉武帝元光元年（前134）举行了规模盛大的举贤良对策，在这次活动中董仲舒开始崭露头角，精彩地回答了汉武帝有关天人关系的三次策问，形成《天人三策》，充分阐释了其思想学说。他主张确立儒学的官学地位，依托《春秋》这部儒家经典，描绘了"大一统"的政治蓝图。董仲舒指出：

> 《春秋》大一统者，天地之常经，古今之通谊也。今师异道，人异论，百家殊方，指意不同，是以上亡以持一统；法制数变，下不知所守。臣愚以为诸不在六艺之科孔子之术者，皆绝其道，勿使并进。邪辟之说灭息，然后统纪可一而法度可明，民知所从矣。②

这段回答揭开了"罢黜百家，独尊儒术"的新篇章。董仲舒认为，政治上统一的形成需要以思想文化领域统一为基础，有了统一的文化政策，确立国家

---

① 张涛. 秦汉易学思想研究 [M]. 北京：中华书局，2005：84.
② 班固. 汉书：卷五十六 [M]. 颜师古，注. 北京：中华书局，1962：2523.

法度，民众才能有所遵循，中央集权制度才能稳固牢靠。换句话说，用思想上的统一引导和维护政治的统一，"大一统"的政治构想才能落到实处。在董仲舒看来，思想的一统要以儒家经学为标尺，独尊儒术，整合学术思想领域的众多派别和学说，树立综合一致的伦理体系和指导思想，"六经"是解释和阐发儒家思想的重要经典，自然是独尊儒术所倚重的理论基石。而《易经》作为群经之首必然对董仲舒独尊儒术的"大一统"思想的形成起着关键的构造作用。

易学本就是综合百家、超越百家的产物，体现着中华思想文化的强大包容性和开拓进取精神。"天下同归而殊途，一致而百虑"是易学的核心价值和思维模式。这一核心内容与董仲舒"大一统"的论调深度契合。汉朝建立之初，人民深受分裂战争的苦难折磨，渴望统一，反对分裂的思想情绪十分强烈，政治上安定统一的秩序遭受到"七国之乱"巨大冲击后，统一思想文化和建立强大中央政权的必要性日益凸显。无论是黄老之术还是法家思想，都有各自的可取之处，它们的根本目的都是实现社会的安定和谐、国家的长治久安，而不应成为分裂斗争的理论阵地。因此，以儒术为主的综合包容的思想文化是当时的政治环境所急需的。董仲舒深受易学思想的启发，结合前代的教训，阐明治世之理是殊途同归的，提出统一思想意识要注重总结先王之法。他说：

《春秋》之道，奉天而法古。是故虽有巧手，弗修规矩，不能正方圆；虽有察耳，不吹六律，不能定五音；虽有知心，不览先王，不能平天下。然则先王之遗道，亦天下之规矩六律已。故圣者法天，贤者法圣，此其大数也。得大数而治，失大数而乱，此治乱之分也。所闻天下无二道，故圣人异治同理也。古今通达，故先贤传其法于后世也。①

董仲舒认为，尊奉天命，效法古人是治理天下的前提，古代圣王的治世法则是保持社会稳定和谐的基本准则，圣人效法自然，贤人效法圣人，都是本于天道规律的，也就是说，治理天下都是基于一个道理，圣人治理的方式虽有不同，但道理都是一致的，今古相通。然而有一点需要注意，那就是"新王者必改制"。《春秋繁露·三代改制》曰：

《春秋》曰"王正月"，《传》曰："王者孰谓？谓文王也。曷为先言王

---

① 董仲舒. 春秋繁露 [M]. 周桂钿，译注. 北京：中华书局，2011：7.

而后言正月？王正月也。"何以谓之王正月？曰：王者必受命而后王。王者必改正朔，易服色，制礼乐，一统于天下，所以明易姓，非继人，通以己受之于天也。王者受命而王，制此月以应变，故作科以奉天地，故谓之王正月也。①

董仲舒认为王者受命于天，应天而变革是自然的规律。《春秋繁露·玉英》曰："谓一元者，大始也。"② 新的王者象征着新的开端，新的王朝必然对应新的气象。在董仲舒看来，治国的开端在正名，名正则政施，受命之君应通过改制而取得进步。

董仲舒倡导的"王必改制"，不是一味因袭以前的制度，而是要求革故鼎新，新的君王要有所变革，不要因循守旧。董仲舒认为：

受命之君，天之所大显也；事父者承意，事君者仪志，事天亦然；今天大显已，物袭所代，而率与同，则不显不明，非天志，故必徙居处，更称号，改正朔，易服色者，无他焉，不敢不顺天志，而明自显也。若夫大纲，人伦道理，政治教化，习俗文义尽如故，亦何改哉！故王者有改制之名，无易道之实。③

董仲舒为"大一统"的政治构想提出了具体的做法，也就是从称号、历法、服饰、礼法制度等各方面开始变革，为政治"大一统"提供了理论依据。在董仲舒看来，自然道理、人伦教化是不变的道理，而政治制度和思想意识的变革应该是与时俱进的。《春秋繁露·精华》说："《春秋》故有常义，又有应变。"苏舆注曰："常义如《易》之不易，应变如《易》之变动。"④易道的变动又要求与时、位相呼应，根据时、位的变化来做出相应的调整，应势而动，趋时而变。董仲舒关于"常义"与"应变"的逻辑阐释无疑是与易学思想深入相通的。《革·彖》曰："革，水火相息；二女同居，其志不相得，曰革。巳日乃孚，革而信之；文明以说，大亨以正，革而当，其悔乃亡。天地革而四时成；汤武

---

① 苏舆. 春秋繁露义证 [M]. 钟哲，点校. 北京：中华书局，1992：185.
② 苏舆. 春秋繁露义证 [M]. 钟哲，点校. 北京：中华书局，1992：67.
③ 董仲舒. 春秋繁露 [M]. 周桂钿，译注. 北京：中华书局，2011：10.
④ 苏舆. 春秋繁露义证 [M]. 钟哲，点校. 北京：中华书局，1992：89.

革命，顺乎天而应乎人；革之时大矣哉！"①易学讲变化，也讲不变，变化的根本就是与时偕行，而不变的是自然规律、历史规律。变革要讲求顺应天时，而董仲舒的改革实践论正是在汉王朝政治一统、思想文化不统一的关键时机提出的，这顺应了当时的历史发展趋势。可以看出，董仲舒是深谙于易道的。

董仲舒的"大一统"论有取于易学的思维体系。他说："所闻《诗》无达诂，《易》无达占，《春秋》无达辞，从变从义，而一以奉人。"②《易》与《春秋》在根本上是一致尚变的。《春秋繁露·官制天象》曰："何谓天之端？天有十端，十端而止已。天为一端，地为一端，阴为一端，阳为一端，火为一端，金为一端，木为一端，水为一端，土为一端，人为一端，凡十端而毕，天之数也。"③董仲舒所说的天是天、地、人作为一个整体中的天，是包含了"三才"、阴阳、"五行"在内的宇宙万有。董仲舒试图从天人合一的宇宙范式中寻找"大一统"的理论来源。他认为，"《易》本天地，故长于数，《春秋》正是非，故长于治人"④。换句话说就是《系辞上》所说的"《易》与天地准，故能弥纶天地之道"⑤。在董氏看来，易道是宇宙的本原，本于天地造化，易数象征着整个自然界的变化发展；《春秋》则微言大义，是建立稳固的社会秩序和规范人们行为的指导思想。这种由天道而及人道的推想方式显然是《易传》的理论前提。史迁曾说"《春秋》推见至隐，《易》本隐之以显"⑥，隐与显的关系即是人道与天道的结合，也就是天人合一，这也是《春秋》与《易》思想的结合点。可以说，董仲舒借助自然来阐释人事的思路深受易学"推天道以明人事"整体思维方式的影响。

董仲舒说："古之人有言曰：'不知来，视诸往。'今《春秋》之为学也，道往而明来者也。然而其辞体天之微，效难知也。弗能察，寂若无；能察之，无物不在。是故《春秋》者，得一端而多连之，见一空而博贯之，则天下尽矣。"⑦易道开启智慧，成就事业，包含了天下的道理，故能"神以知来，知以藏往"⑧。董仲舒精妙地发觉了这一点，认为《春秋》与《易》在这一点上是共

---

① 黄寿祺，张善文.周易译注［M］.上海：上海古籍出版社，2001：406.
② 苏舆.春秋繁露义证［M］.钟哲，点校.北京：中华书局，1992：95.
③ 苏舆.春秋繁露义证［M］.钟哲，点校.北京：中华书局，1992：216-217.
④ 苏舆.春秋繁露义证［M］.钟哲，点校.北京：中华书局，1992：36.
⑤ 黄寿祺，张善文.周易译注［M］.上海：上海古籍出版社，2001：535.
⑥ 司马迁.史记：卷一百一十七［M］.北京：中华书局，1959：3073.
⑦ 苏舆.春秋繁露义证［M］.钟哲，点校.北京：中华书局，1992：96-97.
⑧ 张涛，注评.周易［M］.南京：凤凰出版社，2011：271.

通的，两者所记皆是历史经验教训，许多例子可以举一反三，用鲜活典型的历史事实发幽阐微，揭示普遍存在的道理。《易》即代表了天道，而《春秋》则诠释了人事，人事与天道是相互影响的，《春秋》是对《易》最好的阐释和延伸。《系辞下》云："夫《易》，彰往而察来，而微显阐幽。"①彰往察来，以古鉴今是易学思维体系的重要特征，也是"大一统"理论体系的主要来源。董仲舒将易道统筹万物的宇宙观引入政治哲学范畴，赋予了"大一统"理论自然哲学的意涵。在董仲舒大一统一元论的体系中，元是宇宙万有的最初来源，天的生成源自元，王受命于天而统率天下，是政治上的一元，君王代表天意率领民众、治理天下，这是大一统一元论的逻辑架构。这与《易》君臣父子的上下相统的整体系统是深度吻合的。可以认为，《易经》以六十四卦、三百八十四爻构成的逻辑结构贯通了天、地、人"三才"，以微言大义，推天道以明人事的思维模式沟通天人，为"大一统"理论的生成提供了重要的资鉴。

三、易学思想与董仲舒的"天人合一"

汉初，为了进一步巩固皇权，缓和社会矛盾，恢复和发展社会生产，施行了黄老之学、"无为而治"的治国方略。道家思想一度居于主导地位，为思想文化的发展以及国力的增强提供了良好的环境。在这一背景下，易学思想也得到了跨越式的发展，以《淮南子》为代表的道家学说重视易学思想的发挥和运用，掀起了易学思想的一次高潮。武帝初年，淮南王刘安对《易》产生了浓厚兴趣，重视易学典籍的收集和注解，召集明《易》者九人作九师说，在著录《淮南子》的过程中大量汲取了易学元素。李学勤先生提出："九师中是否有人参加《淮南子》的写作，没有材料可以证明。但……九师与八公等人并时，彼此应有影响，特别是刘安本人从九师采获，有得于他们的《易》学，九师的思想不能不体现于《淮南子》书中。"②《淮南子》易学在汉代影响广泛，为董仲舒有关天人关系的论述提供了理论基石。

作为道家思想的集成，《淮南子》道家普遍认为，"道"是天地万物化生的本原，并吸收了《易传》天地交感而万物化生的理论成果，把"道"归纳为宇宙的最高范畴，提出"道"是阴阳二气运行不息、尚未划分的混沌实体，即元气。《淮南子·原道训》曰："夫道者，覆天载地，廓四方，柝八极；高不可际，

---

① 张涛，注评. 周易 [M]. 南京：凤凰出版社，2011：282.
② 李学勤. 周易溯源 [M]. 成都：巴蜀书社，2005：160.

深不可测。包裹天地，禀授无形；原流泉浡，冲而徐盈；混沌汩汩，浊而徐清……横四维而含阴阳，纮宇宙而章三光。"①《精神训》曰："有二神混生，经天营地，孔乎莫知其所终极，滔乎莫知其所止息。于是乃别为阴阳，离为八极；刚柔相成，万物乃形……"②《天文训上》曰：

> 天地未形，冯冯翼翼，洞洞灟灟，故曰太昭。道始于虚廓，虚廓生宇宙，宇宙生气，气有汉垠。清扬者薄靡而为天，重浊者凝滞而为地。清妙之合专易，重浊之凝竭难，故天先成而地后定。天地之袭精为阴阳，阴阳之专精为四时，四时之散精为万物。③

《淮南子》道家认为，"元气"是阴阳二气混成的结合体，阴阳二神的相互作用是宇宙万物的起源，阴阳变化引起四时更替，四时迭来则万物化成。在某种意义上，这种解释是对易学"一阴一阳之谓道"哲学内涵的深入发展。元气象征着《易经》中的太极、阴阳二气相互影响，消长盛衰诠释了易道的变化。《易传》讲"同声相应，同气相求"，把世界万物看作一个相互影响、相互感应的整体，"中和"是阴阳交感，万物和谐的最佳状态。这一观点被《淮南子》有效地融合吸收。《氾论训》曰："天地之气，莫大于和。和者阴阳调，日夜分而生物。春分而生，秋分而成，生之与成，必得和之精。……积阴则沉，积阳则飞，阴阳相接，乃能成和。"④《本经训》曰：

> 天地之合和，阴阳之陶化万物，皆乘一气者也。是故上下离心，气乃上蒸；君臣不和，五谷不为。是故春肃秋荣，冬雷夏霜，皆贼气之所生。由此观之，天地宇宙，一人之身也；六合之内，一人之制。……故圣人者，由近知远，而万殊为一。古之人同气于天地，与一世而优游。⑤

《淮南子》把世间万物的起源归结于阴阳之气的相互感应、交融，强调天地之气的和合为万物产生创造了条件，而自然变动与人道变化都遵循一定的规律，

---

① 刘绩，补注．陈广忠，校理．淮南鸿烈解 [M]．合肥：黄山书社，2012：1-2.
② 刘绩，补注．陈广忠，校理．淮南鸿烈解 [M]．合肥：黄山书社，2012：179.
③ 刘绩，补注．陈广忠，校理．淮南鸿烈解 [M]．合肥：黄山书社，2012：55.
④ 刘绩，补注．陈广忠，校理．淮南鸿烈解 [M]．合肥：黄山书社，2012：350.
⑤ 刘绩，补注．陈广忠，校理．淮南鸿烈解 [M]．合肥：黄山书社，2012：205.

人与天地相合，则可达到淡泊闲适的境界。徐复观先生认为，《淮南子》中的人不仅仅与天相通，天的作用也需要通过人来实现，"这实际是由以天为中心的天人关系，转到以人为中心的天人关系"①。在天人关系的重构中，《淮南子》转向注重发挥人中心作用的天人关系新论调，人由顺从天道的附属，转变为天人关系中的核心，人的行为影响自然界，人担当了天人和谐中起主要作用的因素。可以说，天人感应、互为影响的论述是《淮南子》在继承易学思想基础上的思想突破。

　　受到《易传》的影响，《淮南子》倡导顺应自然之道，效法自然，追求天人相合。《泰族训》曰："故大人者，与天地合德，日月合明，鬼神合灵，与四时合信。"②《淮南子》尊重客观规律的存在，崇尚人与自然、人与天地之间的"太和"，进一步拓展了《易传》"先天而天弗违，后天而奉天时"的思想。"天之与人，有以相通也。故国危亡而天文变，世惑乱而虹霓见，万物有以相连，精祲有以相荡也。"③在《淮南子》的思想体系中，天与人之间是相通的、相互联系的，天象、灾异等都与人类活动有密切关联。天道的自然和谐相对应的是人道社会秩序的融洽，人道的和睦最重要的是统治阶层的协调一致，也就是君臣相合，君臣上下协同融洽，社会秩序就会稳定，农业为本的社会生活就会欣欣向荣，国家安定就达到了自然和谐的良好状态。《淮南子》将天地万物都纳入阴阳、四时、五方的宏大图景中，在学术思想上贯通了儒、道两家，涉及阴阳家、法家、名家的观点，对宇宙、人生、国家秩序等众多方面都有系统的阐述，寄予了对汉代社会政治良好发展的殷切期望，对易学广大精微的思想进行了有益的吸纳和扩充。

　　显然，董仲舒思想受到了《淮南子》思想中易学因素的重大影响，他重视天人感应、天人合一、阴阳灾异理论的发挥，为后来象数易学的兴盛提供了理论依据。从现实意义来看，董仲舒天人感应、天人合一的理论主张一方面适应了汉朝大一统封建统治的需要，另一方面对之前的天人理论做了系统性的梳理和总结。《春秋繁露·五行相生》曰："天地之气，合而为一，分为阴阳，判为四时，列为五行。"④董仲舒以为天地之气相合为一，相分为阴阳，阴阳变化而生四时，五行作为基本元素构成世间万物。通过这种以五行推阴阳的方式，董

---

① 徐复观. 两汉思想史：第2卷 [M]. 上海：华东师范大学出版社，2001：136.
② 刘绩，补注. 陈广忠，校理. 淮南鸿烈解 [M]. 合肥：黄山书社，2012：545.
③ 刘绩，补注. 陈广忠，校理. 淮南鸿烈解 [M]. 合肥：黄山书社，2012：544.
④ 苏舆. 春秋繁露义证 [M]. 钟哲，点校. 北京：中华书局，1992：362.

仲舒建立了一套以"元"为核心的本体论系统。《春秋繁露·重政》曰:"是以《春秋》变一谓之元,元犹原也……故元者为万物之本,而人之元在焉。安在乎?乃在乎天地之前。"①董仲舒主张"元"是世界的根本,在世界诞生之前便有了"元"的存在,而"元"又贯穿于世界的始终,与天地万物生成、人类起源与发展、社会政治变迁紧密相连。"元"与"原"形异而意同,共同指代世界的本原。董仲舒在《举贤良对策》中提出"道之大原出于天,天不变,道亦不变"②的大一统一元论观点,其中的"原"就是天的意思。也就是说,天和人是同构的,天与人遵循着同样的自然规律,天道与人道是同根同源的关系。"父者,子之天也;天者,父之天也。无天而生,未之有也。天者,万物之祖,万物非天不生。独阴不生,独阳不生,阴阳与天地参然后生。"③在董仲舒的观念里,"元"是万物唯一的祖先,阴阳交合是万物生成的必要条件。这明显是对《易传》"一阴一阳之谓道"理论命题的继承和发展。《易传》认为世间存有形而上的天道,是天地万事万物共同遵从的自然规律,是世间恒定的法则,一切事物的运行发展都有阴阳相互对立的两面,彼此影响又相互依存,不可分割。动静刚柔、阴阳寒暑矛盾的发展变化是事物发展转化的根本动力。人虽然是万物之灵,但也是由阴阳交感、乾道变化而产生的,受天道规律的影响,效法自然之道来行动。道家讲"人法地,地法天,天法道,道法自然"④便是这个逻辑。

《乾·彖》曰:"大哉乾元,万物资始,乃统天。云行雨施,品物流形。大明终始,六位时成,时承六龙以御天。乾道变化,各正性命,保合太和,乃利贞。首出庶物,万国咸宁。"⑤乾元统御天道,是万物创始生长的根源,阴阳之气的周流不息带来了宇宙万物的化育,云行雨施、品物流形都是在乾元统天的一元论架构中得以发生的。乾的元气统领着大自然,各种事物的产生,万物的变化不息,天下的和美顺昌都是乾元引领的结果。董仲舒借鉴乾元统天的观点,与大一统一元论相勾兑,为中央集权君主制提供了理论来源,为"天人合一""天人感应"找到了宇宙论依据。《春秋繁露·王道通三》曰:"古之造文者,三画而连其中,谓之王。三画者,天地与人也,而连其中者,通其道也。取天

---

① 苏舆.春秋繁露义证[M].钟哲,点校.北京:中华书局,1992:147.
② 班固.汉书:卷八十八[M].颜师古,注.北京:中华书局,1962:2518-2519.
③ 苏舆.春秋繁露义证[M].钟哲,点校.北京:中华书局,1992:410.
④ 王弼,著.楼宇烈,校释.王弼集校释:上[M].北京:中华书局,1980:65.
⑤ 黄寿祺,张善文.周易译注[M].上海:上海古籍出版社,2001:6.

地与人之中,以为贯而参通之,非王者孰能当是?"①董仲舒认为,王者能参通天、地、人"三才"之道,其统御天下的权力是上天授予的,天道与人道是相互贯通的,社会政治秩序是天道阴阳在人类世界的反映。董仲舒说:

> 君臣、父子、夫妇之义,皆取诸阴阳之道。君为阳,臣为阴;父为阳,子为阴;夫为阳,妻为阴。阴道无所独行,其始也不得专起,其终也不得分功,有所兼之义。是故臣兼功于君,子兼功于父,妻兼功于夫,阴兼功于阳,地兼功于天……王道之三纲可求于天。②

董仲舒把儒家的伦理思想概括为"三纲五常",将其与天道匹配,确立了"三纲"来源于天道的天经地义的地位。尊卑有序、阴阳得位是人类社会和谐的写照,董仲舒以此诠释社会秩序的形成是天然合理的。董仲舒以为人伦关系是天地五行关系在人类社会的集中体现,提出"天子受命于天,诸侯受命于天子。子受命于父,臣妾受命于君,妻受命于夫。诸所受命者,其尊皆天也,虽谓受命于天亦可"③。徐复观认为,"董氏把人伦关系,都配入天地阴阳五行中去,将先秦儒家相对性的伦理,转变为绝对性的伦理"④。阳尊阴卑与"三纲五常"相互呼应,是对《易传》阴阳尊卑之说的系统化提升。徐复观先生说:

> 在《易传》中,已露有贵阳贱阴的端倪,因为由阳的暖而配于四时中之春、夏,由阴之寒而配于四时中之秋、冬,在以农业生产为主的社会中,自然觉得春、夏较秋、冬为可爱,由此而推到气之阳较气之阴为可爱。这一思想到了董仲舒大大地加以发挥。⑤

董仲舒把道德观念分配到阴阳、四时和五行之中,并加以引申,认为:

> 阴,刑气也;阳,德气也。阴始于秋,阳始于春。春之为言,犹偆偆也;秋之为言,犹湫湫也。偆偆者喜乐之貌也,湫湫者忧悲之状也。是故

---

① 苏舆.春秋繁露义证[M].钟哲,点校.北京:中华书局,1992:328-329.
② 苏舆.春秋繁露义证[M].钟哲,点校.北京:中华书局,1992:351.
③ 苏舆.春秋繁露义证[M].钟哲,点校.北京:中华书局,1992:413.
④ 徐复观.两汉思想史:第2卷[M].上海:华东师范大学出版社,2001:252.
⑤ 徐复观.中国思想史论集续编[M].上海:上海书店出版社,2004:58.

> 春喜夏乐，秋忧冬悲，悲死而乐生。以夏养春，以冬藏秋，大人之志也。是故先爱而后严，乐生而哀终，天之当也。而人资诸天。天固有此，然而无所之如其身而已矣。①

他把"天人合一""天人感应"的观点放置在易学天、地、人一体的宇宙图式中，通过阴阳学说将天道自然与人的道德理想、社会政治综合到一起，强调"人资诸天"，试图将儒家尚德的思想提升到政治思想的中心。这一寓天道于人事的做法是儒家重视人伦，强调德治思想的进一步深化。

儒家过去只从政治层面宣扬《春秋》的微言大义，而自董仲舒开始援引阴阳五行之说阐释春秋大义，开辟了天道与人事相互影响的学说，使得富有政治内涵的《春秋》进入了哲学范畴，平添了神学目的论色彩。李镜池先生指出："阴阳五行说，本来是子思、孟轲所创，而邹衍推广这个学说，也归本于'仁义节俭，君臣上下六亲之施'，儒家和阴阳五行家，其来源、其宗旨，原是相同的。汉代儒家董仲舒大量地采用阴阳五行说，却又是合流了。"②同时，我们看到《易传》思想与道家思想深入结合后的《淮南子》宇宙构成原理以及其承认和尊重客观规律、矛盾变化的思考方式，是在儒道互补的基础上的重大进步，董仲舒天人之学是儒道相互影响、相互吸收的重要结晶，而广大悉备的易学思想是促成其凝结的催化剂。《春秋繁露·阴阳义》曰："天地之常，一阴一阳。阳者天之德也，阴者天之刑也。……天亦有喜怒之气、哀乐之心，与人相副。以类合之，天人一也。"③董仲舒认为天与人是相类的，根据相通的自然道理，天人之间就可以相互感应，阴阳五行之气是天人沟通感应的渠道。天人感应、同类相应的原理古已有之，并非董仲舒独创。诸子百家思想和许多先秦典籍中已有对天道应于人事，天人感应体系论述的雏形。孔子畏天命、重灾异，在《春秋》中有关灾异祯祥的记录高达一百二十二条，体现了儒家对天人之际的关注。《论语·八佾》曰："获罪于天，无所祷也。"④《中庸》曰："国家将兴，必有祯祥；国家将亡，必有妖孽。"⑤灾异论也是墨家的天志论的重要内容。《墨子·天志中》云："天子为善，天能赏之；天子为暴，天能罚之。"墨子以

---

① 苏舆.春秋繁露义证［M］.钟哲，点校.北京：中华书局，1992：331-332.
② 李镜池.周易探源［M］.北京：中华书局，2007：359.
③ 苏舆.春秋繁露义证［M］.钟哲，点校.北京：中华书局，1992：341.
④ 杨伯峻.论语译注［M］.北京：中华书局，2006：29.
⑤ 陈晓芬，徐儒宗，译注.论语·大学·中庸［M］.北京：中华书局，2011：337.

为人要遵从天志，违背天志就会招致灾祸，具有了早期天人感应思想倾向。阴阳家齐人邹衍提出"五德终始说"和五行学说，阐明事物变化发展的普遍规律，将事物的运动变化归结为天意，以阴阳消息解释灾异变化，推进了天人感应论的系统化进程。这些原始的灾异论思想阐述把国家治乱兴衰与天道运行联系起来，是朴素的有关天人感应、灾异谴告的最初表述和探讨，初步具备了天人感应学说的框架结构。虽然这些理论大多还不够系统完备，但却为天人感应思想体系的形成提供了素材。在天人感应学说成长的过程中，《易传》综合百家思想明确提出"同声相应，同气相求。水流湿，火就燥……本乎天者亲上，本乎地者亲下，则各从其类也"①的同类相应思想主张。

秦汉时期，天人感应说继续发展。《吕氏春秋·应同》更为抽象地概括了《易传》的观点，提出"平地注水，水流湿。均薪施火，火就燥"②的见解，将天人感应说引入了自然物理意义的范畴，又把帝王兴旺与天降祥瑞拼接，为天人感应、灾异谴告理论的形成提供了土壤。《淮南鸿烈》在此基础上对物类相应的理论做了进一步阐释。《淮南子·天文训》曰："物类相动，本标相应。故阳燧见日，则燃而为火；方诸见月，则津而为水；虎啸而谷风至，龙举而景云属；麒麟斗而日月食，鲸鱼死而彗星出；蚕珥丝而商弦绝，贲星坠而渤海决。"③《淮南子·览冥训》曰：

> 夫物类之相应，玄妙深微，知不能论，辩不能解。故东风至而酒湛溢，蚕咡丝而商弦绝，或感之也。画随灰而月运阙，鲸鱼死而彗星出，或动之也。故圣人在位，怀道而不言，泽及万民。君臣乖心，则背谲见于天，神气相应，微矣。故山云草莽，水云鱼鳞，旱云烟火，涔云波水，各象其形类，所以感之。④

《淮南子》将自然物象的变化与君臣关系、国家局势相联系，认为人事是影响天道变化的主导因素。上述西汉初年以前有关物类相应、天人感应的诸多论述，数量虽多，但总体上还缺乏系统成熟的体系，更多的是一种对现象的简单

---

① 张涛，注评.周易［M］.南京：凤凰出版社，2011：8.
② 吕不韦，著.陈奇猷，校释.吕氏春秋新校释［M］.上海：上海古籍出版社，2002：683.
③ 刘文典.淮南鸿烈集解［M］.冯逸，乔华点校.北京：中华书局，1989：82-83.
④ 刘文典.淮南鸿烈集解［M］.冯逸，乔华点校.北京：中华书局，1989：194-196.

附会和描述。

天人感应学说作为一套相对完整齐备的神学目的论体系始自董仲舒。董仲舒在前人众多理论探索的基础上构建起了完善综合的具有神学色彩的天人感应理论体系。首先，董仲舒就同类相应的表述进行深入阐发，为天人感应论寻找现实依据。《春秋繁露·同类相动》曰："今平地注水，去燥就湿，均薪施火，去湿就燥。百物去其所与异，而从其所与同，故气同则会，声比则应，其验皦然也。试调琴瑟而错之，鼓其宫，则他宫应之，鼓其商，而他商应之，五音比而自鸣，非有神，其数然也。"① 对同类相应现象，董仲舒认为物类之间相互的感应，并不神秘，而是有内在的规律和数理原因，为天人感应做了铺垫。他说：

> 美事召美类，恶事召恶类，类之相应而起也。如马鸣则马应之，牛鸣则牛应之。帝王之将兴也，其美祥亦先见；其将亡也，妖孽亦先见……天将阴雨，人之病故为之先动，是阴相应而起也。天将欲阴雨，又使人欲睡卧者，阴气也。有忧亦使人卧者，是阴相求也；有喜者，使人不欲卧者，是阳相索也。水得夜益长数分；东风而酒湛溢；病者至夜而疾益甚，鸡至几明，皆鸣而相薄。其气益精。故阳益阳而阴益阴，阴阳之气，因可以类相益损也。②

董仲舒把同类相应的原理解释为阴阳相求或损益，将阴阳学说引入物类相应中来，进而将人与天之间的关系以阴阳说来阐释。他认为："天有阴阳，人亦有阴阳。天地之阴气起，而人之阴气应之而起；人之阴气起，天地之阴气亦宜应之而起，其道一也。"③天有阴阳之气，人同样有阴阳之气，天的阴阳之气兴起的时候，人相应的阴阳之气亦会产生共振，反之亦然。也就是说，天人能够相互感知呼应这个道理是一致的。他又说："天地之间，有阴阳之气，常渐人者，若水常渐鱼也。所以异于水者，可见与不可见耳，其澹澹也。然则人之居天地之间，其犹鱼之离水，一也。"④他认为就如鱼离不开水一样，阴阳之气就是人所依存的水，充斥在天地之间，我们却不得见。阴阳之气把人与天联结在一起，是天人感应的主要媒介。这种气不是物质性的，而是潜移默化地影响着

---

① 苏舆．春秋繁露义证［M］．钟哲，点校．北京：中华书局，1992：358.
② 苏舆．春秋繁露义证［M］．钟哲，点校．北京：中华书局，1992：358-360.
③ 苏舆．春秋繁露义证［M］．钟哲，点校．北京：中华书局，1992：360.
④ 苏舆．春秋繁露义证［M］．钟哲，点校．北京：中华书局，1992：467.

天人关系。

董仲舒的解说并没有止步于此，他说："物固有实使之，其使之无形。《尚书大传》言：周将兴之时，有大赤鸟衔谷之种，而集王屋之上者，武王喜，诸大夫皆喜。周公曰：'茂哉！茂哉！天之见此以劝之也。'恐惧之。"① 他举周公之例来说明天降祥瑞对世人的意义在于激励人更加努力奋进，人不能简单地依赖天命而不去努力。在他看来，天道命运仅仅是成就事业的一个方面，谋事在人、积极努力才是取得成功的关键。他说："人，下长万物，上参天地。故其治乱之故，动静顺逆之气，乃损益阴阳之化，而摇荡四海之内。"② 董仲舒所表达的天人关系不是单向的授受关系。一方面，人的生存和发展离不开天道的支撑；另一方面，虽然人受命于天，但上天赋予人肉体、情操和道德的同时，也需要人顺应天道规律，做出积极回应，这才是天人感应的终极目标。

其次，董仲舒把天人之间相互感应和联系的双重性与社会政治联系在一起，认为"今气化之淖，非直水也。而人主以众动之无已时，是故常以治乱之气，与天地之化相殽而不治也。世治而民和，志平而气正，则天地之化精，而万物之美起。世乱而民乖，志僻而气逆，则天地之化伤，气生灾害起"③。人类社会的安定或混乱产生的气的变化可以影响阴阳运行，进而影响天下局势、天道变化，社会安定和谐，美好的事物就会出现；社会乱象丛生，灾害就会出现。这就是说，人的活动是影响社会治乱兴亡的重要因素，起领导作用的君主要承担主要的责任。董仲舒认为君主重在"知天"，"夫王者不可以不知天。……是故明阳阴、入出、实虚之处，所以观天之志。辨五行之本末顺逆、大小广狭，所以观天志也。天志仁，其道也义。为人主者，予夺生杀，各当其义，若四时；列官置吏，必以其能，若五行；好仁恶戾，任德远刑，若阴阳。此之谓能配天"④。君王的行为要符合道义，就如同四季一样，要选贤任能，如同五行一样，崇尚仁爱，远离暴戾，施行德政，慎用刑罚，如同阴阳一样，做到这几点，人主就能符合天道了。

最后，董仲舒更进一步，把天道与人事之间的关系描述得更加具体，找出了天与人在形体上和性质上相通的联系。《春秋繁露·人副天数》曰：

---

① 苏舆. 春秋繁露义证 [M]. 钟哲，点校. 北京：中华书局，1992：361.
② 苏舆. 春秋繁露义证 [M]. 钟哲，点校. 北京：中华书局，1992：466.
③ 苏舆. 春秋繁露义证 [M]. 钟哲，点校. 北京：中华书局，1992：466.
④ 苏舆. 春秋繁露义证 [M]. 钟哲，点校. 北京：中华书局，1992：467-468.

> 天德施，地德化，人德义。天气上，地气下，人气在其间。……天地之精所以生物者，莫贵于人。人受命乎天也，故超然有以倚。物疢疾莫能偶天地，唯人独能偶天地。人有三百六十节，偶天之数也；形体骨肉，偶地之厚也。上有耳目聪明，日月之象也；体有空窍理脉，川谷之象也；心有哀乐喜怒，神气之类也。观人之体一，何高物之甚，而类于天也。①

> 又曰：天地之符，阴阳之副，常设于身，身犹天也，数与之相参，故命与之相连也。天以终岁之数，成人之身，故小节三百六十六，副日数也；大节十二分，副月数也；内有五藏，副五行数也；外有四肢，副四时数也；乍视乍瞑，副昼夜也；乍刚乍柔，副冬夏也；乍哀乍乐，副阴阳也；心有计虑，副度数也；行有伦理，副天地也。此皆暗肤著身，与人俱生，比而偶之弇合。于其可数也，副数；不可数者，副类。皆当同而副天，一也。②

董仲舒认为人体的构造及精神都是依照天道自然的规律化育的，因此，天与人之间有天然的共通关系。《系辞上》曰："《易》与天地准，故能弥纶天地之道……与天地相似，故不违。知周乎万物而道济天下，故不过。旁行而不流，乐天知命，故不忧。安土敦乎仁，故能爱。"③董仲舒对儒家"与天地参"的思想进行了充分发挥，对儒家天命观进行了改造，天道的含义不再仅限于人格神的意志，同时具有道德原理和自然规律的意味。在董仲舒看来，人不仅仅在形体和性质上与天同类，在道德感情、社会生活中也与天相符，这就拉近了人与天之间的距离，将人与天的关系具体化，天地、阴阳、五行都具备了道德属性，具有自由意志的天道可以通过阴阳五行启示和赏罚人的行为。熊铁基先生认为董仲舒"大量吸取了阴阳五行思想，甚至有创造性的发明和运用"，"用阳尊阴卑来证明'三纲'，用五行来阐释'五常'"，因此"他是以阴阳五行为框架建立了汉代新儒学的体系"④。天人感应、阴阳五行思想在汉代形成了完整的框架结构，与伦理道德、君权神授、灾异谴告相杂糅，产生了巨大的影响，董仲舒起到了关键作用。当然，易学思想对董仲舒这套以阴阳五行建构起来的究天人之际的新儒学思想体系具有深刻的资鉴作用。

---

① 苏舆.春秋繁露义证［M］.钟哲，点校.北京：中华书局，1992：354-355.
② 苏舆.春秋繁露义证［M］.钟哲，点校.北京：中华书局，1992：356-357.
③ 黄寿祺，张善文.周易译注［M］.上海：上海古籍出版社，2001：535.
④ 熊铁基.汉代学术史论［M］.北京：高等教育出版社，2013：200.

四、董仲舒与汉代象数易学

董仲舒继承了孔孟、荀子以来儒家的学术传统，关注社会现实，注意从天道中汲取人事兴衰的力量，继承和发扬了易学天人合一、推天道以明人事的整体宇宙观和思维方式，将数理、符瑞、阴阳灾异学说引入天人之学的范畴中，把儒家经义、文化价值理想与阴阳术数密切结合，奠定了汉代新儒学的理论基础，"代表了经学中的一股方兴未艾的革新的势力"①，为汉代易学家提供了影响和启示，为汉代象数易学开辟了道路。

首先，董仲舒以阴阳五行搭建的逻辑体系为象数易学提供了原始理论。受到《易传》倡导"天一、地二，天三、地四，天五、地六，天七、地八、天九、地十"②思想的启示和沾溉，董氏将天地万物系统地概括为"十端"，把天人关系纳入这一系统中。《春秋繁露·天地阴阳》曰：

> 天、地、阴、阳、木、火、土、金、水，九，与人而十者，天之数毕也。故数者至十而止，书者以十为终，皆取之此。圣人何其贵者？起于天，至于人而毕……人，下长万物，上参天地。故其治乱之故，动静顺逆之气，乃损益阴阳之化，而摇荡四海之内。③

董仲舒认为天地万物都可以数作为表现方式，数"十"囊括了宇宙间的一切事物，由天而至于人是一个整体的体系，人是万物的统领，可以与天地相参，因此人的活动影响了社会政治的变化，人的行为应该遵循天道的自然规律。那么，人通过什么渠道来感受和认识天意呢？董仲舒认为天道的意志是通过气的形式向人们传达的。他提出："天地之间，有阴阳之气，常渐人者，若水常渐鱼也。……天意难见也，其道难理。是故明阳阴、入出、实虚之处，所以观天之志。辨五行之本末顺逆、小大广狭，所以观天道也。"④董仲舒以为阴阳之气弥漫在天地之间无处不在，人离不开气就如同鱼儿离不开水，气这一介质将人与天相联系，是天人沟通和天人感应的媒介；人类活动所形成的治乱之气与天地

---

① 余敦康.汉宋易学解读［M］.北京：华夏出版社，2006：11.
② 黄寿祺，张善文.周易译注［M］.上海：上海古籍出版社，2001：556.
③ 苏舆.春秋繁露义证［M］.钟哲，点校.北京：中华书局，1992：465-466.
④ 苏舆.春秋繁露义证［M］.钟哲，点校.北京：中华书局，1992：467.

间的虚实之气流通连接，人气调和则天人和谐，也就是说，天人具有相同的规律，人要知天，通过阴阳、四时、五行了解天意，顺应天道。天人关系在董氏的构建下，形成了以数为基础，与阴阳五行紧密结合的理论框架。在这一系统中，天人关系不再是单向的人受命于天、天作用于人的表现方式，而是营造了天人共处、相互沟通的环境：一方面，人作为一端与天并列存在，人的地位得到了提升，这顺应了春秋以来"人"的觉醒、以人为本的人文理性主义思潮；另一方面，人与天又存在授受关系和天人感应的关系，人受命于天，人与天通过阴阳之气相互感应，天道影响于人，人的活动又作用于天。

其次，董仲舒提出了人与天数相副之说，为天人感应、阴阳灾异提供了具体的理论支撑，扩充了象数易学的内涵。董仲舒从人的形体、人的性情、道德伦理以及政令制度等方面论述了人与天数相类的主要表现形式。董氏受到以《易传》倡导的"同声相应，同气相求"为主的众多物类相应思想的启发和影响，系统地延伸了天人感应理论的内容，他认为同类相应是由事物内里所存在的定数决定的，并将天命论融合到天人感应之中。《春秋繁露·为人者天》曰：

> 为生不能为人，为人者天也。人之本于天，天亦人之曾祖父也。此人之所以上类天也。人之形体，化天数而成；人之血气，化天志而仁；人之德行，化天理而义。人之好恶，化天之暖清；人之喜怒，化天之寒暑；人之受命，化天之四时。人生有喜怒哀乐之答，春秋冬夏之类也。①

在他看来，天地是人的父母，是人的形体、血气、德行、情感的本源和参照物，即"天者群物之祖也"②，也就是庄子所说的"天地者，万物之父母也"，天地与人同理、同气，进而他提出："求天数之微，莫若于人。人之身有四肢，每肢有三节，三四十二，十二节相持而形体立矣。天有四时，每一时有三月，三四十二，十二月相受而岁数终矣。"③董仲舒认为天数的微妙之处可以从人的身上寻找依据，因为人数是与天数相对应的，这也是天人感应的主要原因。从人的形体来看，人的身体有三百六十节，与天之数相偶，骨骼血肉与地之厚相类，耳目象征日月，血脉筋络象征川谷，皆一一对应。

---

① 苏舆．春秋繁露义证［M］．钟哲，点校．北京：中华书局，1992：318.
② 班固．汉书：卷五十六［M］．颜师古，注．北京：中华书局，1962：2515.
③ 苏舆．春秋繁露义证［M］．钟哲，点校．北京：中华书局，1992：218.

由是，董仲舒认为："天地之符，阴阳之副，常设于身，身犹天也，数与之相参，故命与之相连也。天以终岁之数，成人之身，故小节三百六十六，副日数也；大节十二分，副月数也；内有五藏，副五行数也；外有四肢，副四时数也……行有伦理，副天地也。"① 天地间的自然现象与人体有惊人的类似，这是董仲舒天人相类、天人感应对象数易学的基本贡献。在董仲舒眼中，人的性情也与天相通，他认为"心有哀乐喜怒，神气之类也"②。从人的性情来看，人的喜怒哀乐与表现天的喜怒哀乐之春夏秋冬四季有莫大的关联，他说："春爱志也，夏乐志也，秋严志也，冬哀志也。故爱而有严，乐而有哀，四时之则也。喜怒之祸，哀乐之义，不独在人，亦在于天，而春夏之阳，秋冬之阴，不独在天，亦在于人。"③既然人的性情与天同类，那么与性情紧密联系的道德伦理也是与天分不开的。《春秋繁露·王道通三》曰：

仁之美者在于天。天，仁也。天覆育万物，既化而生之，有养而成之，事功无已，终而复始，凡举归之以奉人。察于天之意，无穷极之仁也。人之受命于天也，取仁于天而仁也。是故人之受命天之尊，父兄子弟之亲，有忠信慈惠之心，有礼义廉让之行，有是非逆顺之治，文理粲然而厚，知广大有而博，唯人道为可以参天。④

《春秋繁露·基义》曰："君臣、父子、夫妇之义，皆取诸阴阳之道。……是故仁义制度之数，尽取之天……王道之三纲，可求于天。"⑤董仲舒以为人类社会的纲纪伦常、礼法体制皆是效仿天道的，君臣、父子、夫妇三纲各自相合，其义皆取诸阴阳之道，由是观之，人与天在道德层面是相通的。与此同时，他进一步把政治制度、职官制度与天道联系在一起，提出：

官有四选，每一选有三人，三四十二，十二臣相参而事治行矣。以此见天之数，人之形，官之制，相参相得也。⑥

---

① 苏舆. 春秋繁露义证 [M]. 钟哲, 点校. 北京：中华书局, 1992：356-357.
② 苏舆. 春秋繁露义证 [M]. 钟哲, 点校. 北京：中华书局, 1992：355.
③ 苏舆. 春秋繁露义证 [M]. 钟哲, 点校. 北京：中华书局, 1992：335.
④ 苏舆. 春秋繁露义证 [M]. 钟哲, 点校. 北京：中华书局, 1992：329-330.
⑤ 苏舆. 春秋繁露义证 [M]. 钟哲, 点校. 北京：中华书局, 1992：350-351.
⑥ 苏舆. 春秋繁露义证 [M]. 钟哲, 点校. 北京：中华书局, 1992：218.

> 王者制官，三公、九卿、二十七大夫、八十一元士，凡百二十人，而列臣备矣。吾闻圣王所取仪，金天之大经，三起而成，四转而终，官制亦然者，此其仪与？三人而为一选，仪于三月而为一时也。四选而止，仪于四时而终也。三公者，王之所以自持也。天以三成之，王以三自持。立成数以为植而四重之，其可以无失矣。备天数以参事，治谨于道之意也。此百二十臣者，皆先王之所与直道而行也。①

董仲舒认为政时同类，即政令要与时令相呼应，人应顺从自然界的变化，上古圣王设官制器皆取象于天，通过观察阴阳变化而知晓性情，施行刑政而应以四时，根据五行而设立仁义礼智信的道德规范，这些都是深受天数的启示。

《春秋繁露·四时之副》曰：

> 天之道，春暖以生，夏暑以养，秋清以杀，冬寒以藏。暖暑清寒，异气而同功，皆天之所以成岁也。圣人副天之所行以为政……庆赏罚刑与春夏秋冬，以类相应也，如合符。故曰王者配天，谓其道。天有四时，王有四政，四政若四时，通类也，天人所同有也。庆为春，赏为夏，罚为秋，刑为冬。②

一方面，董仲舒主张国家的庆赏罚刑应与春夏秋冬的特点相对应而施行。另一方面，他认为春生（木）、夏长（火）、秋收（金）、冬藏（水）符合五行相生的自然规律，是农业生产应当遵循的主要规律，也是国家制度运行的重要参照。《春秋繁露·五行顺逆》曰：

> 木者春，生之性，农之本也。劝农事，无夺民时……火者夏，成长，本朝也。举贤良，进茂才，官得其能……土者夏中，成熟百种，君之官。……金者秋，杀气之始也。建立旗鼓，仗把旄钺，以诛贼残……水者冬，藏至阴也。宗庙祭祀之始，敬四时之祭，禘祫昭穆之序。③

---

① 苏舆. 春秋繁露义证［M］. 钟哲，点校. 北京：中华书局，1992：214-215.
② 苏舆. 春秋繁露义证［M］. 钟哲，点校. 北京：中华书局，1992：353.
③ 苏舆. 春秋繁露义证［M］. 钟哲，点校. 北京：中华书局，1992：371-377.

在董仲舒的理论中，无论是农事活动、祭祀活动还是职官选任、战事征伐，统统囊括在四时五行的规律中，三纲五常的社会人伦体系、象法乾坤的君臣父子之道等都有本于自然规律。

最后，董仲舒把天人关系归纳为天人感应、承天授命，提出了灾异谴告说，将天人感应的神学目的论植入天人关系中，增强了君权神授的说服力，为汉代以卦气说为代表的象数易学的产生和发展提供了理论素材。董仲舒以为既然人从形体到性情道德都相类，那么人就是承于天数而生成的，这是天人相互感应、人受命于天的根本原因。在这个意义上，天人是存在呼应关系的，天意通过某种途径来散布旨意以回应人的活动，随即董仲舒提出了灾异谴告的理论。董仲舒认为："国家将有失道之败，而天乃先出灾害以谴告之，不知自省，又出怪异以警惧之，尚不知变，而伤败乃至。以此见天心之仁爱人君而欲止其乱也。"①董仲舒等汉代经学家认为，灾异就是天意的写照，天道通过降下灾祥来回应人间政治得失。在董仲舒构建的天人系统中，君主作为天子，其权力是上天授予的。董仲舒说："臣闻天之所大奉使之王者，必有非人力所能致而自至者，此受命之符也。"②君主受命于天，代表天意、广设百官而统御万民，是人间政治得失的主要责任人，因此，上天以散布灾祥的方式来警示人君，对社会兴衰进行谴告。这样一来，人世间的福瑞灾祸与社会兴衰治乱、社会政治得失紧密相关，成为灾异谴告说的核心内容。灾异谴告是反映人间得失的一面镜子，也是董仲舒天人感应理论的具体表现形式。

《春秋繁露·必仁且智》曰：

> 天地之物有不常之变者，谓之异，小者谓之灾。灾常先至而异乃随之。灾者，天之谴也；异者，天之威也。谴之而不知，乃畏之以威……凡灾异之本，尽生于国家之失。国家之失乃始萌芽，而天出灾害以谴告之；谴告之而不知变，乃见怪异以惊骇之，惊骇之尚不知畏恐，其殃咎乃至。③

董仲舒试图通过灾异谴告的形式对君主和国家政治行为起警告和约束的作用，在大力宣扬君权神授，神化王权以及将君主统治合理化的同时，他认为君

---

① 班固. 汉书：卷五十六 [M]. 颜师古, 注. 北京：中华书局, 1962：2498.
② 班固. 汉书：卷五十六 [M]. 颜师古, 注. 北京：中华书局, 1962：2500.
③ 苏舆. 春秋繁露义证 [M]. 钟哲, 点校. 北京：中华书局, 1992：259.

王要有所作为，应该效法天道，他说："天道之大者在阴阳。阳为德，阴为刑；刑主杀而德主生。"① 董仲舒主张施行孔子提倡的德教，强调"人能弘道，非道弘人"，治乱兴废在于自身。董仲舒认为："天令之谓命，命非圣人不行；质朴之谓性，性非教化不成；人欲之谓情，情非制度不节。是故王者上谨于承天意，以顺命也；下务明教化民，以成性也；正法度之宜，别上下之序，以防欲也：修此三者，而大本举矣。"② 在他看来，君主承天顺命，广布教化，确立社会秩序是国家大治的三个基本条件，而这都需要君主有所作为。

董仲舒谈及：

《书》曰："白鱼入于王舟，有火复于王屋，流为乌"，此盖受命之符也。周公曰："复哉复哉"，孔子曰："德不孤，必有邻"，皆积善累德之效也。及至后世，淫佚衰微，不能统理群生，诸侯背畔，残贼良民以争壤土，废德教而任刑罚。刑罚不中，则生邪气；邪气积于下，怨恶畜于上。上下不和，则阴阳缪盭而妖孽生矣。此灾异所缘起也。③

董仲舒以为社会的和谐安康取决于君主施行的德教，废德教而任刑罚就会导致阴阳失和，邪气层生，妖孽尽显，这是社会混乱的根本。董仲舒认为："道之大原出于天，天不变，道亦不变，是以禹继舜，舜继尧，三圣相受而守一道，亡救弊之政也，故不言其损益也。由是观之，继治世者其道同，继乱世者其道变。"④ 正如徐芹庭先生所说："董仲舒所示阴阳灾祥之学，最后皆归于王道，君王当以善政爱民行仁道以合天人，去暴刑而成教化之功。"⑤《春秋繁露·王道》曰："道，王道也。王者，人之始也。王正则元气和顺、风雨时、景星见、黄龙下。王不正则上变天，贼气并见。"⑥ 在诠释灾异谴告说的同时，董仲舒之论进一步与大一统中央集权的论调相结合，突出了灾异谴告说为天命王权正名的本质。董仲舒还提出了天降灾祥的具体论说，历数古代君王施德政而获祯祥、失王道而引灾祸的具体事例，为灾异祥瑞提供具体的依据。经过董仲舒的一番

---

① 班固.汉书：卷五十六［M］.颜师古，注.北京：中华书局，1962：2502.
② 班固.汉书：卷五十六［M］.颜师古，注.北京：中华书局，1962：2516.
③ 班固.汉书：卷五十六［M］.颜师古，注.北京：中华书局，1962：2500.
④ 班固.汉书：卷五十六［M］.颜师古，注.北京：中华书局，1962：2518-2519.
⑤ 徐芹庭.周秦两汉五十三家易义［M］.北京：中国书店，2011：115.
⑥ 苏舆.春秋繁露义证［M］.钟哲，点校.北京：中华书局，1992：101.

包装和诠释,天人感应说完成了神学目的论,按照侯外庐先生的说法,董仲舒给宗教化的儒家学说以"系统的理论说明","把阴阳五行说提到神学的体系上来,把'天'提到有意志的至上神的地位上来,把儒家伦常的父权和宗教的神权以及统治者的皇权三位一体化",进而完成了"天"的目的论。① 在"天"的神学目的论得以建立的同时,董仲舒将阴阳四时与五行变化的宇宙图式神秘化,改造了儒家伦理观、邹衍五行说的具体内容,完成了由哲学到历史观、伦理学、政治论的过渡。

小结

综上所述,董仲舒在诸多方面继承和发挥了原始儒学的基本思想和理念,尤其是孔孟的天命观、施仁政、重德教等,同时受到《易传》殊途同归、百虑一致学术旨趣的影响,又杂糅了先秦其他学派的众多思想,如道家的天道观、墨家的天志思想、法家重法思想以及阴阳家的阴阳五行学说等,形成了以儒学为旗帜,综合吸收诸子百家学说的,具有极强包容创新性和旺盛生命力的理论体系,为大一统中华文明的历久弥新做出了突出贡献。正如徐复观先生所述:"以阴阳在四时四方中的运转言天道,并将此天道贯通于人生政治社会全面活动之中,以建立天人贯通的庞大思想体系","又主张推明孔氏,屈折百家,设五经博士,而西汉思想为之一变"。② 透过董仲舒与汉代易学相互关联的蛛丝马迹,我们能够明晰汉代易学发展的主要轨迹。汉初,义理易学占据主流位置,阐发和注解《易经》大义,宣扬道德教化是易学关注的重点,阴阳灾变是《易》之别传。皮锡瑞曾提出:"贾董汉初大儒,其说《易》皆明白正大,主义理,切人事,不言阴阳术数,盖得《易》之正传。田何、杨叔之遗,犹可考见。"③ 从董仲舒对《易经》的引用和论述中可以看出,发挥义理是其阐述的重点,明显符合义理之学的特点。但是,董仲舒以"天人感应、阴阳灾异"为主的学说的推行和传播,是象数易学兴起和发展的重要推动力量,为象数易学在汉代官方正统地位的确立提供了重要机遇。"其学为阴阳灾异之祖师,是孟京易学之宗师,可确认也。"④

---

① 侯外庐,赵纪彬,杜国庠. 中国思想通史:第 2 卷 [M]. 北京:人民出版社,1957:89-90.
② 徐复观. 两汉思想史:第 2 卷 [M]. 上海:华东师范大学出版社,2001:294.
③ 皮锡瑞. 经学通论 [M]. 北京:中华书局,1954:18.
④ 徐芹庭. 周秦两汉五十三家易义 [M]. 北京:中国书店,2011:106.

在董仲舒的基础上，孟喜、焦延寿、京房等易学家推阴阳，演灾异，利用阴阳灾异的理论来诠释和阐述经义，将阴阳五行学说整体引入易学领域，并对阴阳五行说做了进一步的系统诠释，这种对阴阳五行说全面推行和应用的方式使得汉代易学，尤其是象数易学得到了更为深广的完善和发展。汉代象数易学的产生和发展实质上是董仲舒天人感应、阴阳灾异学说在易学中广泛运用的直接体现。董仲舒以阴阳五行的消长变化概括天道运行，作为阐释人事吉凶祸福、宣扬道德教化的依据，建立以天道诠释人事的解释体系，随后，孟喜、京房等将其具体代入易学领域，最终完成了天人感应、阴阳灾变说的易学化进程，促进了象数易学完整系统的确立。换言之：

> 如果说孟喜、京房是汉代象数易学的开创者和奠基人，那么至少在一定意义上应该承认，董仲舒是孟、京易学的不祧之祖。董学构成了汉代象数易学的观念背景、思想基础和理论依据。我们研究汉代易学及其与社会政治、文化思潮的关联，研究汉代易学主流形态、官方形态由义理之学向象数之学的转换，都不应该忘记或忽略董仲舒。[①]

董仲舒对易学宗旨的深刻领悟和把握是其天人之学、阴阳灾变的理论基石，《易经》的天人合一整体价值观、变易精神、革故鼎新思想等都对其学说产生了巨大的影响和沾溉。与此同时，董仲舒对天人思想、阴阳灾变的进一步发挥，对各派学说的融会贯通又推动了易学的跨越式发展。董仲舒的思想与易学形成了天然互补、共同进步的关系，这为易学思想占据中国思想文化的巅峰做出了不朽的贡献。

第三节 公孙弘的易学思想

一、公孙弘事略

公孙弘（前200—前121）是西汉时期重要的政治家和思想家，是齐学和公羊学派的代表人物，也是西汉时期以儒生和布衣身份封侯拜相的第一人，汉武

[①] 张涛. 秦汉易学思想研究［M］. 北京：中华书局，2005：99.

帝时，官至丞相，对汉代的大一统政治格局以及学术思想有积极影响。《汉书·公孙弘传》载："公孙弘，菑川薛人也。少时为狱吏，有罪，免。家贫，牧豕海上。年四十余，乃学《春秋》杂说。"① 公孙弘因其多诈而无情的性格以及独特的人生境遇而颇具争议，年四十余岁时拜齐人胡毋生为师，学习公羊学，"建元元年，天子初继位，招贤良文学之士。是时弘年六十，徵以贤良为博士"②，以治《春秋》与大儒贾谊一同征为博士，由于其治国方略和政治道路与汉武帝相合，一直受到汉武帝的青睐而终于丞相任上。

公孙弘作为齐人，一直受到开放包容的齐学文化的熏陶，处处体现着齐人变通务实、重利简礼、尊贤尚俭的性格，是齐鲁学术思想和主流文化的典型代表，其虽不以治《易》名家，但对《易经》同样做过深入的思考和研究。为实现汉武帝大一统的政治和文化理想，公孙弘提出了诸多颇有裨益的政治见解，主导了众多成功的政治实践活动，如请立太学、为博士置弟子员、择儒生为官、请诛郭解除游侠之害等，在很大程度上是受到《易经》思想的感染和影响。明代于慎行曾对公孙弘为儒学所做的贡献做了全面客观的总结：

> 汉武表章儒术，公孙弘之力也。弘奏请博士弟子，第其高下，以补郎中文学掌故。又吏通一艺以上者，皆得选择，以补右职。由是劝学右文之典，遂为历代所祖。其实自弘发之，可谓有功于经术者矣。世徒以其曲学矫情，薄其相业，而不录其功，亦非通论哉！
>
> 科举之法，肇自公孙弘，而历代因之。③

与同朝为官的董仲舒相比，公孙弘并没有留下完整的理论著作，《汉书·艺文志》儒家类中载有《公孙弘》十篇，现皆已散佚。现存研究公孙弘思想及政治活动的史料主要为《汉书·公孙弘传》中收录的举贤良文学对策和奏议，这些材料集中反映了公孙弘的思想内涵和学术成就。

二、易学思想与公孙弘的和合理论

儒学传统思想是公孙弘为学的主要依据，《易经》宏大的思想体系为公孙氏

---

① 班固. 汉书：卷五十八 [M]. 颜师古，注. 北京：中华书局，1962：2613.
② 司马迁. 史记：卷一百一十二 [M]. 北京：中华书局，1959：2949.
③ 于慎行. 读史漫录 [M]. 黄恩彤，参订. 济南：齐鲁书社，1996：63-64.

思想系统的构筑搭建了主干和框架。和合理论是公孙弘思想的总纲,"致中和"是其思想系统的最高范畴,是达到大一统理想社会的终极道路。汉武帝曾问策公孙弘曰:

> 盖闻上古至治,画衣冠,异章服,而民不犯;阴阳和,五谷登,六畜蕃,甘露降,风雨时,嘉禾兴,朱草生,山不童,泽不涸;麟凤在郊薮,龟龙游于沼,河洛出图书……朕甚嘉之,今何道而臻乎此?……问子大夫:天人之道,何所本始?吉凶之效,安所期焉?禹汤水旱,厥咎何由?仁义礼知四者之宜,当安设施?属统垂业,物鬼变化,天命之符,废兴何如?①

大意为上古贤君治世,风调雨顺,国泰民安,原因何在?公孙弘对曰:

> 臣闻之,气同则从,声比则应。今人主和德于上,百姓和合于下,故心和则气和,气和则形和,形和则声和,声和则天地之和应矣。故阴阳和,风雨时,甘露降,五谷登,六畜蕃,嘉禾兴,朱草生,山不童,泽不涸,此和之至也。……德配天地,明并日月,则麟凤至,龟龙在郊,河出图,洛出书,远方之君莫不说义,奉币而来朝,此和之极也。②

公孙弘运用《易经》的和谐思想及"同声相应,同气相求"的物类相应思想,瞅准时机,巧妙地提出了和合理论的思想主张。

公孙弘的"和合"是对《周易》经传所阐述的"和谐"思想的内化和提升。《乾·彖》曰:"乾道变化,各正性命,保和太和,乃利贞。首出庶物,万国咸宁。"③《易传》用天道概括大自然的变化发展规律,认为万物的自然属性受于天道,天道赋予万物生命和类属,"太和"象征着阴阳之气的和谐状态,而这是万物萌发,和畅安宁的开端。《易传》对太和的追求,既注重自然的和谐,又注重人事的和谐,在大一统的思想框架下,推天道以明人事,是自然主义与人文主义的有机结合。公孙弘继承了这一思想,他认为社会安定和谐的基础是人主和德于天,百姓敬畏天德而和合于下。简单来说,想要创造太平一统的盛

---

① 班固. 汉书:卷五十八 [M]. 颜师古,注. 北京:中华书局,1962:2613-2614.
② 班固. 汉书:卷五十八 [M]. 颜师古,注. 北京:中华书局,1962:2616.
③ 张涛,注评. 周易 [M]. 南京:凤凰出版社,2011:4.

世就需要人主遵循自然和谐的规律,以天德立国,以人民为本,这样百姓就能各安其位,安居乐业,社会就能良性发展。具体来说,首先要修身,达到心境的平和,心和而后阴阳之气就能相合,气和则形与天地之气相合,那么天地之气就会以声比的形式与人相呼应,达到天人和谐的状态。

公孙弘认为社会稳定繁荣、五谷丰登、风调雨顺是和的最高境界,而想要达到这一目标需要君主以"德配天地,明并日月",这与《易传》思想如出一辙。《乾·文言》提出:"夫大人者,与天地合其德,与日月合其明,与四时合其序,与鬼神合其吉凶。先天而天弗违,后天而奉天时。"[1]阐明了天人合一的四个要点,君子行事符合天理、天道,尊奉自然变化的规律,先于天时则天不违,后于天时也能顺奉天道。《系辞上》曰:"《易》与天地准,故能弥纶天地之道。"[2]《系辞下》曰:"《易》之为书也,广大悉备:有天道焉,有人道焉,有地道焉。"[3] 在这里,《易》总括了宇宙万有一切道理,自然的天与意志的天融为一体,自然规律与伦理政治法度统一结合。可以看出,公孙弘的观点是对这一理念的深层次发挥。他将和合思想与国家社稷的安危兴衰深度结合,从政治角度阐述和合的重要意义,解释自然物象与政治兴亡之间千丝万缕的联系。公孙弘认为,"桀纣行恶,受天之罚;禹汤积德,以王天下",社会政治的不清明皆是人主施政方针有悖天德,阴阳不协调所导致的,由是观之,"天德无私亲,顺之和起,逆之害生,此天文地理人事之纪"[4]。在他看来,以道德形式运行不息的天道是世间永恒不变的法则,而阴阳和是天道良性运作的直接体现,即"一阴一阳之谓道"。

荀子说:"天地合而万物生,阴阳接而变化起。"[5]《坤·文言》曰:"天地变化,草木蕃,天地闭,贤人隐。"[6]阴阳二气相互交通调和,滋养万物,社会政治清明,二气闭塞不通,缺少变化,社会政治昏暗,贤人避隐。然而,如何才能尊奉天道,和合天德?在公孙弘眼中,天人之和的形成、政通人和、国家安定的根本在于合理安设和发挥仁、义、礼、智的作用。他提出:

---

[1] 张涛,注评. 周易 [M]. 南京:凤凰出版社,2011:11.
[2] 张涛,注评. 周易 [M]. 南京:凤凰出版社,2011:265.
[3] 张涛,注评. 周易 [M]. 南京:凤凰出版社,2011:285.
[4] 班固. 汉书:卷五十八 [M]. 颜师古,注. 北京:中华书局,1962:2617.
[5] 王先谦. 荀子集解 [M]. 沈啸寰,王星贤,整理. 北京:中华书局,1988:366.
[6] 张涛,注评. 周易 [M]. 南京:凤凰出版社,2011:19.

仁者爱也，义者宜也，礼者所履也，智者术之原也。致利除害，兼爱无私，谓之仁；明是非，立可否，谓之义；进退有度，尊卑有分，谓之礼；擅杀生之柄，通壅塞之途，权轻重之数，论得失之道，使远近情伪必见于上，谓之术。凡此四者，治之本，道之用也，皆当设施，不可废也。①

公孙弘认为，仁、义、礼、智"四德"是治国之本，须臾不可废，仁表现为爱，义表现为有分寸、合时宜，礼表现为有规矩、讲法度，智表现为知得失、权轻重，领会到此四德的要旨，设立法度，加以施行，君上与臣下就会相通而不闭塞，一统大业就会巩固，国家就会长治久安，如此，天下和合的定位就能实现。

《泰·象》曰："'泰，小往而大来，吉亨'，则是天地交而万物通也，上下交而其志同也。"②唐代李鼎祚《周易集解》引何妥之说云："此明人事泰也。上之与下，犹君之与臣相，君臣相交感，乃可以济养万民也。天地以气通，君臣以志同也。"③在公孙弘看来，君臣上下通泰，上情下达，下情上传，交流顺畅，国家机器就能有效运转，社会自然会安康和谐。同董仲舒一样，公孙弘把儒家的伦理道德系统诠释为最高道德法则而置于君权之上，君主受到天德的约束，不能恣意妄为，儒家的四德、五常观念地位得以确立，为儒家学说在汉代的积极推广和跃居正统地位做出了贡献。在公孙弘的表述中，我们可以较为明显地发现《易传》追求天人整体和谐的中正太和思想，主张天尊地卑、乾坤定位的礼制思想等是其思想的主干，同时，公孙弘善于以儒家学说为中心对儒、墨、法等各家思想综合吸收和相互杂糅，如孔子仁爱思想、孟子仁义思想、荀子隆礼重法思想、墨子兼爱兴利思想等，这些思想都成为公孙弘和合理论的重要组成部分，成为宣扬其政治观点的有力支撑。这与《易传》倡导综合包容，全面吸收、融会诸子百家思想成果的"百虑一致，殊途同归"的治学理念不谋而合。总体来看，公孙弘和合理论的提出是受到《周易》经传思想的启示和沾溉的。

三、易学思想与公孙弘的民本思想

公孙弘的和合理论是建立在民为邦本的基础之上的，他深切关注民生，提

---

① 班固．汉书：卷五十八 [M]．颜师古，注．北京：中华书局，1962：2616．
② 张涛，注评．周易 [M]．南京：凤凰出版社，2011：52．
③ 李鼎祚．周易集解 [M]．台北：台湾商务印书馆，1968：75．

出了系统的民本思想。《周易》经传中有十分丰富的民本思想,作为儒生出身的公孙弘深受这些思想的影响,密切联系汉代社会现实,对《周易》民本思想做了进一步发挥,提出"治民之本"的八项主张。

《汉书·公孙弘传》曰:"臣闻上古尧舜之时,不贵爵赏而民劝善,不重刑罚而民不犯,躬率以正而遇民信也;末世贵厚赏而民不劝,深刑重罚为而奸不止,其上不正,遇民不信也。"①公孙弘认为,上古治世,赏罚不重而民众诚信顺从是由于尧舜明君以身作则,躬亲有为,后世重赏罚而民众不跟随,诚信缺失,奸佞淫邪不止,是"上梁不正下梁歪"的结果。因此,厚赏重罚不足以劝善禁非,统治阶层有效发挥作用才是治理社会的重中之重。公孙弘强调:

> 因能任官,则分职治;去无用之言,则事情得;不作无用之器,即赋敛省;不夺民时,不妨民力,则百姓富;有德者进,无德者退,则朝廷尊;有功者上,无功者下,则群臣逡;罚当罪,则奸邪止;赏当贤,则臣下劝:凡此八者,治民之本也。②

此八项宗旨可归纳为选贤任能、轻徭薄赋、赏罚分明三方面,是公孙弘治民之本的核心思想。

首先,在选贤任能方面,公孙弘认为选拔官吏需要任人唯贤,提拔任用能吏,划清职责,简省无用的繁文缛节,提高效率。选贤任能是实现公孙弘民本思想的基础。《易传》也将任用贤能视为国家大治、惠及民生的根本。《大畜·象》曰:"大畜,刚健笃实,辉光日新。其德刚上而尚贤,能止健,大正也。'不家食,吉',养贤也。'利涉大川',应乎天也。"③《易传》崇尚养贤,认为天下的贤能之士广聚于朝堂,为国家谋发展为国家兴盛的标志。《周易》养贤的思想与公孙弘的选贤任能是深度契合的,在某些方面可以说公孙弘是受到《周易》养贤思想的濡染的。《颐·彖》曰:"'颐,贞吉',养正则吉也。'观颐',观其所养也。……天地养万物,圣人养贤以及万民,颐之时大矣哉!"④《周易》将天地养育万物视为无私之举,倡导圣主应当仿效自然的无私,选养贤能以养及万民。明丘濬《大学衍义补》引程颐解《颐卦》曰:

---

① 班固.汉书:卷五十八[M].颜师古,注.北京:中华书局,1962:2615.
② 班固.汉书:卷五十八[M].颜师古,注.北京:中华书局,1962:2615.
③ 张涛,注评.周易[M].南京:凤凰出版社,2011:112.
④ 张涛,注评.周易[M].南京:凤凰出版社,2011:116.

程颐曰："圣人，极言颐之道，天地之道，则养育万物。养育万物之道，正而已矣。圣人则养贤才，与之共天位，使之食天禄，俾施泽于天下，养贤以及万民也。"臣按：颐之义，养也。天地养万物，而人乃万物中之一物，圣人则万人中之一人也。天地养万物而人与圣人皆在天地所养之中。圣人于人之中，乃其首出者也。体天地养物之仁，以养乎人。然天下之大，亿兆之众，必欲人人养育之，非独力之不能给，而亦势之所不能及也。是以于众人之中，择其贤者而养之，使其推吾所以体天地养物之心，以养乎人人。①

程颐主张，《颐卦》的核心在于养正，贤才走正道才能惠及万民，丘濬更进一步具体地道出了如何养贤，"然非养之以廪食，则彼不暇而为；非养之义理，则彼不知所为，故必豫有养之，而后用之也。然养之之义，以贞正为道。……盖颐之道，养正则吉，养而不正，其凶必矣"②，提出"量力度德"而任官和人臣"审于自择"的观点。《系辞上》曰："德薄而位尊，知小而谋大，力小而任重，鲜不及矣！《易》曰：'鼎折足，覆公餗，其形渥，凶。'言不胜其任也。"③如果不能量才度用，就会出现类似"鼎折足"的国家倾覆的情况。丘濬的观点是对公孙弘养贤思想的尚佳诠释，与公孙弘"其上不正，遇民不信"的提法如出一辙，都强调养贤以正的重要意义，而这些都是对《颐卦》思想的提升和延伸。"先世之吏正，故其民笃；今世之吏邪，故其民薄。政弊而不行，令倦而不听。夫使邪吏行弊政，用倦令治薄民，民不可得而化，此治之所以异也"④，表达了养正吏、行正道才是治国良方。

其次，公孙弘治民主张中涉及人民切身利益的是轻徭薄赋，不滥用民力，大兴土木，无夺民时，不影响人民耕作劳动的农时。《益·彖》曰："益，损上益下，民说无疆，自上下下，其道大光。"⑤《易传》倡导济世益民的民本思想，号召统治者通过上层权力的约束和制度的规范为下层人民财富的增益提供环境，勿夺民时，勿损民财，上层与下层分享利益，惠及社会各个阶层，国家就会和

---

① 丘濬. 大学衍义补：中 [M]. 林冠群，周济夫，校点. 北京：京华出版社，1999：581.
② 丘濬. 大学衍义补：中 [M]. 林冠群，周济夫，校点. 北京：京华出版社，1999：581.
③ 张涛，注评. 周易 [M]. 南京：凤凰出版社，2011：280-281.
④ 班固. 汉书：卷五十八 [M]. 颜师古，注. 北京：中华书局，1962：2617.
⑤ 张涛，注评. 周易 [M]. 南京：凤凰出版社，2011：177.

谐安定。《师·象》曰:"地中有水,师。君子以容民蓄众。"①在古代社会,军事与农业是息息相关的,养民蓄众、保民、容民是保证军队兵源和补给的重要手段。因此,《易传》提倡以民为本,重民爱民。《泰·象》曰:"天地交,泰。后以财成天地之道,辅相天地之宜,以左右民。"②这是强调民为邦本,本固邦宁,呼吁君主发挥裁制的作用。西汉时期,劳动人民不仅承担着较为沉重的赋税,还担负着一定的劳役,尤其是汉武帝时期长年征伐,大兴土木,给人民群众带来了繁重的负担。公孙弘注意到这一危及邦本的弊病,并提出"不夺民时,不妨民力,则百姓富"的理政方针。他认为,不骄奢淫逸,不过度制造无用的器具,防止靡费,就会减少开支,节约用度,省敛税赋,这样就会国富民强。这与《节卦》中"天地节而四时成,节以制度,不伤财,不害民"③的思想是高度一致的。《节卦》讲君主以制度为节,对财物取之有道,用之有度,对百姓役使有时,减轻百姓负担,达到"不伤财,不害民"的良性运转。而这种"不伤财,不害民"的局面就是公孙弘所描绘的"民者,业之即不争,理得则不怨,有礼则不暴,爱之则亲上"④的终极目标。

最后,公孙弘主张赏罚分明,顺应礼义,建立相关的礼义制度、法令制度、官吏升降体系。《易传》的思想亦对其有所沾溉。《履·象》曰:"上天下泽,履。君子以辩上下,定民志。"⑤此句意为君子效仿《履卦》卦象,明辨上下尊卑,安定人民心志。丘濬释《履卦》曰:

> 名分之等,乃天下自然之理。高卑有不易之位,上下有一定之分。皆非人力私意之所为者也。观《易》之辩上下,定民志,法乎上天下泽,自然之象。
>
> 人君之所以为君,所以砺天下之人,而使之与我共国家之政,而治天下之民者,爵号之名,车服之器而已。非有功者不可与,非有德者不可与,非有劳者不可与,非有才者不可与。为人君者,谨司其出纳之权,不轻以假借于人焉。必有功德才能者,然后与之。⑥

---

① 张涛,注评.周易[M].南京:凤凰出版社,2011:37.
② 张涛,注评.周易[M].南京:凤凰出版社,2011:53.
③ 张涛,注评.周易[M].南京:凤凰出版社,2011:243.
④ 班固.汉书:卷五十八[M].颜师古,注.北京:中华书局,1962:2615.
⑤ 张涛,注评.周易[M].南京:凤凰出版社,2011:49.
⑥ 丘濬.大学衍义补:上[M].林冠群,周济夫,校点.北京:京华出版社,1999:15.

《履卦》所讲的辨上下、明尊卑是礼义制度建立的基础，而赏罚有度则是确保礼义制度有效运转的保证。公孙弘对《易传》天尊地卑、礼义有所错的思想以及《履卦》辨上下之分的思想有着深入认识，他认为德是礼义制度的重要标准，官员进退以德评价方能展现朝廷的威仪，晋升贬斥以功而论才能使群臣信服，赏罚有度，奸邪就会消失，文武百官、天下万民就会顺从。他说："礼义者，民之所服也，而赏罚顺之，则民不犯禁矣。"① 在公孙弘看来，礼义是人民信奉的圭臬，赏罚则是教化民众的必要工具。《噬嗑·象》曰："雷电，噬嗑。先王以明罚敕法。"②《噬嗑卦》阐述了严明刑罚、设立法令、严格社会规章制度的重要意义，不难看出，这对公孙弘立礼义、重赏罚思想的形成是有资鉴的。

小结

《汉书·儒林传》赞曰："自武帝立《五经》博士，开弟子员，设科射策，劝以官禄，讫于元始，百有余年，传业者浸盛，支叶蕃滋，一经说至百余万言，大师众至千余人，盖禄利之路然也。初，《书》唯有欧阳，《礼》后，《易》杨，《春秋》公羊而已。至孝宣世，复立《大小夏侯尚书》，《大小戴礼》，《施》《孟》《梁丘易》，《穀梁春秋》。至元帝世，复立《京氏易》，平帝时，又立《左氏春秋》、《毛诗》、逸《礼》、古文《尚书》，所以罔罗遗失，兼而存之，是在其中矣。"③

公孙弘对儒学的推动作用和榜样作用功不可没。两汉易学作为经学的重要组成部分，在经学繁茂的盛况下，也得以持续繁荣与发展。

第四节 魏相的易学思想

象数易学一直是易学发展的重要组成部分，早在春秋时期就已经出现了象数思想的萌芽，战国中后期，象数思想已经相对成熟。在关注义理的同时，《易传》对象数思想进一步发挥和完善，由最初的取象说向爻位说发展，运用象数

---

① 班固. 汉书：卷五十八 [M]. 颜师古，注. 北京：中华书局，1962：2615.
② 张涛，注评. 周易 [M]. 南京：凤凰出版社，2011：93.
③ 班固. 汉书：卷八十八 [M]. 颜师古，注. 北京：中华书局，1962：3620-3621.

思想来阐释卦爻辞的内涵,将象与辞联系起来,全面、系统地定义了易学象数的概念、性质,指明了易学象数的作用,为象数易学的繁荣和兴盛夯实了基础。及至汉初,易学领域内义理之学引领着潮流,象数易学的地位不是十分突出。汉武帝时期,董仲舒注重发挥象数在整个易学领域的功用,将象数成体系地引入了其思想学说之中,为象数易学的孕育成长和逐步壮大创造了环境,并提供了强有力的理论支撑。随着汉帝国社会危机的不断加剧和自然环境的激烈变化,西汉后期,象数易学的兴起迎来了重要机遇。《易经》思想被广泛运用到各个领域,筮法术占与人事相比附,推演灾异,干预政治决策,象数理论与天文、历法相互借鉴,满足百姓日用之需,形成了推天道以明人事的逻辑思考范式,象数易学逐渐迎来了高潮。其间,在董仲舒天人感应、阴阳灾异学说的坚实基础上,齐鲁易学界涌现了一大批深谙义理、精通象数的专家、学者和政治人物。其中,汉宣帝时期的丞相魏相是推动齐鲁象数易学发展的重要人物。

一、魏相事略

魏相,字弱翁,济阴定陶(今山东定陶)人,西汉中期丞相、易学家。据《汉书·魏相传》记载:"少学《易》,为郡卒吏,举贤良,以对策高第,为茂陵令。"[1]"后迁河南太守,禁止奸邪,豪强畏服。"[2]汉宣帝时期,代年迈的韦贤为丞相,总领群臣,封高平侯,甚合上意,辅佐汉宣帝励精图治,政治上甚有作为。魏相"明《易经》,有师法"[3],推崇董仲舒取法天道自然的思想,使易学与阴阳变化、四季更迭相互结合,促进了象数易学的进一步发展。

二、魏相与象数易学

魏相的学术思想以儒家思想为主干,兼收黄老道家思想的精髓,对易学有深入细致的研究。魏相对易学的阴阳概念、明堂月令之法深有探讨。宣帝时,魏相数表采《易阴阳》及《明堂月令》奏之,曰:"臣相幸得备员,奉职不修,不能宣广教化。阴阳未和,灾害未息,咎在臣等。"[4]这显示了他对阴阳和谐、天人和合、社稷安康的理想社会形态的向往,对易学"中正太和"和谐思想的

---

[1] 班固. 汉书:卷七十三 [M]. 颜师古,注. 北京:中华书局,1962:3133.
[2] 班固. 汉书:卷七十三 [M]. 颜师古,注. 北京:中华书局,1962:3133.
[3] 班固. 汉书:卷七十三 [M]. 颜师古,注. 北京:中华书局,1962:3137.
[4] 班固. 汉书:卷七十三 [M]. 颜师古,注. 北京:中华书局,1962:3139.

汲取和体悟。魏相认为，阴阳是产生变化的基本因素，时令变化是天道运行的基本规律，也是圣主应当效法的天德。他提出：

> 臣闻《易》曰："天地以顺动，故日月不过，四时不忒；圣王以顺动，故刑罚清而民服。"天地变化，必由阴阳，阴阳之分，以日为纪。日冬夏至，则八风之序立，万物之性成，各有常职，不得相干。东方之神太昊，乘《震》执规司春；南方之神炎帝，乘《离》执衡司夏；西方之神少昊，乘《兑》执矩司秋；北方之神颛顼，乘《坎》执权司冬；中央之神黄帝，乘《坤》《艮》执绳司下土。兹五帝所司，各有时也。东方之卦不可以治西方，南方之卦不可以治北方。春兴《兑》治则饥，秋兴《震》治则华，冬兴《离》治则泄，夏兴《坎》治则雹。①

魏相认识到寒暑迭来，四季都各有主事之神及代表卦象，以《震》《离》《兑》《坎》各执四季，将后天八卦方位与四时兴替、五行属性相结合，总结出一套与人事互通的规律。

他谈及：

> 明王谨于尊天，慎于养人，故立羲和之官以乘四时，节授民事。君动静以道，奉顺阴阳，则日月光明，风雨时节，寒暑调和。三者得叙，则灾害不生，五谷熟，丝麻遂，草木茂，鸟兽蕃，民不夭疾，衣食有余。若是，则君尊民说，上下亡怨，政教不违，礼让可兴。夫风雨不时，则伤农桑；农桑伤，则民饥寒；饥寒在身，则亡廉耻，寇贼奸宄所由生也。臣愚以为阴阳者，王事之本，群生之命，自古贤圣未有不由者也。天子之义，必纯取法天地，而观于先圣。②

魏相深明阴阳灾变，受易学启发，积极宣传易学价值观，将易学的"取法天地"运用于制定政治活动的规则，主张重法制、平冤狱、宽租赋、节民力、勿夺民时，促进了汉代易学与汉代主流价值体系的紧密结合。他甚至向君王提出"愿陛下选明经通知阴阳者四人，各主一时，时至明言所职，以和阴阳，天

---

① 班固. 汉书：卷七十三 [M]. 颜师古，注. 北京：中华书局，1962：3139.
② 班固. 汉书：卷七十三 [M]. 颜师古，注. 北京：中华书局，1962：3139.

下甚幸!"①,表达了用易学思想指导政治生活的强烈意愿,这一建议也得到汉宣帝的采纳。

《说卦传》曰:

> 帝出乎《震》,齐乎《巽》,相见乎《离》,致役乎《坤》,说言乎《兑》,战乎《乾》,劳乎《坎》,成言乎《艮》。……《震》东方也……《巽》东南也……《离》也者,明也,万物皆相见,南方之卦也……《乾》西北之卦也……《坎》者,水也,正北方之卦也……《艮》,东北之卦也……。②

《易传》用四时与八方相互注解,利用八卦方位与春夏秋冬间的循环往复、万物的生住异灭相联系,解释自然界与人类社会的普遍现象,对魏相思想是有深刻资鉴的。在魏相看来,阴阳时节的变化暗含着天道的自然规律,也象征着人事兴衰。因此,魏相把四时、方位整体纳入易学推天道以明人事的体系中,同时将阴阳灾异说与《易经》相互融合,为象数易学提供了许多重要内容,成为后代象数易学家取材的有益依据。

魏相履职期间,"敕掾吏案事郡国及休告从家还至府,辄白四方异闻,或有逆贼风雨灾变,郡不上,相辄奏言之"③。他关注各地异闻灾变,时刻将阴阳灾异与政教之事联系在一起,尽职向汉宣帝启奏风雨灾变之事以感化宣帝广施仁政,展现出以《易》辅国的宰辅风采。有学者提出,孟喜所得《易阴阳灾侯书》当属于早已佚失的《易阴阳》,近于魏相所采的《易阴阳》,根据唐一行的《卦议》,"知孟喜易学的主要内容是卦气,将《周易》卦爻与四时、十二月、二十四节气、七十二候结合起来,有四正卦、十二消息卦、六日七分说等内容。魏相表奏言'八风之序立、万物之性成'亦与卦气说有关"④。孟喜、焦延寿、京房等后于魏相的象数易学家皆以四正卦反映四时变换,以六十四卦解寒暖交替,很可能就是承于魏氏理论。可以看出,魏相奏章之文已蕴含着卦气、五行、纳甲等学说的成分,这些为易学领域的变革和象数易学迈向兴盛之路做了良好的铺垫。刘大钧先生更大胆推测:"魏氏所学之《易》,显然早于孟喜。《汉

---

① 班固. 汉书: 卷七十三 [M]. 颜师古, 注. 北京: 中华书局, 1962: 3140.
② 张涛, 注评. 周易 [M]. 南京: 凤凰出版社, 2011: 290.
③ 班固. 汉书: 卷七十三 [M]. 颜师古, 注. 北京: 中华书局, 1962: 3141.
④ 连劭名. 《汉书·魏相传》与西汉易学 [J]. 周易研究, 2000 (2): 34.

书·魏相传》既称其学'有师法',可知在孟喜之前,'卦气'之说早已有人传授。……《史记·儒林传》称汉代'要言《易》者,本于杨何之家'。估计魏相之学为杨何弟子传授。"①这也为魏相对象数易学的贡献及其易学渊源正名。

第五节 孟喜与三家易

一、三家易与汉代易学

汉代是易学发展史上的重要阶段。这一时期的易学学派师法明晰、创新传承不断、特色鲜明,被后人称为汉易。汉代经学统治地位的确立为汉易的发展营造了良好的氛围,易学思想和理论建设得到了飞速发展,一大批颇有建树的易学家纷纷崛起,汉代成为易学发展的黄金阶段。汉初帝王多重视文教,公孙弘为学官时,请立博士官置弟子员,"昭帝时举贤良文学,增博士弟子员满百人,宣帝末增倍之。元帝好儒,能通一经者皆复。……"② 易学随着文教之风的盛行,受到了高度重视,从宣帝、元帝开始,"有施、孟、梁丘、京氏列于学官,而民间有费、高二家之说"③。易学成为官方主流学术思想之一,亦深受民间百姓的喜爱,得到了广泛的弘扬和传播。

易学在蓬勃发展的道路上日渐确立了主干地位,诸多齐鲁籍易学家、学者、政治家,抑或受齐鲁学术思想和齐鲁易学影响和启示的思想家成为弘扬易学的主要力量,是易学发展壮大的旗手和主力军。孔子、荀子以来,齐鲁易学逐渐走向了正统的中心位置,义理之学兴盛,受到历代封建王朝的推崇,董仲舒独尊儒术、推阴阳、演灾变又将易学引入了象数的轨道,公孙弘、魏相多明阴阳灾变,在汉代核心政治圈推动了易学象数思想的进一步官方化,齐鲁易学在经历了秦亡汉兴艰苦岁月的洗礼之后,顽强地生存下来,闪耀出新的生机,延续了易学发展的脉络。《汉书·儒林传》曰:

---

① 刘大钧."卦气"溯源[J].中国社会科学,2000(5):124.
② 班固.汉书:卷八十八[M].颜师古,注.北京:中华书局,1962:3596.
③ 班固.汉书:卷三十[M].颜师古,注.北京:中华书局,1962:1704.

> 汉兴，言《易》自淄川田生。①
>
> 自鲁商瞿受《易》孔子，以授鲁桥庇子庸。……子家授东武孙虞子乘。子乘授齐田何子装。及秦禁学，《易》为筮卜之书，独不禁，故传授者不绝也。汉兴，田何以齐田徙杜陵，号杜田生，授东武王同子中、雒阳周王孙、丁宽、齐服生，皆著《易传》数篇。同授淄川杨何，字叔元，元光中征为太中大夫。齐即墨成，至城阳相。广川孟但，为太子门大夫。鲁周霸、莒衡胡、临淄主父偃，皆以《易》至大官。要言《易》者本之田何。②

齐鲁易学为整个易学发展提供了众多优秀的人才，使易学传授的整体系统得以存续。同时，齐鲁易学包容创新的精神也为易学注入了新的活力，为易学发展找到了新的路径。以孟喜、京房为代表的官方易学开辟了象数易学的先河，为象数易学的稳步发展打下了理论基石。

说到汉代齐鲁易学，不得不提的是施雠、孟喜、梁丘贺三家易。刘大钧先生就提及：

> 总的来说，西汉人还是重视经义的，更加那时离《周易》形成的年代不远，故《周易》卦爻辞的本义，当时还未全部失传。特别是施、孟、梁丘三家所传《周易》，因本于田何，故在西汉十三家中，占据极重要位置，被《汉书·艺文志》排在首位，对两汉儒生有过很大的影响。③

施雠、孟喜、梁丘贺三人皆为田王孙门生，汉宣、元之间，三家易皆列于学官，施雠、梁丘贺二人守师法，重章句义理，施雠被梁丘贺举荐为博士，参与甘露三年（前51）石渠阁会议，梁丘贺受汉宣帝赏识官至少府，成为宣帝秘府内臣，深受宠信，对汉代政治有颇多影响。孟喜尚谈阴阳灾异，精通卦气说象数理论而为同门所不容，斥其改师法，而未能立为博士，但其理论影响深远，成为汉易象数学的奠基者，对赵宾、焦延寿、京房以及后世象数易学有重大影响。三家易作为汉代的官方易学，是齐鲁易学迈向正统地位的一个里程碑。然而，施雠、梁丘贺的易学思想已不为后世所见，唯有孟喜易学延续下来。因此，

---

① 班固. 汉书：卷八十八 [M]. 颜师古，注. 北京：中华书局，1962：3593.
② 班固. 汉书：卷八十八 [M]. 颜师古，注. 北京：中华书局，1962：3597.
③ 刘大钧. 周易概论 [M]. 济南：齐鲁书社，1986：150.

我们从《汉书·儒林传》中简单梳理施雠、梁丘贺的生平事迹及贡献,重点对孟喜易学进行论述。《汉书·儒林传》曰:

> 施雠字长卿,沛人也。沛与砀相近,雠为童子,从田王孙受《易》。后雠徙长陵,田王孙为博士,复从卒业。与孟喜、梁丘贺并为门人。谦让,常称学废,不教授。及梁丘贺为少府,事多,乃遣子临,分将门人张禹等从雠问。雠自匿不肯见,贺固请,不得已乃授临等。于是贺荐雠结发事师数十年,贺不能及,诏拜雠为博士。甘露中与五经诸儒杂论同异于石渠阁。①

> 梁丘贺字长翁,琅琊诸人也。以能心计,为武骑。从太中大夫京房受《易》。房者,淄川杨何弟子也。房出为齐郡太守,贺更事田王孙。宣帝时,闻京房为《易》明,求其门人,得贺。贺时为都司空令。坐事,论免为庶人。待诏黄门数入说教侍中,以召贺。贺入说,上善之,以贺为郎。会八月饮酎,行祠孝昭庙,先驱旄头剑挺堕坠,首垂泥中,刃乡乘舆车,马惊。于是召贺筮之,有兵谋,不吉。上还,使有司侍祠。是时,霍氏外孙代郡太守任宣坐谋反诛,宣子章为公车丞,亡在渭城界中,夜玄服入庙,居郎间,执戟立庙门,待上至,欲为逆。发觉,伏诛。故事,上常夜入庙,其后待明而入,自此始也。贺以筮有应,由是近幸,为太中大夫,给事中,至少府。为人小心周密,上信重之。年老终官。②

二、孟喜易说

孟喜,字长卿,东海兰陵(今山东兰陵)人,是今文象数易学的开创者。孟喜有很深的家学渊源,其父孟卿擅长治《礼》《春秋》,与善言灾异的眭孟一同师从董仲舒弟子瀛公学习《公羊春秋》,对《春秋》有较深研究,在治《礼》方面也有很深的造诣,受董仲舒的阴阳灾异说影响颇深,后来教授弟子后苍、疏广,后氏《礼》、疏氏《春秋》皆出于孟卿。孟卿以为《礼经》多,《春秋》繁杂,于是让孟喜从丁宽弟子田王孙受《易》,与施雠、梁丘贺为同窗,并称为

---

① 班固. 汉书:卷八十八 [M]. 颜师古,注. 北京:中华书局,1962:3598.
② 班固. 汉书:卷八十八 [M]. 颜师古,注. 北京:中华书局,1962:3600.

三家易,列于学官。

《汉书·儒林传》载:"宽授同郡砀田王孙。王孙授施雠、孟喜、梁丘贺。由是《易》有施、孟、梁丘之学。"① 田王孙为汉易之祖田何的再传弟子,"以经学观点推究之,田王孙之易重点在注意道德理论。……此派易学,重视易义之变化。……于齐易已属第五代"②。因此,孟喜开始走的是义理派易学的道路。孟喜好自称誉,诈言得独传《易家候阴阳灾变书》于田王孙临终之时,遭到同门梁丘贺辟谣:"田生绝于施雠手中,时喜归东海,安得此事?"③自此,孟喜开始以阴阳灾变学说治《易》,创制了一套系统的以卦气说为核心的象数易学理论,并传授给弟子白光、翟牧。蜀人赵宾亦言其学出自孟喜。《汉书》记载:"蜀人赵宾好小数书,后为《易》,饰《易》文,以为'箕子明夷,阴阳气亡箕子;箕子者,万物方荄兹也。'宾持论巧慧,《易》家不能难,皆曰'非古法也'。云受孟喜,喜为名之。后宾死,莫能持其说。喜因不肯仞,以此不见信。"④虽然孟喜并不想承认赵宾易学出于他,却间接表现出对赵宾阴阳灾变说的肯定态度。

关于孟喜易学,其所本《易家候阴阳灾变书》已经无从知晓。《汉书·艺文志》记载,"《易经》十二篇,施、孟、梁丘三家""《孟氏京房》十一篇,《灾异孟氏京房》六十六篇"⑤"《章句》施、孟、梁丘氏各二篇"⑥。《隋书·经籍志》载:"《周易》八卷,汉曲台长孟喜章句,残缺,梁十卷。"⑦《经典释文·序录》云:"《孟喜章句》十卷,无上经。《七录》云:'又下经无《旅》至《节》,无上《系》。'"⑧ 新旧《唐志》亦载有《孟喜章句》十卷。史书记载多向重合印证,囊括了孟喜的主要著作。徐芹庭先生曾感叹道:

> 在西汉易学十三家,二百九十四篇中,孟氏一家有九十一篇,占西汉易学三分之一弱。则其著作之众多,述《易》之详博,见解之独到,由斯

---

① 班固. 汉书:卷八十八 [M]. 颜师古,注. 北京:中华书局,1962:3598.
② 潘雨廷. 易学史丛论 [M]. 上海:上海古籍出版社,2007:214.
③ 班固. 汉书:卷八十八 [M]. 颜师古,注. 北京:中华书局,1962:3599.
④ 班固. 汉书:卷八十八 [M]. 颜师古,注. 北京:中华书局,1962:3599.
⑤ 班固. 汉书:卷三十 [M]. 颜师古,注. 北京:中华书局,1962:1703.
⑥ 班固. 汉书:卷三十 [M]. 颜师古,注. 北京:中华书局,1962:1704.
⑦ 魏徵,令狐德棻. 隋书:卷三十二 [M]. 北京:中华书局,1973:909.
⑧ 陆德明,撰. 黄焯,汇校. 黄延祖,重辑. 经典释文汇校 [M]. 北京:中华书局,2006:9.

可推之矣。①

其阴阳灾异之说，影响于两汉乃至后世者亦至深。吾人见两汉及后代五行志每引《京房易传》，以说妖异之事，此乃本之孟氏灾异者也。后世易家如许慎、虞翻、马融、郑玄、荀爽、荀九家、陆绩、王肃、朱熹等皆当取资于《孟氏易》，故《孟氏易》为不朽矣。②

孟喜易学对后代天文历法、阴阳灾异学说都有极为深刻的影响。清儒张惠言《易义别录》中载有《周易孟氏》一卷，孙堂《汉魏二十一家易注》载有《孟喜周易章句》一卷，马国翰《玉函山房辑佚书》辑有《周易孟氏章句》两卷，黄奭《汉学堂经解》辑有《孟喜易章句》一卷，民国沈祖绵亦曾辑录《周易孟氏学》，这些大体是管窥孟喜易学的主要材料。《经典释文》《说文解字》《周易正义》《周易集解》等皆对孟喜易说有所引用。另外，通过《新唐书》僧一行的《卦议》篇也可略见孟喜卦气说一二。

（一）孟喜"卦气说"溯源

卦气说是孟喜易学的核心内容，"卦气之说，出于孟喜"③，也是孟喜在前人基础上的一大系统性创造。唐代僧一行在《卦议》中曾对孟喜易学评论道：

> 十二月卦出于《孟氏章句》，其说《易》本于气，而后以人事明之。当据孟氏，自冬至初，《中孚》用事，一月之策，九六、七八，是为三十。而卦以地六，候以天五，五六相乘，消息一变，十有二变而岁复初。《坎》《震》《离》《兑》，二十四气，次主一爻，其初则二至、二分也。《坎》以阴包阳，故自北正，微阳动于下，升而未达，极于二月，凝涸之气消，《坎》运终焉。春分出于《震》，始据万物之元，为主于内，则群阴化而从之，极于南正，而丰大之变穷，《震》功究焉。《离》以阳包阴，故自南正，微阴生于地下，积而未章，至于八月，文明之质衰，《离》运终焉。仲秋阴形于《兑》，始循万物之末，为主于内，群阳降而承之，极于北正，而天泽之施穷，《兑》功究焉。故阳七之静始于《坎》，阳九之动始于《震》，阴八之静始于《离》，阴六之动始于《兑》。故四象之变，皆兼六

---

① 徐芹庭. 汉易阐微 [M]. 北京：中国书店，2010：119.
② 徐芹庭. 汉易阐微 [M]. 北京：中国书店，2010：122.
③ 屈万里. 先秦汉魏易例述评 [M]. 台北：台湾学生书局，1985：82.

爻,而中节之应备矣。《易》爻当日,十有二中,直全卦之初;十有二节,直全卦之中。①

僧一行所引孟喜思想是研究孟喜易学的主要依据。余敦康先生根据焦循《易图略》"按孟氏所说,别无可核,惟见此议"及《唐书·艺文志》"《孟喜章句》十卷,则一行时有此书",推断僧一行必定读过孟喜的原著,其评述当是可信的。同时指出,张惠言《易义别录》中"彼文云'十二月卦出于《孟氏章句》,其说《易》本于气,而后以人事明之',下乃言'当据孟氏,自冬至初,中孚用事'云云,则当是《说卦章句》。以《卦议》不言引《章句》文,或是一行约义"一段,极有可能为一行对孟喜《说卦章句》的概括评述。② 从一行的评述中可以看出孟喜卦气说象数理论体系的概况。单就字面意思理解,卦气说中的"卦"指《易经》六十四卦,"气"则指进退消长的阴阳之气,即自然界的运行规律。孟喜按照《易经》卦爻精神与四时、八方、十二月令、二十四节气、七十二候等传统天文历法理论所共同具有的自然规律将它们相互联结,一一对应,又以节气变化为根本,建立了一个囊括时空、天人共处的框架结构。因以节气规律为本来说《易》,故称"卦气说"。简单来说,这一卦气说理论就是将六十四卦卦爻符号与节气、时令匹配结合,又将方位纳入其中,与时令相互联系,具有天人合一、时空一体的属性。按传统说法,孟喜卦气说源于僧一行所引《孟喜章句》。然而,卦气说并不是孟喜所独创的,早在孟喜之前,卦气理论已经经过了长久的孕育过程。据刘大钧先生考证,汉易中的卦气说在孟喜之前早有流传,源自先古儒说,春秋战国时的《子夏易传》与《易传》中皆有卦气说思想,"殷墟甲骨文中的四方之名,以及《尚书·尧典》中的'析''因''夷''隩'与后天八卦中的四正卦相同,由此可知,'卦气'说渊源已久"③。值得注意的是,《子夏易传》与《易传》中所阐述的义理并不是空泛的突然冒出的理论,而是严守象数,根植象数,根据象数与义理结合的模式,经过长期演化而阐发出来的。孟喜的卦气说理论应是在前人仰观俯察基础上慢慢摸索出来的,吸收了《淮南子》、董仲舒《春秋繁露》、魏相等关于阴阳灾变的诸多思想成果,恰逢孟喜综合整理后逐渐受到重视,起到关键作用,产生重大

---

① 欧阳修,宋祁. 新唐书:卷二十七:上 [M]. 北京:中华书局,1975:598-599.
② 余敦康. 汉宋易学解读 [M]. 北京:华夏出版社,2006:17-18.
③ 刘大钧. "卦气"溯源 [J]. 中国社会科学,2000(5):122.

影响，故而可以说卦气说创成并发展自孟喜，是孟喜易学的重要一环。卦气说这套体系包含了四正卦说、十二消息卦说、六日七分法、七十二候说等重要学说，它们统称卦气说。下面笔者将对孟喜卦气说这几个理论分别进行论述。

（二）四正卦理论

四正卦理论是卦气说的基础。孟喜的四正卦理论以八卦中的《坎》《离》《震》《兑》为四正卦，分主冬、夏、春、秋一年四季，配以北、南、东、西四个方位。这种以四正卦与四方、四时相配的形式与魏相的象数理路十分相似，极有可能是根据《说卦传》中"帝出乎震，齐乎巽，相见乎离，致役乎坤，说言乎兑，战乎乾，劳乎坎，成言乎艮"[①]的八卦方位说理念发展而来的，以四时、四方、四正卦搭建了一个包含时空概念的框架结构。但孟喜并没有止步于此，经过他的一番整理改良，这一系统又将每卦六爻共二十四爻与一年中的二十四节气相搭配，分主二十四节气，同时用卦爻的阴阳奇偶变化来阐释和象征一年四季变化的周期性规律。由是，便形成了一行所谓"《坎》《震》《离》《兑》，二十四节气，次主一爻，其初则二至、二分"的逻辑规则。也就是说，四卦之初爻分别象征冬至、春分、夏至、秋分四个节气，其余各爻依次代表二分二至之后相对应的节气。从《说卦传》中文王后天八卦的方位来看，《坎》居正北，卦象由两个八经卦中的《坎卦》相重而成，每一经卦之《坎》由两个阴爻夹一阳爻组成，二阴包一阳的组合表示阴气盛而阳气弱，阳气刚刚萌发还未显通达，阳爻表少阳之象，因而居北，时值冬季，初六爻代表冬季开始到来，也就是冬至。按照惯例，十一月至一月为冬季，到达二月，阳刚之气开始回暖，《坎卦》凝结之气渐渐退去直至消失，《坎》运逐渐被《震》运代替，《震卦》用事开始。《坎卦》六爻配属冬至至惊蛰六个节气，涵盖仲冬十一月至孟春正月，每爻主一节气，以爻位阴阳象征地气由闭藏渐转生发。这就是孟喜主张的"《坎》以阴包阳，故自北正，微阳动于下，升而未达，极于二月，凝涸之气消，《坎》运终焉"。根据筮法理论，《坎卦》中的阳爻被孟喜称为"阳七"，象征"少阳"，按"老变少不变"的规则，少阳不变为静，因而称"阳七之静始于《坎》"。

到了《震卦》用事的阶段，《震》居于正东，时值春季，卦象表现为两《震》相叠，两卦类似仰盂，一阳居下，二阴居上，阳动于下为主爻而阴爻顺奉，象征阳气上升而盛大，万物萌生，引领阴气，春意盎然，故以初九代表春

[①] 张涛，注评. 周易 [M]. 南京：凤凰出版社，2011：290.

分。同样的原理，二月至四月为春季，万物恢复元气，五月阳气渐趋壮大，因而《震卦》自初爻至上爻分别代表春分、清明、谷雨、立夏、小满、芒种这六个节气。这样《震》运的任务结束了，《离》运主事的阶段到来。故曰："春分出于《震》，始据万物之元，为主于内，则群阴化而从之，极于正南，而丰大之变穷，《震》功究焉。"①《震卦》初阳被孟喜称为"阳九"，是为"老阳"，阳气集结要产生变化，量极而发生质的飞跃，因此云"阳九之动始于《震》"②。

《离卦》居正南，时值夏季，卦象呈现为两《离》并立，每一个经卦《离》都由外两阳爻包内一阴爻，表现为以阳含阴的格局，表示阳气兴旺，微弱的阴气淡淡生于地下，渐渐累积而未达彰显，并以初九爻象征夏至。五月至七月为夏季，草木渐趋茂盛，到了八月孟秋之季，万物由盛转衰，阴气爬升，草木开始凋零，因此，《离卦》由初爻及上爻分别代表夏至、小暑、大暑、立秋、处暑、白露的节气转换。《离卦》主事阶段也逐渐落幕，过渡到《兑》运。"《离》以阳包阴，故自南正，微阴生于地下，积而未章，至于八月，文明之质衰，《离》运终焉"③是此谓也。《离卦》以阳包阴，阳衰而阴进，虽未发生明显质变，但阴气已经蠢蠢欲动，孟喜将被阳爻包裹的阴爻称为"阴八"，属于"少阴"，少阴积弱不变，因而谓之"阴八之静始于《离》"④。

《兑卦》居于正西，时值秋季，卦象由两个《兑》构成，两《兑》皆由两根阳爻和一根阴爻组成，阴爻居《兑卦》之上为颐卦之主，展现了《离卦》第二个阴爻由少阴上升为《兑》上之老阴的进化过程，余下两阳爻沉降而承接此阴爻，表达了阳衰而阴兴的转变，初爻象征秋分节气。秋分时节，阴气肃杀，谷物成熟，叶落草枯，万物萧索。八月至十月为秋季，至于十月，天泽穷尽，万物趋于冬藏，《兑卦》从初爻至上爻则分别代表秋分、寒露、霜降、立冬、小雪、大雪六个节气。随着秋风送爽，凛冬将至的时序轮转，《兑卦》用事阶段也逐渐远去，《坎卦》又回到了主事的位置。正如孟喜所言："仲秋阴形于《兑》，始循万物之末，为主于内，群阳降而承之，极于北正，而天泽之施穷，《兑》功究焉。"⑤《兑卦》一阴爻主卦，统领群阳，孟喜称之为"阴六"，也就是"老

---

① 欧阳修，宋祁．新唐书：卷二十七：上 [M]．北京：中华书局，1975：599.
② 欧阳修，宋祁．新唐书：卷二十七：上 [M]．北京：中华书局，1975：599.
③ 欧阳修，宋祁．新唐书：卷二十七：上 [M]．北京：中华书局，1975：599.
④ 欧阳修，宋祁．新唐书：卷二十七：上 [M]．北京：中华书局，1975：599.
⑤ 欧阳修，宋祁．新唐书：卷二十七：上 [M]．北京：中华书局，1975：599.

阴",老阴穷极而变,复归《坎》,阴气于是产生了质变,故谓"阴六之动始于《兑》"①。

孟喜这套理论以四正卦分主四时,《坎》主冬,《震》主春,《离》主夏,《兑》主秋,四卦初爻分别又代表冬至、春分、夏至、秋分四个节点,每月有两个节气,位于一月之首称为"节",处一月之中视为"中",这样一年之中便有相呼应的十二个"中气"与十二个"节气",每旬有六个节气,二十四爻配二十四节气,四正卦主四时,恰巧合适,分毫不差。同时,加以阴阳消长、动静变化之说相解释,也就形成了孟喜所说的"故四象之变,皆兼六爻,而中节之应备矣"②。这一完整的系统为后代天文历法所接受和推崇,为制定历法提供了基本原理,成为象数易学的圭臬,也是"百姓日用而不知"的易学对中国传统文化的巨大贡献。另外,四正卦的说法并不是孟喜率先提出的,孟喜只提出"正"的概念,并没有概称为"四正卦"。刘玉建先生曾指出,孟喜四正卦理论创立后,因影响广大,遂被《易纬》采纳,《易纬》之说取自孟喜,然而,"《易纬》中最早提出了'四正卦'这一名称,如《乾坤凿度》说:'庖牺氏画四象,立四隅,以定群物发生门,而后立四正。'又称:'立《坎》《离》《震》《兑》四正。'"孟喜之后直至京房才将这一学说归纳为"方伯卦"。③黄宗羲曾说:"《易纬》有卦气之法,京房精于其学。"④可以说,《易纬》在汉代影响力的深远是离不开孟喜、京房一系以《易》论阴阳灾异思想的启发的。朱伯崑先生认为,"《易纬》乃孟、京易学的发展,出于孟京之后"⑤。东汉郑玄、虞翻等易学大家也都是从吸收孟喜卦气说的精髓中汲取力量,才有了后来象数易学的繁荣。孟喜学说是象数和义理易学不可或缺的重要材料,从《周易集解》所收录的《易》注来看,但凡重要的易学家如京房、马融、郑玄、虞翻、宋衷、王弼、姚规、干宝、孔颖达、崔憬、李鼎祚等皆取四正卦说解《易》,对象数易学的兴盛和完善具有极为重要的特殊意义。

(三)十二消息卦说

十二消息卦或称十二辟卦是孟喜卦气说的主干。十二消息卦是孟喜最早提出的,是其在《易传》相关思想基础上的进一步阐发。所谓十二消息卦是根据

---

① 欧阳修,宋祁.新唐书:卷二十七:上[M].北京:中华书局,1975:599.
② 欧阳修,宋祁.新唐书:卷二十七:上[M].北京:中华书局,1975:599.
③ 刘玉建.两汉象数易学研究[M].南宁:广西教育出版社,1996:127.
④ 黄宗羲.易学象数论:外二种[M].郑万耕,点校.北京:中华书局,2010:53.
⑤ 朱伯崑.易学哲学史:第1卷[M].北京:昆仑出版社,2005:177.

阴阳之气的消长盈虚的一定规律,将六十四卦中《复》《临》《泰》《大壮》《夬》《乾》《姤》《遁》《否》《观》《剥》《坤》十二卦选出,与一年十二个月的阴阳消长相结合,各主每月"中气"之"中候",代表一年中以月为单位的季节变化。《复卦》配以十一月,《坤卦》配以十月,其余诸卦依此类推。又自《复》至《乾》为息的过程,即阳进阴退,此"六卦"称为息卦;自《姤》至《坤》为消的过程,即阴进阳退,此"六卦"称为消卦。阴阳之气的变化是十二月卦的关键,即一行所谓"其说《易》本于气","消"意为阴进阳退,"息"意为阳进阴退,阴阳二气此消彼长,相互作用带来了寒暑迭来的四季变化。十二月卦与四时更替相同,是一个循环往复的过程,消息变化,周流不息。内《震》外《坤》为《复卦》,代表十一月,一阳爻居于五阴爻之下,微弱的阳气生于阴极之时,慢慢积蓄力量,为一阳来复的卦象。《乾卦》六爻皆为阳爻,代表四月阳极之时。自《姤》至《坤》,即五月至十月,则正好相反,是阴气成长壮大的过程。《易经》六十四卦除去四正卦之外,余下六十卦分主一年时,以其中十二消息卦为主卦,称为辟卦,其余为次卦,称为杂卦,因而十二月卦系统又可称为十二辟卦。这一个封闭的无限循环图式象征着周而复始、物极必反的自然界规律,十二个月的轮转交替达成了孟喜说的"五六相乘,消息一变,十有二变而岁复初"[①]。

十二消息卦说具有一定的自然规律性、科学性和客观性,对中国古代的历法建设有巨大推动作用,使得象数易学踏上了发展的"快车道"。十二消息卦说成为象数易学的主旋律,众多象数易学家如京房、郑玄、荀爽、虞翻、干宝等都对其推崇备至,发扬光大,在天文历法领域也得到广泛运用,历法专家僧一行、刘歆也深受其启发。不难看出,十二消息卦在易学领域、中国主流文化中的深远影响。

(四) 六日七分法与七十二候说

六日七分法是象数易学的重要推演工具,孟喜是系统提出六日七分法的第一人。孟喜在将四正卦、十二月卦与一年四季、十二月、二十四节气交相匹配之后,把分主四方、四时的《坎》《离》《震》《兑》四正卦置于一旁,利用余下的六十卦配以一年中的三百六十五又四分之一日及七十二候,总结出每卦主六日七分,这一体系被称为六日七分法。有学者分析,三百六十五又四分之一的算法"为我国古六历岁实之数(古六历为黄帝历、颛顼历、夏历、殷历、周

[①] 欧阳修,宋祁. 新唐书:卷二十七:上[M]. 北京:中华书局,1975:599.

历、鲁历。岁实为由今年冬至点到明年冬至点，一岁中实有日数），起源极早"①。《后汉书·律历志》记载了其测定之法："历数之生也，乃立仪、表，以校日景。景长则日远，天度之端也。日发其端，周而为岁，然其景不复，四周千四百六十一日，而景复初，是则日行之终。以周除日，得三百六十五四分度之一，为岁之日数。日日行一度，亦为天度。"②《淮南子·天文训》亦有"反复三百六十五度四分度之一而成一岁"③的说法。孟喜利用此原理将六十四卦卦象与之相配，得到了六日七分之说。按照《新唐书·历志》的记载，将六十卦以各十二卦为一组，共分五组，冠以辟、公、侯、卿、大夫五种爵位名称，其中辟卦有十二个，十二辟卦即由《复》至《坤》的十二消息卦。这六十卦当中，又以十二个辟卦为主、为君，为一年十二个月之主，公卦、侯卦、卿卦、大夫卦各十二。在将六十卦与月匹配之后，又与一年三百六十五日又四分之一日相配，五等爵位名称交替进行，六十卦均以十二个月，每月五等爵位代表五卦。这就形成了一行所引"自冬至初，中孚用事，一月之策，九、六、七、八，是为三十。而卦以地六，候以天五，五六相乘，消息一变，十有二变而岁复初"④的循环系统。"古代历法，五日谓之候，三候谓之气，一月有中、节二气，合为六候三十日，每一气的三候又分为初候、次候、末候。"⑤孟喜这套系统以中孚卦与十一月冬至的初候匹配，《复》为辟卦为君，《中孚》为公爵，《屯》为侯爵，《谦》为大夫，《睽》为九卿，《升》为公爵，自《中孚》开始，周而复始。九、六、七、八为少阴、少阳、老阴、老阳，相加为三十，代表一月三十日，以三十日除以整六日得每月五卦，是以"卦以地六"。一个月有两个节点，分别是中气和节气，每一气又有初、次、末"三候"，因而一月有"六候"，每候主事五日有余，按照整数计算为五，所以说"候以天五"。《汉书·律历志》云："天之中数五，地之中数六，而二者为和。"⑥五、六为天地之中数，两者为和，"五六相乘，消息一变"，意为天五乘以地六恰好为一月中三十日，这个盈虚消长的过程为十二月卦中之一变，十二变后一年的变化循环的周期结束，即为"十有二变而岁复初"的循环往复。孟喜建立的这个每月五卦当值，十二

---

① 高怀民. 两汉易学史［M］. 桂林：广西师范大学出版社，2007：79.
② 范晔. 后汉书：志第三［M］. 李贤，等注. 北京：中华书局，1965：3057.
③ 刘文典. 淮南鸿烈集解［M］. 冯逸，乔华，点校. 北京：中华书局，1989：95.
④ 欧阳修，宋祁. 新唐书：卷二十七：上［M］. 北京：中华书局，1975：599.
⑤ 余敦康. 汉宋易学解读［M］. 北京：华夏出版社，2006：19.
⑥ 班固. 汉书：卷二十一：上［M］. 颜师古，注. 北京：中华书局，1962：964.

个月满六十卦的体系，是在刨除每日所余之数而形成的。由于每月的实际天数并不都是三十这个整数，如此，一年便不是整整 365 日。早在战国时期，历法专家已经计算出一年的实际天数为 $365\frac{1}{4}$ 日，而不是整数 365 日。这样的话，用 60 卦的 360 爻每一爻各主一日，还余有 $5\frac{1}{4}$ 日。孟喜将这 $5\frac{1}{4}$ 日平均分配到 60 卦中，每卦主 6 日，一年有 $365\frac{1}{4}$ 日，将每日分为 80 分，5 日为 400 分，$\frac{1}{4}$ 日可为 20 分，$5\frac{1}{4}$ 日则为 420 分，除以 60 卦，每卦可以分得 7 分，孟喜的"六日七分法"便由此得来。《淮南子·天文训》云："其以为音也，一律而生五音，十二律而生六十音，因而六之，六六三十六，故三百六十音以当一岁之日。故律历之数，天地之道也。"① 孟喜或多或少当是受到《淮南子》及汉武帝时太初历思想的启发。六日七分法对后来的《纬书》及象数易学影响巨大。

在六日七分说的基础上，孟喜又发明了七十二候说。七十二候本为历法中的概念，相传为周公所创，孟喜将其引入易学的范畴，产生了易学的独特意义。上文提到过，根据古代历法，一年中有二十四节气，分为中、节二气，每一气又有初、次、末三候，相乘得到一年之七十二候。《易纬·乾凿度》曰："天气三微而成一著，三著而成一体。"郑玄注云："五日为一微，十五日为一著。故五日有一候，十五日成一气也。"② 每一节气占十五日，故而每候主五日。古代先民非常有智慧，他们发现节气与物候、日月推移、动植物的生长周期等自然物象变化有天然的内在联系，因此将七十二候总结归纳出来。《礼记·月令》《吕氏春秋·十二纪》《淮南子·天文训》《易纬》中皆有相关阐述和注解，在此就不一一赘述。孟喜将六十卦配以一年七十二候，"初候为始卦，次候为中卦，末候为终卦。初候、次候、末候各位二十四。初候配公卦、侯卦，次候配辟卦、大夫卦，末候配侯卦、卿卦"③。六十卦配以七十二候尚差十二卦，孟喜又用侯卦来补齐，并将侯卦一分为二，形成内、外两卦，分主两候，二十四候便由内外十二侯卦主事。内侯卦主前一月中气中的末候，外侯卦主下一月节气

---

① 刘文典. 淮南鸿烈集解 [M]. 冯逸, 乔华, 点校. 北京：中华书局，1989：117.
② 惠栋. 周易述：附 易汉学 易例：下册 [M]. 郑万耕, 点校. 北京：中华书局，2007：559.
③ 张涛. 秦汉易学思想研究 [M]. 北京：中华书局，2005：127.

中的初候，七十二候正好与六十卦相配。节气、中气的初候都称为始卦，次候称为中卦，末候称为终卦。例如，十一月中为冬至节气，初候为《中孚》公卦，为始卦，次候为《复》辟卦，为中卦，末候为《屯》侯卦，为终卦。孟喜为何要以《中孚卦》为一年节气的开始？林忠军先生认为："孟喜提出的'自冬至初，中孚用事'，即不以复卦，而以中孚卦配十一月冬至初候，为一年节气开始。这取决于中孚卦合乎于阳生的十一月。十一月是阳生之月，从卦象言，复卦是一阳始生，而中孚卦是阳正在生成之中。"①又惠栋《易汉学》云："案：冬至之卦复也。其实起于中孚，七日而后复应，故扬子云《太玄》准以为'中'，为六十四卦之首。《易纬·稽览图》亦云：'甲子，卦气起中孚也'。"② 因此，以《中孚卦》为节气的开始，是为了表现阳气初显而未生的阶段，《复卦》已有一阳出生，不能较好地表示阳气刚刚萌发。高怀民先生认为卦气说中六十卦排列原则是以《序卦传》为蓝本的，"由中孚而复、而屯，显然仿《序卦传》的开始，取万物之渐生。下由谦而睽、而升、而临，取物之壮盛光耀。下由小过而蒙、而泰，为因受小挫而隐退，自处安泰"③。这些证明《易传》思想是对孟喜有深刻影响的，孟喜打破陈规，独辟蹊径，将易学卦爻图式与天文历法、时令节律的自然科学有机结合，完成了对《易传》思想的提升和推衍，给易学注入了新的活力，拓展了易学思想影响的范围，这符合易学思想求新求变、积极进取的终极理念。孟喜不仅在理论方面为后来象数理论的发展奠定了基石，还为易学创新打响了第一枪，引领焦延寿、京房、马融、郑玄、荀爽、虞翻等后起易学家不断为易学开拓新领域，建立新的象数易学标准，后世众多历法的设立亦沿用了孟喜卦气理论中的六日七分说。

三、孟喜易学与三家易的传承

田王孙三大弟子施雠、孟喜、梁丘贺在汉代皆有所传。施雠易学的传承在《汉书·儒林传》中有较为明确的记载：

雠授张禹、琅琊鲁伯。伯为会稽太守，禹至丞相。禹授淮阳彭宣、沛戴崇子平。崇为九卿，宣大司空。禹、宣皆有传。鲁伯授太山毛莫如少路、

---

① 林忠军. 象数易学发展史：第1卷 [M]. 济南：齐鲁书社，1994：63.
② 惠栋. 易汉学 [M]. 陈修亮，校点. 北京：北京大学出版社，2023：22.
③ 高怀民. 两汉易学史 [M]. 桂林：广西师范大学出版社，2007：84.

琅琊邱丹曼容，著清名。莫如至常山太守。此其知名者也。由是施家有张、彭之学。①

梁丘贺之子梁丘临亦从施雠受《易》，宣帝时代五鹿充宗为少府，并参与甘露三年的石渠阁会议，其专以齐郡太守京房之法治《易》，而京房是梁丘贺的老师，淄川杨何的弟子，与司马谈师出同门，因此梁丘临兼采施雠、梁丘贺易学，为田何易学的第六代。梁丘临学术精熟，以通五经闻名的琅邪王吉对梁丘临之学甚为推崇，汉宣帝选拔高材郎十人从临受讲时，王吉遣其子郎中王骏上疏从临学《易》。《儒林传》对梁丘临的传授所记不甚明晰，杭辛斋先生在《学易笔谈》中有较为清楚的介绍："梁丘贺传子临，临授五鹿充宗，充宗授平陵士孙、张仲方、邓彭祖子夏、齐衡咸长宾。"②这就与《儒林传》中的记载"临代五鹿充宗君孟为少府，骏御史大夫，自有传。充宗授平陵士孙张仲方、沛邓彭祖子夏、齐衡咸长宾。张为博士，至扬州牧，光禄大夫给事中，家世传业。彭祖，真定太傅。咸，王莽讲学大夫。由是梁丘有士孙、邓、衡之学"③ 相对照。另外，东汉张兴传《梁丘易》，弟子达万人，影响甚大。梁丘贺一系易学的传授情况大致如此。

孟喜易学的传承谱系在《汉书·儒林传》中亦有说明："喜授同郡白光少子、沛翟牧子兄，皆为博士。由是有翟、孟、白之学。"④除了翟牧、白光之外，孟喜还有其他几个弟子。《汉书·儒林传》云："司隶校尉盖宽饶本受《易》于孟喜，见涿韩生说《易》而好之，即更从受焉。"⑤盖宽饶先受《易》于孟喜，后又更事韩生学《易》，受《韩婴易传》影响颇深。盖氏性情刚直，敢于直言，曾上书宣帝曰："方今圣道寝废，儒术不行，以刑余为周召，以法律为《诗》《书》。"引《韩氏易传》言："五帝官天下，三王家天下。家以传子，官以传贤，若四时之运，功成者去，不得其人则不居其位。"⑥终因直谏而罢官，引佩刀自刎于北阙。孟喜以阴阳灾异见长，而韩婴多论治国之道，故而盖宽饶更倾向于韩婴之学。焦延寿也是孟喜一系易学的传承人。《儒林传》记载：

---

① 班固.汉书：卷八十八[M].颜师古，注.北京：中华书局，1962：3598.
② 杭辛斋.学易笔谈[M].天津：天津市古籍书店，1988：27.
③ 班固.汉书：卷八十八[M].颜师古，注.北京：中华书局，1962：3601.
④ 班固.汉书：卷八十八[M].颜师古，注.北京：中华书局，1962：3599.
⑤ 班固.汉书：卷八十八[M].颜师古，注.北京：中华书局，1962：3614.
⑥ 班固.汉书：卷七十七[M].颜师古，注.北京：中华书局，1962：3247.

京房受《易》梁人焦延寿。延寿云尝从孟喜问《易》。会喜死,房以为延寿《易》即孟氏学,翟牧、白生不肯,皆曰非也。至成帝时,刘向校书,考《易》说,以为诸《易》家说皆祖田何、杨叔元、丁将军,大谊略同,唯京氏为异,党焦延寿独得隐士之说,托之孟氏,不相与同。房以明灾异得幸,为石显所谮诛,自有传。房授东海殷嘉、河东姚平、河南乘弘,皆为郎、博士。繇是《易》有京氏之学。①

以此来看,焦延寿易学或出自别传,考京氏之法应以言阴阳灾异为主。徐复观先生以为,焦氏长于阴阳灾变占验之学,"可以肯定焦延寿是曾从孟喜问《易》,而将孟说向前发展了一大步的"②。孟喜以一卦当值一月,四正卦分主二分二至,焦延寿推之以一爻当值一日,更加精准地阐释阴阳之气的消长盈虚,焦延寿在理路上与孟喜是顺承的关系。正如张涛先生所言:"焦延寿在汉代易学上的地位,就是上承孟喜,下启京房,使以卦气说为中心的象数易学有所发展,并对后世产生了深远影响。"③焦延寿有《焦氏易林》十六卷,犹重占筮而轻义理,对《易经》的占筮形式做了有益改良和普及,拉近了易学与国计民生的联系。焦延寿弟子京房可视为孟喜的再传弟子,其从延寿问《易》,精通象数之学,吸收和发展了孟喜的象数易学理论。

尚秉和先生论汉代传《易》大略时说:"田王孙授施雠、梁丘贺、孟喜,由是得孔氏嫡传者,有施、孟、梁丘三家之学。三家中以孟喜能兼明阴阳,毕田生之业。孟喜授焦延寿,延寿授京房,由是又有京氏之学。"④京房在孟喜、焦延寿的基础上,冲破了《序卦传》的桎梏,以阴阳说与五行生克说为基准,建立了一套包括分卦值日、八宫、世应、飞伏、纳甲、月建、积算等学说在内的完整的卦气说象数易学系统,宣扬天道自然的规律,推天道明人事,把董仲舒的天人感应论又推上了一个新的高度,不仅满足了政治活动的需要,如施行"考功课吏法",左右时局,也将推阴阳、演灾异的体系变为一种强大的社会思潮,对经学研究、思想文化、政治实践都具有长久而深刻的影响。皮锡瑞称阴阳灾变为《易》之别传,曰:"战国诸子及汉初诸儒言《易》,亦皆切人事而不主阴阳灾变,至孟、京出而说始异。""易家以阴阳灾变为说,首改师法,不出

---

① 班固.汉书:卷八十八 [M].颜师古,注.北京:中华书局,1962:3601-3602.
② 徐复观.中国经学史的基础 [M].台北:台湾学生书局,1982:98-100.
③ 张涛.秦汉易学思想研究 [M].北京:中华书局,2005:130.
④ 尚秉和.周易尚氏学 [M].北京:中华书局,1980:8.

于田何、杨叔、丁将军者，始于孟而成于京。"①其说虽失之偏颇，却道出了孟喜、京房一系易学的重要性。在有汉一代的官方易学体系中，京房易学与施雠、孟喜、梁丘贺并立，成为汉代易学的四大支柱。孟喜的另一个不为其承认的弟子是蜀人赵宾，上文已经提及赵宾曾一度获得孟喜肯定，他提出《明夷卦》"箕子"为"荄兹"之说，招致当时易学家的批评，终因其说有悖于经学《易》古法而遭到否认。潘雨廷先生认为，赵宾易学亦有后继之人，"蜀人扬雄著《太玄》，即承赵宾其人"②。有学者认为"《太玄》就是扬雄拟《易》的杰作"③。扬雄以黄老道家之说阐释《易经》，具有朴素的辩证思维，对魏晋玄学的兴起多有资鉴和启发意义。东汉时，孟喜易学亦传承不绝，洼丹、觟鸿阳、夏恭、梁竦、袁安、任安等皆习《孟氏易》。孟喜易传播范围甚广，后世易学家多以其说为重要参考资料，或继承之，或改造之，或发展之。汉代象数易学集大成者虞翻，就以卦气说为核心来发展象数易学，自高祖虞光始，其家族历五世传孟喜易学。可见，孟喜易学深远广大的影响力。

小结

孟喜是汉初最为重要的易学大师之一。他继承和发扬了《易传》的象数易学成分，建立起以卦气说为核心的象数理论体系，大肆渲染阴阳灾异，带领易学由义理向象数转型，促成了儒门易学的变革，标志着象数易学的兴起，具有划时代意义。孟喜创制四正卦说、六日七分说、七十二候说并不是出于天文历法的需要，实际上是为了以此与人事相比附，与灾异相附会，借助这种看似科学严谨的方法来占验阴阳灾异，本质上是一种占筮方法的创新，具有人文理性的色彩，而董仲舒倡导作为汉代统治思想的天人感应论是其思想的源泉和理论的基础。孟喜以阴阳之气正常流转状态的正常与否作为判断依据，通过卦爻位置的变化来体现阴阳盈虚并做出解释，符合自然界固有的变化规律，这种追求人与自然和谐，天人合一状态的理论有其积极意义，但同时也将易学引入了天人感应、灾异谴告的象数流弊。

---

① 皮锡瑞．经学通论［M］．北京：中华书局，1954：19.
② 潘雨廷．易学史丛论［M］．上海：上海古籍出版社，2007：239.
③ 金生杨．汉唐巴蜀易学研究［M］．成都：巴蜀书社，2007：87.

第六节　费直古文易学

一、费氏易溯源

费直，字长翁，东莱（今山东莱州）人，汉成帝时以治《易》为郎，官至单父令。其生卒年代不能确定，据推测活跃于汉元帝至王莽之间。费氏易学不重章句训诂，擅长以《十翼》解说《易经》。《汉书·儒林传》载："费直字长翁，东莱人也。治《易》为郎，至单父令。长于卦筮，亡章句，徒以《彖》《象》《系辞》十篇文言解说上下经。琅邪王璜平中能传之。璜又传古文《尚书》。"①经学有今古文之分，马宗霍曰：

> 所谓今古文者，初本皆指字体，盖依类象形谓之文，形声相益谓之字。古曰文犹今曰字，其经之书以古体字者，即为古文，其经之书以今体字者，即为今文。故古今文为汉儒所恒言，然在秦以前，通行古体。……汉代通行隶书，诸儒传经，自必亦以隶体书之。②

暴秦燔书，六国古经不存。汉兴以后，济南伏生以壁藏之二十九篇教于齐鲁之间，古文经才得以流传。《汉书·艺文志·六艺略》记载刘向以古文经校立于学官的施雠、孟喜、梁丘贺三家易，"或脱去'无咎''悔亡'，唯费氏经与古文同"③。可见，费直易为古文易学，与官方的施、孟、梁丘、京氏之学不同，与汉武帝时五经《易》博士杨何之传有别。

《隋书·经籍志》亦载：

> 汉初又有东莱费直传《易》，其本皆古字，号曰《古文易》。以授琅邪王璜，璜授沛人高相，相以授子康及兰陵毋将永。故有费氏之学，行于人间，而未得立。后汉陈元、郑众，皆传费氏之学。马融又为其传，以授郑

---

① 班固. 汉书：卷八十八 [M]. 颜师古，注. 北京：中华书局，1962：3602.
② 马宗霍. 中国经学史 [M]. 上海：上海书店，1984：35-36.
③ 班固. 汉书：卷三十 [M]. 颜师古，注. 北京：中华书局，1962：1704.

玄。玄作《易注》，荀爽又作《易传》。魏代王肃、王弼，并为之注。自是费氏大兴，高氏遂衰。①

皮锡瑞注曰："按《易》有今古文《易》，费氏为古文《易》。"② 《后汉书·儒林传》曰："又有东莱费直，传《易》，授琅邪王横，为费氏学。本以古字，号《古文易》。……费、高二家未得立。"③ 作为民间易学，费直的古文易学未尝立于学官，没有进入西汉正统主流易学系统，仅流传于民间。《经典释文·序录》曰："沛人高相，治《易》与费直同时，其《易》亦无章句，专说阴阳灾异，自言出丁将军传至相。……费、高二家不得立，民间传之。后汉费氏兴而高氏遂微。永嘉之乱，施氏、梁丘之易亡，孟、京、费之易，人无传者。"④ 陆德明注曰："《费直章句》四卷，残缺。"《七录》中辑说与此相同。《隋书·经籍志》云："单父长费直注《周易》四卷，亡。"⑤《费氏易注》四卷盖已佚亡。⑥ "《易林》二卷，费直撰。梁五卷。《易内神筮》二卷，费直撰。梁有《周易筮占林》五卷，费直撰，亡。"⑦《晋书·天文志》《开元占经》尝引费氏《周易分野》。另有《易林》二卷、《易内神筮》二卷、梁《周易筮占林》五卷，为后世学者附益。清人马国翰辑有《费氏易》《费氏易林》《周易分野》各一卷。清人胡薇元《汉魏十三家》辑录《费直易》。马其昶云："罗泌《路史》称费氏以《易》卦配地域，二者或出后人附会，若马、郑、荀三家则费氏之嫡传也。"⑧晁公武《郡斋读书志》云："凡《彖》《象》《文言》等参入卦中，皆祖费氏。东京荀、刘、马、郑皆传其学。王弼最后出，或用郑说，则弼亦本费氏也。"⑨马国翰引赵汝梅《周易辑闻》云："陈元、郑众皆传费学，马融、郑元、荀爽、王肃、王弼皆为之注，今《易》乃费氏经也。"⑩清儒张惠言在《易

---

① 魏徵，令狐德棻．隋书：卷三十二［M］．北京：中华书局，1973：912-913．
② 皮锡瑞．经学历史［M］．周予同，注释．北京：中华书局，2011：43．
③ 范晔．后汉书：卷七十九：上［M］．李贤，等注．北京：中华书局，1965：2548-2549．
④ 陆德明，撰．黄焯，汇校．黄延祖，重辑．经典释文汇校［M］．北京：中华书局，2006：8．
⑤ 魏徵，令狐德棻．隋书：卷三十二［M］．北京：中华书局，1973：909．
⑥ 任莉莉．七录辑证［M］．上海：上海古籍出版社，2011：40．
⑦ 魏徵，令狐德棻．隋书：卷三十四［M］．北京：中华书局，1973：1033页．
⑧ 马其昶．重定周易费氏学［M］//续修四库全书：第40册．上海：上海古籍出版社，2002：354．
⑨ 晁公武，撰．孙猛，校证．郡斋读书志校证［M］．上海：上海古籍出版社，1990：4．
⑩ 马国翰．玉函山房辑佚书：卷一［M］．扬州：广陵书社，2004：103．

义别录》中提及"费氏七家：马融、宋衷、刘表、王肃、董遇、王广、刘璼"①。又说："当汉之季年，马融、郑众、康成、荀爽好费氏学，由是费氏大兴，而田氏说微。"②"传之者，前汉王璜，后汉陈元、郑众，皆无著书。"③《书目答问补正》载："最近治《易》诸家喜言费氏，其成书者，如阳朔柳逢良《费氏易考》卷，新城王树枬《费氏古易订文》十二卷，桐城马其昶《周易费氏学》十八卷，《叙录》一卷，皆有刊本。"④费氏易学著述大部分佚失，学人仅能从以上辑佚之书及其传《易》之人的著作中略窥其说。

二、费氏易说

费直治《易》的主要特征是以《易传》十篇解说《周易》上下经，以传解经，注重经文本义的训诂，长于卦筮。众所周知，今本《周易》由《易经》和《易传》两部分组成，然而在汉代以前，经、传本是各自成篇的，传还未附于经之后。费直是以传附经的创始人。《周易》经传结合的惯例始自费直，费氏将传赘述于经之后以阐释经的内容，其后学郑玄根据这一惯例将《象》《彖》分别附于经文之后，至王辅嗣又将《文言》散附于《乾》《坤》二卦，最终形成了今日通行的王弼本《易经》。

西汉时期，费直易学的影响力有限，没有受到官方的足够重视，流传受到局限。爰及东汉，形势有所好转，易学家陈元、郑众等继承了费氏易学的传统，马融、郑玄、荀爽、虞翻等易学大家对其说有所承继，推崇备至，发扬光大。如"马融治《易》，本于古文费氏易学，以传解经，注重文字训诂和义理阐发，同时兼采卦气、五行等今文象数之说，使今文、古文和象数、义理之学熔为一炉、相互补益，对易学发展影响深远"⑤。费直以古文易见长，他以解经为宗旨的易学与孟喜、焦延寿、京房等一占验为主的易学宗旨不同。从《汉书·儒林传》所记来看，汉易之祖田何授王同、周王孙、丁宽、服生，"宽至雒阳，复从周王孙受古义，号《周氏传》"⑥。丁宽与周王孙师出同门，复又从周王孙学习古义，可知田生门下各有所长，故互为借鉴。费直易学同古义，遵从儒门旨趣，

---

① 张惠言. 茗柯文编 [M]. 黄立新，校点. 上海：上海古籍出版社，1984：43.
② 张惠言. 茗柯文编 [M]. 黄立新，校点. 上海：上海古籍出版社，1984：44.
③ 张惠言. 茗柯文编 [M]. 黄立新，校点. 上海：上海古籍出版社，1984：51.
④ 张之洞，撰. 范希曾，补正. 书目答问补正 [M]. 上海：上海古籍出版社，2001：11.
⑤ 张涛. 秦汉易学思想研究 [M]. 北京：中华书局，2005：278.
⑥ 班固. 汉书：卷五十八 [M]. 颜师古，注. 北京：中华书局，1962：3579.

或出于周王孙之学。费直不善创立新说，谨遵古法，成为费氏易学后来得以兴盛的一大重要因素。以经解传的传《易》模式在东汉崇尚古法注释《易经》的潮流中得到高度认可，东汉易学与政治逐渐分离的趋势以及学术思想界经世致用的追求进一步推动了古文费氏易学的兴盛，并开始展现出与今文经学合流的势头，象数易学在汉末的主导地位开始动摇，关注人事、讲求义理逐步成为重点，易学随着人文理性的回归也迎来了新的阶段。

《周易分野》是反映费直易学思想的重要著作，其以六十四卦与地域分野相配，具有一定的特色，对后世易学有启发意义。所谓分野，本是指帝王分封诸国的地域分布与天上星宿位置的对应。周予同先生认为，"费直说《易》，以八卦与星宿干支等相配合，故亦曰分野。其说已佚，清马国翰《玉函山房辑佚书》辑有《费氏易林》及《周易分野》二书，虽甚简略，但尚供可参考"①，并以为后世郑玄爻辰说出于费直分野。马国翰《玉函山房辑佚书》据《晋书·天文志》及《开元占经》辑有《周易分野》一卷。②《周易分野》不能确认为费直本人所作，然可视为费直一派易学。笔者遂将其主要内容著录成表2-1。

表2-1 十二星次分野

名称	位置及属宫	分野
1. 寿星	起轸七度，自轸七度至氐十度为寿星之次（辰宫）	兖州
2. 大火	起氐十一度，自氐十一度至尾八度为大火（卯宫）	豫州
3. 析木	起尾九度，自尾九度至南斗九度为析木之津（寅宫）	幽州
4. 星纪	起南斗十度，自南斗十度至须女六度为星纪之次（丑宫）	扬州
5. 元枵	起须女六度，自须女六度至危十三度为元枵（子宫）	青州
6. 娵訾	起危十四度，自危十四度至奎一度为娵訾（亥宫）	幽州
7. 降娄	起奎二度，自奎二度至胃三度（娄九度）为降娄之次（戌宫）	徐州
8. 大梁	起娄十度，自胃四度（娄十度）至毕八度为大梁（酉宫）	冀州
9. 实沈	起毕九度，自毕九度至东井十一度为实沈（申宫）	并州
10. 鹑首	起东井十二度，自东井十二度至柳四度为鹑首（未宫）	雍州

---

① 皮锡瑞. 经学历史 [M]. 周予同，注释. 北京：中华书局，2011：99.
② 马国翰. 玉函山房辑佚书：卷一 [M]. 扬州：广陵书社，2004：113.

续表

名称	位置及属宫	分野
11. 鹑火	起柳五度，自柳五度至张十二度为鹑火（午宫）	三河
12. 鹑尾	起张十三度，自张十三度至轸六度为鹑尾（巳宫）	荆州

据徐芹庭先生引《开元占经》所释，六十四卦与十二星次相配：寿星配《巽》《大过》《鼎》《升》《复》《震》；大火配《噬嗑》《屯》《震》《随》《颐》；析木配《无妄》《艮》《旅》；星纪配《谦》《小过》《艮》《渐》《未济》；元枵配《涣》《解》《师》；诹訾配《困》《坎》《乾》《泰》《夬》《大壮》；降娄配《大壮》《大有》《需》《履》；大梁配《履》《兑》《归妹》《中孚》；实沈配《归妹》《兑》《坤》《萃》《否》；鹑首配《坤》《观》《晋》《豫》《革》；鹑火配《离》《革》《既济》《明夷》；鹑尾配《离》《家人》《丰》《蛊》《恒》。据《开元占经》记载，十二星次与二十八星宿相配，寿星为角、亢，大火为氐、房、心，析木为尾、箕，星纪为南斗、牵牛，元枵为须女、虚，诹訾为危、室、壁，降娄为奎、娄，大梁为胃、昴，实沈为毕、觜、参，鹑首为东井与鬼，鹑火为柳、张，鹑尾为翼、轸。以上或有讹误，仅供参考。

小结

西汉时期，大一统中央集权制度日趋完善，社会政治、经济、文化发展环境转好，沿袭着诸子之学的余续和各自的发展传统，学术思想开始迅猛发展起来。出于建立统一文化共识、服务于社会政治的需要，汉王朝寻求新官学体系的确立。自高帝、惠帝时曹参引盖公黄老之学言治世之道始直至文帝、景帝时期，黄老之学与法家思想的结合体一度占据了汉代学术的中心。儒家也在进行着秦乱之后的整理工作，陆贾、贾谊、韩婴等儒学家以儒术言政治，融会道家和法家思想，提出"行仁义，法先圣"① 的主张，儒家学派的影响力逐渐上升。武帝时期，儒家经学思想开始升温，在董仲舒、公孙弘等的倡议下，实行了"罢黜百家，独尊儒术"的政策，立五经博士，儒家经学占据了官方思想的主导地位，其正统官学地位得以确立。以董仲舒大一统论、天人感应论为基础，汉代大一统的思想格局逐步形成。

这一阶段，易学遵循着"天下一致而百虑，殊途而同归"的精神，取得了

---

① 司马迁. 史记：卷九十七 [M]. 北京：中华书局，1959：2699.

长足的进步，齐鲁易学作为这一时期易学的主干为易学的总体发展做出了不可磨灭的贡献。寻着齐鲁易学的发展轨迹可以看到，自田何、杨何至费直，从今文到古文，从官方到民间，从统治思想到象数筮占，都闪耀着齐鲁易学的光辉。齐鲁易学家田何祖述孔子，受《易》于东武人孙虞子乘，口授弟子今文易学，使得易学在汉初得以存续和流传，其传人服生、王同、周王孙、丁宽等皆著《易传》数篇，弘扬了儒门易学。董仲舒、公孙弘、魏相等提议独尊儒术，他们谈阴阳，演灾异，关注天人关系，主张大一统论，巩固了儒门易学的正统地位。丁宽弟子田王孙授《易》施雠、孟喜、梁丘贺，三家皆列于学官，由是易学为之大振。孟喜兼通义理、象数，一改解经师法，贯通天人，创立了以卦气说为中心的象数体系，开辟了易学的象数时代。焦延寿、京房沿着孟喜的道路，结合天文历法，将以占验为主的象数之学推向了高潮。民间易学家费直，倡导《易经》古义，以传解经，捍卫了儒门易学的传统，光武中兴以后，古文费氏易学大兴，但以《易纬》《白虎通》为代表的今文象数易学仍占主导地位，深刻影响着社会政治和思想文化。象数之学与义理之学之间此消彼长，共同促进了两汉易学的繁盛。

第三章

东汉时期的齐鲁易学

第一节 东汉象数易学的崛起与盛行

西汉政权葬送于王莽新政，东汉王朝在农民起义中浴火重生。在政治制度上，东汉统治者试图恢复和继承西汉政治体制，重建大一统中央集权的政治格局。学术思想是统治思想的来源，因此，东汉统治者继续推行汉武帝以来独尊儒术的政策，重塑儒家经学的核心地位。西汉武帝时期，统治者虽然对董仲舒定儒术一尊的政策表示支持，崇尚儒家经学，但对董仲舒宣扬的阴阳灾异学说并不认可，董仲舒大谈阴阳灾变险于被诛。汉昭帝时，眭弘更以灾异变革论的主张被昭帝及霍光以妖言惑众的罪名诛杀。汉宣帝时期，面临复杂多变的政治斗争局面，尤其是面对霍光专权，政治地位的朝夕不保，宣帝在依靠刑法之治巩固权力的同时，借助儒术，网罗人才，缓解矛盾，加强对灾祥福瑞及阴阳学说的渲染，为自己的统治地位正名，阴阳灾异附会之风遂而盛行。

在汉宣帝的感召下，善于杂论经术与阴阳灾变的经学之士进入了政治舞台的中心。特别是深通儒家经学的齐鲁人士，如兰陵人疏广、疏受叔侄，郯城人于定国、于永父子，邹人韦贤、韦玄成父子，琅琊诸人梁丘贺、梁丘临父子，宁阳人夏侯胜、夏侯建父子，皋虞人王吉，兰陵人萧望之，琅琊人贡禹，定陶人魏相，鲁人丙吉等，皆以擅长儒家经术影响着政治动向，儒家经学的威望日隆，儒家的礼教制度对社会的控制力加深。甘露三年（前51），石渠阁会议的召开树立了经学的权威，缓和了儒家经学的内部矛盾，使政经合一，儒家经学的统治地位得以巩固，其统治力一直延续到东汉末年。西汉中后期，在董仲舒杂糅经术与阴阳灾变为象数易学打下理论基础的条件下，以魏相为代表的齐鲁

132

易学家开始关注阴阳灾变等象数形式，宣扬"天人感应"，将易学中阴阳四时等概念与历史教训和政治实际相结合，便宜奏陈，引导政治决策，产生了广泛影响。齐鲁今文易学家孟喜及其再传弟子京房在沿袭经学传统的基础上，打破门户枷锁，将天人感应论、阴阳灾变说与天文历法规律相结合，创制了以卦气说为核心的象数理论体系，二人之学皆立于学官，形成了横跨两汉的象数易学主潮。同时，谶纬之说借着象数易学的东风迅速崛起，风靡一时。除了主流的象数易学外，齐鲁易学家费直传授的古文费氏易学，以"十翼"解说上下经，坚持了先秦时期儒家易学的传统，在民间影响甚广。

爰及东汉，光武帝刘秀积极恢复儒家经学的统治基础，广泛征召经学人才，重新确立了今文经学的官学地位，复立今文经学十四博士。汉章帝时，白虎观会议的顺利召开，以今文经学为主要依据，为儒家经学设立规范，统一标准，缓和了儒家经学的内部冲突，在一定程度上实现了经学内部的统一。然而，今文经学长期以来受到官学化的禁锢，遭遇了死板僵化、创造力缺失的发展瓶颈。章句训诂，疏证考据日益烦琐，师法家法，累世注经壁垒丛杂，扼杀了儒家经学内在的发展潜力，经学的统治力衰弱，核心地位岌岌可危，古文经学及谶纬之说风起。今文经学、古文经学以及谶纬思潮并行于世的状态一直持续到东汉末期。"到东汉末年，虽然今古文学的斗争以何休、郑玄为代表，仍然十分激烈，但统一的经学终于出现了。古文经学和今文经学以及谶纬，三者在马融、郑玄的注经中，实现了融合。"[①]跟随学术思想融合的步伐，易学发展也展现出综合兼容的趋势。

东汉时期，由于光武帝笃信谶纬之说，象数易学随之兴盛，占据了东汉易学的主流。孟、京卦气说象数易学思想依旧位于易学的中心，同时，东汉君臣皆对阴阳灾异及其象数表达形式情有独钟，这些都为象数易学的发展推波助澜。阴阳五行，灾异谴告等象数理论往往与政事紧密结合，在东汉政治统治阶层中被广泛运用。《后汉书·襄楷传》引《太平经》注云："天失阴阳则乱其道，地失阴阳则乱其财，人失阴阳则绝其后，君臣失阴阳则道不理，五行四时失阴阳则为灾。今天垂象为人法，故当承顺之也。"[②]由此可见，东汉时期阴阳五行等象数理论常常用来与人事相比附，影响政治活动。齐鲁易学家郎宗、郎颉父子是将易学象数论与政治决策结合的典范，他们深研《京氏易》，通过象数语言来

---

① 金春峰．汉代思想史［M］．北京：中国社会科学出版社，1987：475．
② 范晔．后汉书：卷三十：下［M］．李贤，等注．北京：中华书局，1965：1084-1085．

指导政治实践，积极为政治活动谋划，为象数易学与政治的联结提供了范例。与关注时政的齐鲁易学家不同，高密人郑玄则兼宗诸家，遍注群经，专注于经学与易学本身，杂论象数与义理，兼得今文与古文易学优长，集两汉易学之大成。由于今文易学穿凿附会深受诟病，复杂多样的象数形式令人厌倦，尊重传统、探求义理的古文易学得以崛起，并取得了良好的发展。齐鲁易学家刘表创立荆州学派易学研究团体，他们本于费直古文易学，对易学义理内容做了深入的引申和发挥，把汉末的荆州打造为易学思想的圣地，为后来的王肃、王弼廓清象数丛芜奠定了基础。社会批判思潮的先驱、高平人仲长统以宏观的历史视角，发掘历史发展规律、社会政治规律，宣扬易学的革故鼎新思想和中正太和思想，倡导社会变革，引领了时代潮流。

从总体上来看，齐鲁易学在东汉取得了长远的综合性发展，主要表现为今文象数易学的持续升温，古文义理易学的稳步崛起，在尊重易学传统、批判继承的基础上实现了创新，综合包容精神体现得淋漓尽致。以郑玄为代表，齐鲁易学在东汉时期开始呈现出贯通象数与义理的多元化发展趋势，在汉末社会批判浪潮风起云涌，要求学术思想变革的呼声此起彼伏的环境下，齐鲁易学为涤荡象数流弊的魏晋玄学思潮创造了条件，为学术思想变革新风的到来清除了障碍。

第二节　郎宗、郎颢易学

一、郎宗事略

郎宗，字仲绥，东汉时期北海安丘（今山东安丘）人，习《京氏易》，精于风角、星算、六日七分法等占卜之术，是有名的占候学家、易学家。《后汉书·郎颢传》载："父宗，字仲绥，学《京氏易》，善风角、星算、六日七分，能望气占候吉凶，尝卖卜自奉。安帝徵之，对策为诸儒表，后拜吴令。时卒有暴风，宗占知京师当有大火，记识时日，遣人参候，果如其言。诸公闻而表上，以博士徵之。宗耻以占验见知，闻徵书到，夜县印绶于县廷而遁去，遂终身不仕。"[1]郎宗对术数有深入的研究，能够以风角之法望气而占验吉凶，占验也成

---

① 范晔. 后汉书：卷三十：下[M]. 李贤，等注. 北京：中华书局，1965：1053.

为他贴补家用的一种特长。汉安帝时，郎宗应诏入朝，以对策为诸儒表率，后受封为吴县令。在吴县令任上，一日暴风骤起，郎宗观气而推知京师将要发生大火，遂将占验所得时日记下，遣人了解详细情况，果真如其所言。诸公贤达听闻此事，上奏朝廷，于是汉安帝征召郎宗为博士。郎宗羞以占验之能为天子青睐，得知朝廷征召的诏书将至，遂连夜把县令印绶交还县廷，遁逸而去，此后终身没有出仕。

《郎𫖮传》中对《京氏易》、风角、星算、六日七分做了详细解释："京氏，京房也，作《易传》。风角谓候四方四隅之风，以占吉凶也。星算谓善天文算数也。《易纬·稽览图》曰：'甲子卦气起中孚，六日八十分日之七。'郑玄注云：'六以候也。八十分为一日之七者，一卦六日七分也。'"①由此可见，郎宗的易学源于孟喜、京房卦气说一系，实为董仲舒阴阳灾异说的后继之人。《后汉书·樊英传》中也有关于郎宗的记载："安帝初，徵为博士。至建光元年（121），复诏公车赐策书，徵英及同郡孔乔、李昺、北海郎宗、陈留杨伦、东平王辅六人，唯郎宗、杨伦到洛阳，英等四人并不至。"范晔引《谢承书》曰：

> 宗字仲绥，安丘人也，善《京氏易》、风角、星算，推步吉凶。常负笈荷担卖卜给食，癖服闲行，人莫得知。安帝诏公车徵，策文曰："郎宗、李昺、孔乔等前比徵命，未肯降意。恐主者玩弄，礼义不备，使难进易退之人龙潜不屈其身。各致嘉礼，遣诣公车，将以补察国政，辅朕之不逮。"青州被诏书，遣宗诣公车，对策陈灾异，而为诸儒之表。拜议郎，除吴令。到官一月，时卒暴风，宗占以为京师有大火，定火发时，果如宗言。诸公闻之，表上，博士徵。宗耻以占事就徵，文书未到，夜县印绶置厅上遁去，终于家。子𫖮，自有传。②

《后汉书》两传皆载明郎宗事迹，可见，郎宗易学在东汉时期的重要影响。

郎宗与汉末儒生、方士樊英生活在同一时代，皆受诏入朝，这与光武帝以来崇尚谶纬之学的风气是分不开的。樊英与郎宗一样，学《京氏易》，兼明五经，尤精于《易》，又懂得风角、星算，精通《河图》《洛书》和《七纬》之说，推衍灾异，是当时有名的隐士。与郎宗一样，樊英学识过人、品格高洁，

---

① 范晔. 后汉书：卷三十：下 [M]. 李贤，等注. 北京：中华书局，1965：1053.
② 范晔. 后汉书：卷八十二：上 [M]. 李贤，等注. 北京：中华书局，1965：2722.

多次被推荐为贤良、方正而不应,反映了当时儒者、学者的孤傲风骨。东汉时期,今古文易学是显学,谶纬之说也是当时流行的思想,因此,郎宗的易学思想在当时是有广泛的社会影响力的。郎宗的易学思想并没有因为其隐逸山林而终结,其子郎𫖮受其培养,成为一代宗师。

二、郎𫖮易学与东汉政治

西汉以来,随着汉武帝表彰六经、定儒术一尊,建太学、立博士、明经取士,经学迅速崛起。汉宣帝召开石渠阁会议,令诸儒辩论五经异同,礼义、典章、法度皆以经义为准。东汉光武帝酷爱经术,网罗群书,复建太学,复立五经博士,天下经师云集,讲授之风靡然。明帝问经选能,章帝会诸儒于白虎观,灵帝正定五经,经学研习,蔚然成风,以儒家思想为中心的经学文化达到了空前繁荣,易学亦巍巍然壮矣。沿袭着西汉时期易学发展的余绪,古文费氏易学在东汉得到充分的发挥,但孟喜、焦延寿、京房一系所建立的卦气说象数易学仍然占据着中心位置,影响着社会政治的走向,引领易学的持续发展。当时,许多经学家、思想家、政治家都以象数的语言来表达见解,阐发情怀,宣扬阴阳灾异的象数形式得到广泛认同。郎宗之子郎𫖮就是他们中具有典型意义的重要人物。

郎𫖮,字雅光,郎宗之子,北海安丘人。《后汉书·郎𫖮传》载:"𫖮少传父业,兼明经典,隐居海畔,延致学徒常数百人。昼研经义,夜占象度,勤心锐思,朝夕无倦。州郡辟召,举有道、方正,不就。"[1]郎𫖮继承了父亲的学术传统和品格修养,研习《京氏易》,亦善风角、星算诸术,同样以贤良被郡县招募而不就。汉顺帝时,灾异之事屡见,阳嘉二年(133)正月,朝廷遣公车征召,郎𫖮乃诣阙拜章,禀陈对灾异之事的见解。因常以书奏,汉顺帝特诏拜其为郎中,郎𫖮以疾病不就,遂归养故里。阳嘉二年四月己亥地震,六月丁丑洛阳地陷,夏季大旱,秋季鲜卑军队占马邑城,大破代郡兵马。阳嘉三年(134)七月,西羌人侵犯陇西,皆如郎𫖮所预言。汉顺帝又派公车征召,不行。同县人孙礼积恶凶暴,喜好游侠,与乡里人皆仰慕郎𫖮名德,欲与其亲善。郎𫖮对此不甚在意,由此结怨,后被孙礼所杀。

郎𫖮受到《京氏易》及《易纬》的深入影响,善于运用卦气说象数理论体系来占验吉凶祸福,将易学与政治深度结合,积极建言献策,对国家社稷的形

---

[1] 范晔. 后汉书:卷三十:下[M]. 李贤,等注. 北京:中华书局,1965:1053.

势做了全方位的分析，提出了众多有益的改革举措。郎顗充分发挥了易学思想对政治的指导作用和社会调节功能，先后四次上奏朝廷有关阴阳灾异的见解以及对国家政治形势的预判，生动地展示了卦气说在实际政治活动中的效用，成为易学与政治结合的典范。阳嘉二年正月，郎顗拜章曰："臣闻天垂妖象，地见灾符，所以谴告人主，责躬修德，使正机平衡，流化兴政也。《易内传》曰：'凡灾异所生，各以其政。变之则除，消之亦除。'伏惟陛下躬日昃之听，温三省之勤，思过念咎，务消祇悔。"①郎顗将天下灾异频现的原因归结于政治决策的失误，呼吁实行政治改革，灾异谴告理论成为他论述的依据。根据《后汉书》的解释，《易内传》实际是《易纬·稽览图》。《稽览图》云："凡异所生，灾所起，各以其政，变之则除，其不可变，则施之亦除。"②郑玄以为其法是以五行相生相克的道理来相互制衡，达到平衡，其注曰："不可变谓杀贤者也。施之者，死者不可复生，封禄其子孙，使得血食，则灾除也。"③"祇"字为大的意思，"务消祇悔"源自《复卦》初九爻辞"不远复，无祇悔，元吉"，意为初九爻能复归阳刚，因而无大悔。《复卦·象》曰："'不远之复'，以修身也。"④此句强调迁善改过，提升自我修养。郎顗试图通过灾异理论，以灾异附会天道来劝告君主要亲修德行，自我反省，勤于修政，灾异自然就会消除。这一条阐述是郎顗政治改革思想的核心，五行理论是郎顗奏陈的总纲，儒家的仁义思想和礼制思想是其基石。遵照这条原则，郎顗展开陈述，进一步提出了政治改革的具体方略。

第一，他从时局的高度，批判世风日下，骄奢淫逸，仁义尽失的社会现状。郎顗认为，正本清源是改善社会风气的必要手段，源清则流清，本烂则枝枯，上层统治阶级要为民众做出表率，提倡礼治，从政策上实行根本变革。他说："方今时俗奢佚，浅恩薄义。夫救奢必于俭约，拯薄无若敦厚，安上理人，莫善于礼。修礼遵约，盖惟上兴，革文变薄，事不在下。故《周南》之德，《关雎》政本。本立道生，风行草从，澄其源者流清，混其本者末浊。"⑤郎顗从政治指导思想入手，主张实行德政，讲求礼法，改变社会不良风俗。《论语·为政》

---

① 范晔. 后汉书: 卷三十: 下 [M]. 李贤, 等注. 北京: 中华书局, 1965: 1054.
② 范晔. 后汉书: 卷三十: 下 [M]. 李贤, 等注. 北京: 中华书局, 1965: 1054.
③ 范晔. 后汉书: 卷三十: 下 [M]. 李贤, 等注. 北京: 中华书局, 1965: 1054.
④ 张涛, 注评. 周易 [M]. 南京: 凤凰出版社, 2011: 105.
⑤ 范晔. 后汉书: 卷三十: 下 [M]. 李贤, 等注. 北京: 中华书局, 1965: 1054.

曰："为政以德，譬如北辰，居其所而众星共之。"①这正是郎𫖮想要表达的。又鉴于老子思想，他将天地之道比作鼓籥，鼓籥内虚而气能无穷，以虚为德，由近及远。他称引《易纬·天人应》"君子不思遵利，兹谓无泽，厥灾孽火烧其宫""君高台府，犯阴侵阳，厥灾火""上不俭，下不节，炎火并作烧君室"几句来解释和佐证"往年以来，园陵数灾，炎光炽猛"的事例（阳嘉元年冬，恭陵百丈庑灾，永建元年秋，茂陵园寝灾），认为这是惊动了神灵，招致火灾，是大兴土木、奢费资源所致。②由此，他规劝汉顺帝戒奢就简，注意节俭，提出"诸所缮修，事可省减，禀恤贫人，赈赡孤寡"的建议，并认为这是"天之意也，人之庆也，仁之本也，俭之要也"，指出"应天养人，为仁为俭"③，上天定会降下福祉。

第二，他认为"土者地祇，阴性澄静，宜以施化之时，敬而勿扰"，汉顺帝不重用贤德、施行刑罚之事过多是"正月以来，阴闇连日"④的原因。又引述《易内传》中的"久阴不雨，乱气也，《蒙》之《比》也。蒙者，君臣上下相冒乱也"和《蒙卦》中的"果行育德"⑤及《比卦》中的"外比于贤，以从上也"⑥，倡导精诚团结、协调上下、以德治国的理念。他接着说，"欲德不用，厥异常阴"，崇尚贤德、重用贤才是兴衰治乱的根本，就如同云和雨的关系一样，"得贤而不用，犹久阴而不雨也"⑦。同时，他提出了解决的办法："又顷前数日，寒过其节，冰既解释，还复凝合。夫寒往则暑来，暑往则寒来，此言日月相推，寒暑相避，以成物也。今立春之后，火卦用事，当温而寒，违反时节，由功赏不至，而刑罚必加也。宜须立秋，顺气行罚。"⑧在他看来，根据《易传》中"日往则月来，月往则日来，日月相推而明生焉。寒往则暑来，暑往则寒来，寒暑相推而岁成焉"⑨的原理，立春之后，火卦主事，本应是温暖的气候，却寒意明显，违反了时节正常的转换秩序，这是因为功赏不至，而刑罚增加的结果，应当等到立秋之后，顺应自然气候而行使刑罚。郎𫖮利用十二辟卦的原理

---

① 杨伯峻.论语译注[M].北京：中华书局，2006：11.
② 范晔.后汉书：卷三十：下[M].李贤，等注.北京：中华书局，1965：1054.
③ 范晔.后汉书：卷三十：下[M].李贤，等注.北京：中华书局，1965：1055.
④ 范晔.后汉书：卷三十：下[M].李贤，等注.北京：中华书局，1965：1055.
⑤ 张涛，注评.周易[M].南京：凤凰出版社，2011：25.
⑥ 张涛，注评.周易[M].南京：凤凰出版社，2011：43.
⑦ 范晔.后汉书：卷三十：下[M].李贤，等注.北京：中华书局，1965：1055.
⑧ 范晔.后汉书：卷三十：下[M].李贤，等注.北京：中华书局，1965：1055-1056.
⑨ 张涛，注评.周易[M].南京：凤凰出版社，2011：279.

第三章　东汉时期的齐鲁易学

来解释社会政治现象，辅助统治者决策，发挥了卦气说的政治指导意义。

第三，根据京房"飞伏"的理论，郎𫖮分析出朝臣施政有悖礼义，有违天道，导致立夏之后将会有地裂洪水之灾害，并提议重用贤臣方能消除灾异，实现天人和谐。他指出：

> 臣伏案《飞候》，参察众政，以为立夏之后，当有震裂涌水之害。又比荧惑失度，盈缩往来，涉历舆鬼，环绕轩辕。火精南方，夏之政也。政有失礼，不从夏令，则荧惑失行。正月三日至乎九日，三公卦［也］。三公上应台阶，下同元首。政失其道，则寒阴反节。"节彼南山"，咏自《周诗》；"股肱良哉"，著于《虞典》。而今之在位，竞托高虚，纳累钟之奉，忘天下之忧，栖迟偃仰，寝疾自逸，被策文，得赐钱，即复起矣。何疾之易而愈之速？以此消伏灾眚，兴致升平，其可得乎？①

郎𫖮认为，时节乱序是由政有失礼而造成的，牧守、三府等官员身居高位而忘记居庙堂之高应忧其民的道理，脱离群众是乱象产生的根本。在这里，郎𫖮运用了卦气说中十二辟卦说、七十二候说及飞伏的体例阐释自然和社会现象，指导政治活动，将天道与人事相互沟通，进一步实践了孟喜、京房的卦气说理论，促进了易学与政治的更深结合。

郎𫖮继以上所陈，又条陈便宜七事进行了补充说明，提出合理化建议。

第一，郎𫖮引用《易内传》中的"人君奢侈，多饰宫室，其时旱，其灾火"之说，根据纳音法占曰，"天之应人，敏于景响。今月十七日戊午，徵日也，日加申，风从寅来，丑时而止。丑、寅、申皆徵也"②，推测或有火、旱之灾。又举鲁僖公年间遭旱，修政治官，得时雨自降的例子，劝谏汉顺帝勿大兴土木，劳民伤财，多关注整修吏治，注重节俭。郎𫖮又引《易中孚传》：

> 《易中孚传》曰："阳感天，不旋日，诸侯不旋时，大夫不过期。"郑玄注云："阳者天子，为善一日，天立应以善；为恶一日，天立应以恶。诸侯为善一时，天立应以善；为恶一时，天立应以恶。大夫为善一岁，……"一说云"不旋日，立应之；不过时，三辰间；不过期，从今旦至明日旦"

---

① 范晔.后汉书：卷三十：下［M］.李贤，等注.北京：中华书局，1965：1056.
② 范晔.后汉书：卷三十：下［M］.李贤，等注.北京：中华书局，1965：1058.

也。阳即指天子也。①

《中孚·象》曰："中孚以利贞，乃应乎天也。"②郎𫖮此说意在强调天人感应，暗示天子要上合天德，下顺民意，顺承天道法则，顺应时序，持中守正，这样灾害方止，人与自然才能和谐。郎𫖮此法与董仲舒之说一脉相承，体现了象数易学天地人一体的整体思维模式。

第二，郎𫖮批驳当朝官员巧言令色，外厉内荏，务虚不务实，没有治国辅政的才干。他指出：

> 去年以来，《兑卦》用事，类多不效。《易传》曰："有貌无实，佞人也；有实无貌，道人也。"寒温为实，清浊为貌。今三公皆令色足恭，外厉内荏，以虚事上，无佐国之实，故清浊效而寒温不效也，是以阴寒侵犯消息。占曰："日乘则有妖风，日蒙则有地裂。"如是三年，则致日食，阴侵其阳，渐积所致。立春前后温气应节者，诏令宽也。其后复寒者，无宽之实也。夫十室之邑，必有忠信，率土之人，岂无贞贤，未闻朝廷有所赏拔，非所以求善赞务，弘济元元。宜采纳良臣，以助圣化。③

郎𫖮将阴阳的消长、寒温的气候变化归因于朝政的清明或黑暗，痛陈佞臣当道，贤良不遇，气候反常，力荐汉顺帝养贤、用贤，铲除奸佞，恢复正气，并预测三年左右将有日食发生。

第三，郎𫖮认为天道循环，按照三正、五行的规律，运用六日七分法推知"今春当旱，夏必有水"④，寄望帝王防患于未然，倡导厉行节俭，轻徭薄赋，减免税赋，与民休息，避免饥荒祸乱的发生。郎氏云：

> 臣闻天道不远，三五复反。今年少阳之岁，法当乘起，恐后年已往，将遂惊动，涉历天门，灾成戊己。今春当旱，夏必有水，臣以六日七分候之可知。夫灾眚之来，缘类而应。行有玷缺，则气逆于天，精感变出，以戒人君。王者之义，时有不登，则损滋彻膳。数年以来，谷收稍减，家贫

---

① 范晔．后汉书：卷三十：下 [M]．李贤，等注．北京：中华书局，1965：1059．
② 张涛，注评．周易 [M]．南京：凤凰出版社，2011：247．
③ 范晔．后汉书：卷三十：下 [M]．李贤，等注．北京：中华书局，1965：1059-1060．
④ 范晔．后汉书：卷三十：下 [M]．李贤，等注．北京：中华书局，1965：1060．

户馑，岁不如昔。百姓不足，君谁与足？水旱之灾，虽尚未至，然君子远览，防微虑萌。《老子》曰："人之饥也，以其上食税之多也。"故孝文皇帝绨袍革舄，木器无文，约身薄赋，时致升平。今陛下圣德中兴，宜遵前典，惟节惟约，天下幸甚。《易》曰："天道无亲，常与善人。"是故高宗以享福，宋景以延年。①

郎颉利用灾异言政治，道出了民生是国家的根基，民为邦本，本固邦宁的执政准则。

第四，郎颉仰观天文，通过观察星次的分野，发现荧惑失度而窜入轩辕，轩辕代表后宫，提醒汉顺帝重视礼法，理顺人伦纲纪，缩减后宫，确立储君。郎氏奏曰：

> 臣窃见皇子未立，储宫无主，仰观天文，太子不明。荧惑以去年春分后十六日在娄五度，推步《三统》，荧惑今当在翼九度，今反在柳三度，则不及五十余度。去年八月二十四日戊辰，荧惑历舆鬼东入轩辕，出后星北，东去四度，北旋复还。轩辕者，后宫也。……《易》曰："天垂象，见吉凶。"其意昭然可见矣。礼，天子一娶九女，嫡媵毕具。今宫人侍御，动以千计，或生而幽隔，人道不通，郁积之气，上感皇天，故遣荧惑入轩辕，理人伦，垂象见异，以悟主上。……今陛下多积宫人，以违天意，故皇胤多夭，嗣体莫寄。……宜简出宫女恣其姻嫁，则天自降福，子孙千亿。……盖善言古者合于今，善言天者合于人。②

郎氏以为天人相合，天象往往对人事发出警示，人主当体悟天机，及时做出调整。

第五，根据观察天象，郎颉发现"去年闰月十七日己丑夜，有白气从西方天苑趋左足，入玉井，数日乃灭"③，提醒汉顺帝整肃纲纪，未雨绸缪，做好战争准备。郎氏据《春秋》"有星孛于大辰。大辰者何？大火也。大火为大辰，伐又为大辰，北极亦为大辰"之说曰：

---

① 范晔. 后汉书：卷三十：下 [M]. 李贤，等注. 北京：中华书局，1965：1060.
② 范晔. 后汉书：卷三十：下 [M]. 李贤，等注. 北京：中华书局，1965：1061.
③ 范晔. 后汉书：卷三十：下 [M]. 李贤，等注. 北京：中华书局，1965：1063.

所以孛一宿而连三宿者，言北辰王者之宫也。凡中宫无节，政教乱逆，威武衰微，则此三星以应之也。罚者白虎，其宿主兵，其国赵、魏，变见西方，亦应三辅。凡金气为变，发在秋节。臣恐立秋以后，赵、魏、关西将有羌寇畔戾之患。宜豫宣告诸郡，使敬授人时，轻徭役，薄赋敛，勿妄缮起，坚仓狱，备守卫，回选贤能，以镇抚之。金精之变，责归上司。宜以五月丙午，遣太尉服干戚，建井旍，书玉板之策，引白气之异，于西郊责躬求愆，谢咎皇天，消灭妖气。盖以火胜金，转祸为福也。①

郎𫖮依据星次分野推断昴、毕二宿之间乃赵、魏之地，参宿象征白虎，配有三星为罚，主兵战之事，主张以火德克金，选择五月丙午火日为吉日，消战争之灾。

第六，郎𫖮观测到白虹贯日的天象，认为司徒在位，贤德不进，阴阳失调，加之金气再现，有战争的危机，警告汉顺帝以备后灾，并建议皇帝躬自内省，罢免司徒，以顺应天意，早做谋划。他说：

臣窃见今月十四日乙卯巳时，白虹贯日。凡日傍气色白而纯者名为虹。贯日中者，侵太阳也；见于春者，政变常也。……陛下宜恭已内省，以备后灾。……又《易传》曰："公能其事，序贤进士，后必有喜。"反之，则白虹贯日。……自司徒居位，阴阳多谬，久无虚已进贤之策，天下兴议，异人同咨。且立春以来，金气再见，金能胜木，必有兵气，宜黜司徒以应天意。陛下不早攘之，将负臣言，遗患百姓。②

第七，郎𫖮依照王朝兴衰的规律，认为顺帝正值攻坚克难的关键转折期，建言实行变革，改元更始，举贤简政，避奢就俭，广开言路。郎氏云：

臣伏惟汉兴以来三百三十九岁。于《诗三基》，高祖起亥仲二年，今在戌仲十年。《诗汜历枢》曰："卯酉为革政，午亥为革命，神在天门，出入候听。"言神在戌亥，司候帝王兴衰得失，厥善则昌，厥恶则亡。于《易雄雌秘历》，今值困乏。凡九二困者，众小人欲共困害君子也。《经》曰：

---

① 范晔．后汉书：卷三十：下 [M]．李贤，等注．北京：中华书局，1965：1063．
② 范晔．后汉书：卷三十：下 [M]．李贤，等注．北京：中华书局，1965：1064．

"困而不失其所亨,其唯君子乎!"唯独贤圣之君,遭困遇险,能致命遂志,不去其道。……臣以为戌仲已竟,来年入季,文帝改法,除肉刑之罪,至今适三百载。宜因斯际,大蠲法令,官名称号,舆服器械,事有所更,变大为小,去奢就俭,机衡之政,除烦为简。改元更始,招求幽隐,举方正,徵有道,博采异谋,开不讳之路。①

郎颉称引《困卦·象》"困,刚掩也。险以说,困而不失其所亨,其唯君子乎!"② 之辞鼓励汉顺帝遇到逆境、面对艰险要如君子那样保持乐观积极的情绪,坚持正确的执政方针,这样就能够无往不利,渡过困境,万事亨通。

以上七条奏陈都是郎颉肺腑之言,或据卦气之说,或据《易经》文辞,将现实的政治状况与历代先圣治国的事迹相对照,体现了郎颉以《易》辅政的重要理念。这些奏议上呈之后受到了当政的尚书台官员的质疑。执政者对天象变化反常招致灾祸的论点以及改革旧政以消除灾异的说法表示不解,同时对阳嘉年号本为新立却又要更改的做法表示怀疑,诘问郎颉上述依据的是哪个经典,郎颉又再次条理清晰地做出了详细的回答。

郎氏对曰:

……而今立春之后,考事不息,秋冬之政,行乎春夏,故白虹春见,掩蔽日曜。凡邪气乘阳,则虹霓在日,斯皆臣下执事刻急所致。殆非朝廷优宽之本。此其变常之咎也。又今选举皆归三司,非有周、召之才,而当则哲之重,每有选用,辄参之掾属,公府门巷,宾客填集,送去迎来,财货无已。其当迁者,竞相荐谒,各遣子弟,充塞道路,开长奸门,兴致浮伪,非所谓率由旧章也。尚书职在机衡,宫禁严密,私曲之意,羌不得通,偏党之恩,或无所用。选举之任,不如还在机密。臣诚愚戆,不知折中,斯固远近之论,当今之宜。又孔子曰:"汉三百载,[斗]历改宪。"三百四岁为一德,五德千五百二十岁,五行更用。王者随天,譬犹自春徂夏,改青服绛者也。自文帝省刑,适三百年,而轻微之禁,渐已殷积。王者之法,譬犹江河,当使易避而难犯也。故《易》曰:"易则易知,简则易从,易简而天下之理得矣。"今去奢即俭,以先天下,改易名号,随事称谓。

---

① 范晔. 后汉书:卷三十:下 [M]. 李贤,等注. 北京:中华书局,1965:1065-1066.
② 张涛,注评. 周易 [M]. 南京:凤凰出版社,2011:195.

《易》曰:"君子之道,或出或处,同归殊涂,一致百虑。"是知变常而善,可以除灾,变常而恶,必致于异。今年仲竟,来年入季,仲终季始,历运变改,故可改元,所以顺天道也。①

郎𫖮依旧根据天人合一、奉顺天时的理论基础,就考事不息导致白虹贯日、三司渎职致使选举之风日下等时弊一一进行详解,又称引《易传》《易纬》《礼记》等对改元更始、去奢就简的理由做了充分论述。他认为天人之间拥有共通的道理,治世之道殊途同归,随即提出了统治阶级要遵从天道法则的观点。余敦康先生曾指出:

《易传》根据以阴阳哲学为核心的《易》道来观察解释政治领域的问题,形成了一种追求社会整体和谐的政治思想。这种政治思想受到历代许多著名的哲学家和政治家的重视,用于拨乱反正,克服由君主专制体制所造成的危机,变无序为有序,化冲突为和谐,对中国二千多年的政治文化产生了深远的影响。②

笔者认为郎宗、郎𫖮父子就是这些哲学家和政治家中的一员,他们所提出的政治论点皆出于对政治生态和谐、社会自然和谐的认同和诉求,明显是受易学和谐思想所影响的,这彰显了儒者士大夫的情怀,也展现出齐鲁易学胸怀天下的担当意识。

郎𫖮非常重视《易传》养贤尚贤的思想,他将崇尚贤能的思想提升到天道自然规律的层面,举荐贤能。《易传》中有丰富的尚贤思想,自上陈七事之后,郎𫖮便又上书举荐光禄大夫江夏人黄琼、处士汉中人李固两人,并再次进言消除灾异的办法。首先,他认为"聘贤选佐"是治国安邦的头等大事,有贤德不用是"逆天统,违人望","逆天统则灾眚降,违人望则化不行",强调"得贤为功,失士为败"③,把求贤任能看作承天、为人的重大事项。他称赞黄琼"耽道乐术,清亮自然,被褐怀宝,含味经籍,又果于从政,明达变复",建议皇帝以养贤之礼施隆恩召回,又赞李固为"王佐之臣",称其仁义高节,忠贞正直,

---

① 范晔. 后汉书:卷三十:下 [M]. 李贤,等注. 北京:中华书局,1965:1066-1067.
② 余敦康. 易学与中国政治文化 [J]. 中国哲学史,1992 (1):24.
③ 范晔. 后汉书:卷三十:下 [M]. 李贤,等注. 北京:中华书局,1965:1069.

有伊尹之才干,并说二人皆是民望所归,希望皇帝明察秋毫,不因人废言。然后,郎颛又条陈便宜四事于奏议之旁,以供上阅。

其一,劝导君主遵从天象、时序,招贤纳士,改革政弊,广布仁德。他说:"孔子作《春秋》,书'正月'者,敬岁之始也。王者则天之象,因时之序,宜开发德号,爵贤命士,流宽大之泽,垂仁厚之德,顺助元气,含养庶类。"① 坦言立春以来,朝廷未有仁德施布,以为"天之应人,疾于景响,而自从入岁,常有蒙气"②,暗示政事有缺,奉劝君主"发扬乾刚,援引贤能",并以天子为日,不可久暗为例请求君主及时改正。

其二,遵循《易传》"大人者,与天地合其德,与日月合其明"的思想,郎氏劝说天子"顺天致和"、罢黜酷吏,以改变臣强君弱的局面,"以安黎元"③,重塑和谐社会。郎颛运用十二消息卦的占筮体例,引孔子"雷之始发《大壮》始,君弱臣强从《解》起"的理论,认为"今月九日至十四日,《大壮》用事,消息之卦也。于此六日之中,雷当发声,发声则岁气和,王道兴也。《易》曰:'雷出地奋,《豫》,先王以作乐崇德,殷荐之上帝。'雷者,所以开发萌芽,辟阴除害。万物须雷而解,资雨而润。故《经》曰:'雷以动之,雨以润之。'④……故《易传》曰:'当雷不雷,太阳弱也。'今蒙气不除,日月变色,则其效也。天网恢恢,疏而不失,随时进退,应政得失。……陛下若欲除灾昭祉,顺天致和,宜察臣下尤酷害者,亟加斥黜,以安黎元,则太皓悦和,雷声乃发。"⑤

其三,郎颛观"去年十月二十日癸亥,太白与岁星合于房、心。太白在北,岁星在南,相离数寸,光芒交接"⑥,得出金木相克、以阴陵阳的结论,提醒帝王防范臣下专权之险以及宋地年谷不成易招致饥荒的危机,告诫帝王申详政务,理顺纲纪。

其四,劝说君主奖赏有功有德之人,赈济灾民,抚恤贫弱,简税防灾。郎颛认为"皇天感物,不为伪动,灾变应人,要在责己"⑦,朝廷政令不通,牢狱充盈,又因风火相加,连月无雨,宿麦将害,将会导致重大饥荒的发生,希望

---

① 范晔. 后汉书:卷三十:下 [M]. 李贤,等注. 北京:中华书局,1965:1072.
② 范晔. 后汉书:卷三十:下 [M]. 李贤,等注. 北京:中华书局,1965:1072.
③ 范晔. 后汉书:卷三十:下 [M]. 李贤,等注. 北京:中华书局,1965:1072.
④ 范晔. 后汉书:卷三十:下 [M]. 李贤,等注. 北京:中华书局,1965:1072.
⑤ 范晔. 后汉书:卷三十:下 [M]. 李贤,等注. 北京:中华书局,1965:1072.
⑥ 范晔. 后汉书:卷三十:下 [M]. 李贤,等注. 北京:中华书局,1965:1072.
⑦ 范晔. 后汉书:卷三十:下 [M]. 李贤,等注. 北京:中华书局,1965:1074.

皇帝早施德泽，减免税赋，以应天功，防灾祸于未然。他还当即立下军令状，说："若臣言不用，朝政不改者，立夏之后乃有澍雨，于今之际未可望也。若政变于朝而天不雨，则臣为诬上，愚不知量，分当鼎镬。"①汉顺帝阅其书奏之后，拜其为郎中，郎𫖮称病为由而不就任。后来，郎𫖮所言之事多应，顺帝又派遣公车征召，亦不应。

小结

不难看出，郎𫖮的几次奏议皆是将易学思想运用于政治实践活动的典范。他承继孟喜、京房一派的卦气说易学理论，充分与现实政治形势相互发挥，为象数易学与政治决策的结合提供了可行的方式和依据，挖掘了易学思想调节社会矛盾的功效，指明了象数易学的发展途径。郎𫖮不是单纯地就现象谈现象，而是通过事物显示的表象和自然的发展规律去揣摩和推测现实情况发生的可能，这不是简单地附会阴阳灾异，而是通过灾异的形式对王权起到规劝和约束的作用。在这里，我们可以清晰地看到阴阳和谐的思想，积极进取、刚健有为的思想，变革的思想，仁义道德的思想，选贤任能的思想，这些都是郎𫖮学术思想的重要组成部分，而这些也同样是易学思想最为重要的几个要素。象数理论只是郎𫖮思想的一张外壳，其内里还是以董仲舒"天人感应""天人和谐"所代表的儒家思想和天人之学。②所谓政通人和，正是郎𫖮所践行的思想理念。社会政治清明，人民生活就会改善，国家就会富强，政治是本，而不是末，易学思想是源，而不是流，因此，易学天然就是与政治共通的。这也是自先秦至两汉的易学家、政治家们所达成的共识。

郎𫖮作为易学家，并没有回避政治，而是积极参政，建言献策，对政治思想的进步大有裨益。但是，在对自然现象做出看似合理的解释和科学预测的同时，郎氏父子也为以占验为能事的象数易学推波助澜，导致易学渐入术数流弊。王夫之曾总结道：

---

① 范晔. 后汉书：卷三十：下 [M]. 李贤, 等注. 北京：中华书局, 1965：1074.
② 皮锡瑞《经学历史》云："汉有一种天人之学，而齐学尤盛。"周予同注曰："天人之学即谓天人相与之学，专言天象与人事之相互的关系。董仲舒对策云：'以观天人相与之际，甚可畏也。国家将有失道之败，而天乃先出灾害以谴告之；不知自省，又出怪异以警惧之；尚不知变，而伤败乃至。'按此即说明天人相与之关系。"见皮锡瑞. 经学历史 [M]. 周予同, 注释. 北京：中华书局, 2011：68-69.

秦焚书而《易》以卜筮之书不罹其灾，故六经唯《易》有全书，后学之幸也。然而《易》之乱也，自此始。孔子之前，文、周有作，而夏商《连山》《归藏》二家杂占之说犹相淆杂。如《春秋传》之繇辞，多因事附会，而不足以垂大义，而使人俱以终始。孔子赞定之，以明吉凶之一因于得失，事物之一本于性命，则就揲策占象之中而冒天下之道。乃秦既夷于卜筮之家，儒者不敢讲习，技术之士又各以其意拟议，而诡于情伪之利害。汉人所传者非纯乎三圣之教，而秦以来，杂占之说纷纭而相乱，故襄楷、郎𫖮、京房、郑玄、虞翻之流，一以象旁搜曲引，而不要诸理。①

王夫之将易学的象数乱流归因于襄楷、郎𫖮、京房之流不无道理。自两汉之后，象数易学渐趋衰落，筮占象数与人文义理之间的矛盾愈演愈烈，这与象数易学家宣扬阴阳灾异、占验筮术，附会社会政治有一定的关系。然而，我们不能片面地将这种社会风气归罪到象数易学家的身上，也不能简单地斥责象数本身的神秘属性。况且，孟喜、京房、郎氏父子等象数易学大师本身皆以传统儒学为思想基础，并已经意识到他们所宣扬的筮占之术遭受到秉持义理的社会思想的排挤，如郎氏父子、樊英等皆屡征不至，回避社会对他们的异样眼光，同时，他们大多倡导仁义礼智信，讲求天人和谐，这些并不违背人伦纲纪和天道公理，反而对社会政治生活起到了关键的调节作用和重要的指导意义，故而瑕不掩瑜，应当多看到他们积极的一面。不过，后世易学家在完善象数形式的基础上，又将易学与道家思想相互杂糅，加快了象数易学衰落的步伐，易学也再次迎来新的改变。

第三节　郑玄易学

东汉末年，王权旁落，朝政昏暗，吏治腐败，社会矛盾尖锐，汉王朝正慢慢走向衰败。统治阶级内部士大夫与外戚、宦官之间轮番争斗，夺取最高统治权，党锢之祸及黄巾起义又大大削弱了东汉王朝的封建统治，以天人感应说为中心的神学目的论体系也难以维系。这些都导致了官方经学的式微，经学由鼎盛转入衰落。汉代经学重名物训诂，以探求经文本义为准，又讲师法和家法，

---

① 王夫之. 船山遗书：卷一 [M]. 北京：北京出版社，1999：210.

汉《易》立于学官的仅有今文十三家，可见师法、家法之严。随着古文经学在东汉初年的兴盛，私传的古文经与官方的今文经之间发生了冲突对立。光武之后，韩歆上疏请立古文《费氏易》，今古文两派展开了激烈的辩论，终因反对之声的强烈而未立古文经。然而，费氏易学的兴旺并没有因此被阻断。陈元、郑众、马融、郑玄、荀爽等皆传《费氏易》，古文费氏易学渐兴而主流的今文京氏易学趋于凋敝。伴随着今古文经学的合并趋势，易学也表现出合流之势，而齐鲁易学又成为引领这一变革的主力军。齐鲁易学家郑玄就是这一潮流的代表人物。清人皮锡瑞曰："至郑君出而遍注诸经，立言百万，集汉学之大成。"[①]郑玄是集经学大成，易学大成的重要易学家。

一、郑玄事略

郑玄（127—200），字康成，北海高密（今山东高密）人，是兼通今古文的经学大师，也是东汉象数易学的主要代表人物。为区别于"先郑"郑兴、郑众父子，后世称其为"后郑"。郑玄少为啬夫，博闻强识，不热衷仕途利禄而偏好学术，其父斥之而不能禁，遂进入太学受业，博学多师，开始从京兆第五元先受《京氏易》《公羊春秋》《三统历》《九章算术》，又师事东郡张恭祖学习《周官》《礼记》《左氏春秋》《韩诗》《古文尚书》，"以山东无足问者，乃西入关，因涿郡卢植，事扶风马融"[②]，后辞归，马融赞其曰："郑生今去，吾道东矣。"[③]郑玄自此开始游学生涯，十余年后返归乡里，因家贫而客耕东莱，其时已有数百千人的学徒相随。

及党锢之祸起，郑玄与同郡四十余人被禁锢，故而隐退修经，足不出户，遍注诸经，潜心学术，创立了郑学。"时任城何休好《公羊》学，遂著《公羊墨守》《左氏膏肓》《穀梁废疾》；玄乃发《墨守》，针《膏肓》，起《废疾》。休见而叹曰：'康成入吾室，操吾矛，以伐我乎！'"[④]郑玄的学术思想已得到普遍的认可。光武中兴以后，范升、陈元、李育、贾逵等人争论古今学，后马融答北郡太守刘瑰及郑玄答何休，皆义理通达，考据明晰，"由是古学遂明"[⑤]。汉灵帝末年，党禁解除，大将军何进闻其声名而征召他，州郡官吏逼迫郑玄应

---

① 皮锡瑞. 经学历史 [M]. 周予同, 注释. 北京：中华书局, 2011：85.
② 范晔撰. 后汉书：卷三十五 [M]. 李贤, 等注. 北京：中华书局, 1965：1207.
③ 范晔撰. 后汉书：卷三十五 [M]. 李贤, 等注. 北京：中华书局, 1965：1207.
④ 范晔撰. 后汉书：卷三十五 [M]. 李贤, 等注. 北京：中华书局, 1965：1207-1208.
⑤ 范晔撰. 后汉书：卷三十五 [M]. 李贤, 等注. 北京：中华书局, 1965：1208.

诏，郑玄不得已答应入朝。何进对其礼待甚优，然而郑玄志不在此，遂遁逃而去。后将军袁隗表其为侍中，郑玄又以服丧为由不行。北海国相孔融对郑玄非常崇敬，亲自登门，遣高密县命名郑玄所在之乡为"郑公乡"。

汉献帝继位，董卓专权，公卿举荐郑玄为赵相，因道路中断而未至。黄巾军兵临青州，郑玄避祸徐州，徐州牧陶谦以师友之礼待之。建安元年（196），郑玄自徐州返还高密，中途遇到黄巾军数万人，见到郑玄都叩拜，约定不入县境。后来，郑玄病情笃重，告诫子孙自己要闲居安性，覃思终业。值袁绍总兵冀州，"举玄为茂才，表为左中郎将，皆不就。公车征为大司农，给安车一乘，所过长吏送迎。玄乃以病自乞还家。"①建安五年（200）春，郑玄梦见孔子对他说："起，起，今年岁在辰，来年岁在巳。"于是以谶纬合之，推知自己不久于人世。当年六月卒于元城县，享年七十四岁。

作为东汉齐鲁经学、易学的领军人物，郑玄著述宏富，引领了齐鲁易学的风采。郑玄的主要著述有《周易注》《易纬注》《易赞》《易论》等，除《易纬注》尚存之外，其余诸作皆已佚亡。后世学人仅能通过《易纬注》、唐代李鼎祚《周易集解》、宋代王应麟辑《周易郑康成注》一卷及明清时人的著述和辑本来大致了解郑玄的易学思想。

二、郑玄易说

（一）爻辰说

爻辰说是郑玄易学思想的重要创新内容，虽非郑玄特有，却是一种继往开来的占筮体例革新，也是郑玄易学的一大特色。钱大昕认为："康成初习《京氏易》，后从马季长授《费氏易》，费氏有《周易分野》一书，其爻辰之法所从出乎。"② 何秋涛认为："易之取象于互卦消息者，郑与诸家同，至于以爻辰为说，则康成之所独。"③ 究郑玄爻辰说起源来看，皮锡瑞认为爻辰说出自费直，"案郑注诸经，皆兼采今古文。注《易》用费氏古文；爻辰出费氏分野，今既亡佚，而施、孟、梁丘《易》又亡，无以考其同异"④。《后汉书·孙期传》云："建武中，范升传《孟氏易》，以授杨政，而陈元、郑众皆传《费氏易》，其后马融亦

---

① 范晔撰. 后汉书：卷三十五[M]. 李贤，等注. 北京：中华书局，1965：1211.
② 钱大昕. 潜研堂集[M]. 吕友仁，标校. 上海：上海古籍出版社，1989：59.
③ 何秋涛. 周易爻辰申郑义[M]//续修四库全书：第34册. 上海：上海古籍出版社，2002：209.
④ 皮锡瑞. 经学历史[M]. 周予同，注释. 北京：中华书局，2011：96.

为其传。融授郑玄，玄作《易注》，荀爽又作《易传》，自是《费氏》兴，而《京氏》衰。"①费氏古文易学不重章句，徒以十翼解说上下经，与郑玄以经义为指归同，郑玄爻辰之说或出于费氏。但一般认为"以爻配辰之法，始于西汉京房"②，爻辰说最早源于京房的纳支说。今文京氏易与古文费氏易为两个不同的易学体系，在郑玄以前，从未有人对两派易学进行过深度杂糅。可见，郑玄已经用两派易说相互佐证，取长补短，创立新说。

郑玄在继承两汉以来爻辰说的基础上实现了杂糅。传统爻辰说最初是以《乾》《坤》二卦的十二爻与十二月相配，又以十二地支与十二月相配，经过《易纬》的进一步发展而渐渐形成体系。郑玄在继承和吸收以往爻辰说的基础上，通过移植和改良，系统地完善了爻辰说。他将《乾》《坤》二卦看作生门，即《易传》所云"'乾坤，其《易》之门邪？'乾，阳物也。坤，阴物也"③，认为《乾》《坤》象征阴阳，化生万物，因此六十四卦三百八十四爻皆生于乾坤。郑玄把十二地支与《乾》《坤》二卦相互匹配。具体来看，十二地支略分阴阳，子、寅、辰、午、申、戌为阳支，配《乾卦》自初爻至上爻，未、酉、亥、丑、卯、巳为阴支，配《坤卦》自初爻至上爻。十二地支纳入《乾》《坤》二卦之后，余下六十二卦皆依照此法纳入十二地支。《乾卦》六爻为阳、为奇数，配以十一月、一月、三月、五月、七月、九月六个奇数月份；《坤卦》六爻为阴、为偶数，配以六月、八月、十月、十二月、二月、四月六个偶数月份。郑玄根据自然现象的变化认为以爻配月符合阴阳变化的节气规律。《易纬·乾凿度》曰："乾坤，阴阳之主也。阳始于亥，形于丑，乾位在西北，阳祖微居始也。阴始于巳，形于未，据正立位，故坤位在西南，阴之正也。"④乾表示阳气，始于子，为十一月之时；坤表示阴气，始于未，为六月之时。阴阳二气的产生和消长形成了月份的递变规律。然而，有一点需要指明的是，阴气本是诞生于午的，即五月阳气最盛，阳气原是出于子的，即十一月阴气最盛，基于避讳以阴生为始的考虑，古人习惯于以六月"未"为正。《乾》《坤》十二爻纳好之后，再推及其余六十二卦三百七十二爻，阳爻所纳之地支以《乾卦》的排列方式为体例，阴爻采纳之地支以《坤卦》为标准，也就是"逢阳爻从乾爻所值，

---

① 范晔. 后汉书：卷七十九：上 [M]. 李贤，等注. 北京：中华书局，1965：2554.
② 杨效雷. 爻辰说：郑玄《易》注的显著特色 [J]. 历史文献研究（总第29辑）2010（1）：76.
③ 张涛，注评. 周易 [M]. 南京：凤凰出版社，2011：282.
④ 林忠军.《易纬》导读 [M]. 济南：齐鲁书社，2002：80.

逢阴爻从坤爻所值"①。例如，《坎卦》上爻从《坤卦》上爻为巳等。最终，郑玄依靠这套爻辰说体系能够本于阴阳之气的运行规律而包罗万象，与四时、十二月、二十四节气、十二星次、天干地支等相互联系，构成了庞大的包含天、地、人、万物生灵等一切物象在内的整体宇宙图式。

与京房的爻辰体例略有不同，郑玄改变了京房以《乾》《坤》二卦与十二辰相配的方式。京房以《坤卦》六爻自下至上配未、巳、卯、丑、亥、酉，而郑玄则采《易纬》之法将顺序稍作变动，改为未、酉、亥、丑、卯、巳，《乾卦》顺序与京房相同。《易纬·乾凿度》云："阳唱而阴和，男行而女随，天道左旋，地道右迁，二卦十二爻，而期一岁。""乾，阳也；坤，阴也，并治而交错行，乾贞于十一月子，左行，阳时六；坤贞于六月未，右行，阴时六，以奉顺成其岁。"②惠栋在《易汉学》中提及"《易纬》之说与十二律相生图合"，并举郑玄注《周礼·太师》所云"黄钟初九也，下生林钟之初六，林钟又上生太蔟之九二，太蔟又下生南吕之六二……夹钟又下生无射之上九，无射又上生中吕之上六"及韦昭注《周语》云"十一月黄钟，《乾》初九也；十二月大吕，《坤》六四也；正月太蔟，《乾》九二也……十月应钟，《坤》六三也"二说佐证之。③

《汉书·律历志》曰：

> 数者，一、十、百、千、万也，所以算数事物，顺性命之理也。……本起于黄钟之数，始于一而三之，三三积之，历十二辰之数，十有七万七千一百四十七，而五数备矣。④
>
> 五声之本，生于黄钟之律。九寸为宫，或损或益，以定商、角、徵、羽。九六相生，阴阳之应也。律十有二，阳六为律，阴六为吕。律以统气类物，一曰黄钟，二曰太蔟，三曰姑洗，四曰蕤宾，五曰夷则、六曰亡射。吕以旅阳宣气，一曰林钟，二曰南吕，三曰应钟，四曰大吕，五曰夹钟，六曰中吕。……黄钟……始于子，在十一月……大吕……位于丑，在十二

---

① 林忠军. 象数易学发展史：第1卷［M］. 济南：齐鲁书社，1994：153.
② 林忠军. 《易纬》导读［M］. 济南：齐鲁书社，2002：95-96.
③ 惠栋. 周易述 附 易汉学 易例：下册［M］. 郑万耕，点校. 北京：中华书局，2007：612.
④ 班固. 汉书：卷二十一：上［M］. 颜师古，注. 北京：中华书局，1962：956.

月……太族……位于寅,在正月……应钟……位于亥,在十月。①

爻辰之说在《易纬》《三统历》中早有雏形,郑玄通过博采诸家使爻辰说更加完备。实际上,《易纬》对《乾》《坤》二卦爻辰的配法是为了配合十二月的运行,"必须按照阴道右行来编排始未而终已(自六月而至四月)的顺序"②。郑玄对《易纬》和京氏二说皆有资取,但不尽相同,而是加入自己对《易经》的独有理解。有学者指出,"郑氏立足于'乾坤立易之门'的观点,将乾坤十二爻辰作为《周易》爻辰说的根本,其他卦的爻辰皆源渊于乾坤两卦。凡阳爻取乾爻所值,凡阴爻取坤爻所值,这既不同于京氏,也不同于《易纬》。"③郑玄的爻辰说主要用于以象解辞,阐发经义,这与京氏爻辰说、《易纬》爻辰说在根本上是不同的。但是,以爻辰取象之说解《易》,难免会有牵强附会之嫌,这也为后学所诟病。

(二) 爻体说和互体说

爻体说是郑玄治《易》另一大极具特色的体例。"爻体之说,创自郑玄。爻体者,以一爻而体一三画之卦也。"④所谓爻体说,就是某卦中的某一爻为一卦之主,表明此卦的整体意义。"爻"为一卦中特定一爻,"体"为卦体之意。例如,《震卦》内外卦皆为八经卦之《震》,六爻自上而下初九爻、九四爻为阳爻,分别代表上下两卦之《震》,称为震爻,体现《震卦》的总体意蕴。《巽卦》初六爻、六四爻为阴爻,为巽爻,表《巽卦》义。《坎卦》九二爻、九五爻为阳爻,可视之为坎爻,取《坎卦》之义。《离卦》六二爻、六五爻为阴爻,为离爻,表示《离卦》之义。《艮卦》九三、上九为阳爻,为艮爻,表《艮卦》之义,《兑卦》六三、上六为阴爻,为兑爻,表《兑卦》之义。爻体筮占体例在郑玄《易注》中多有论及,如《贲卦》中"六四,贲如皤如",郑氏注曰:"六四,巽爻也。"⑤《颐卦》郑氏注曰:"二五离爻皆得中。"⑥《周易集解·萃卦》引郑玄注云:"四本震爻,震为长子。五本坎爻,坎为隐伏。居尊而隐伏,

---

① 班固. 汉书:卷二十一:上 [M]. 颜师古, 注. 北京:中华书局, 1962:958-960.
② 余敦康. 汉宋易学解读 [M]. 北京:华夏出版社, 2006:80.
③ 林忠军. 象数易学发展史:第1卷 [M]. 济南:齐鲁书社, 1994:157.
④ 屈万里. 先秦汉魏易例述评 [M]. 台北:台湾学生书局, 1985:108.
⑤ 王应麟. 周易郑康成注;六经天文编;通鉴答问 [M]. 郑振峰, 等点校. 北京:中华书局, 2012:28.
⑥ 王应麟. 周易郑康成注;六经天文编;通鉴答问 [M]. 郑振峰, 等点校. 北京:中华书局, 2012:28.

鬼神之象。长子入阙升堂，祭祖祢之礼也。故曰王假有庙。二本离爻也，离为目。居正应五，故利见大人矣。"① 最初，郑玄运用爻体来解《易》时，并没有直接提出"爻体说"的说法，"爻体说"的具体称呼是由清儒张惠言总结出来的。

互体说也是郑玄常用的注《易》体例。王应麟辑郑氏《易注》云："郑康成学《费氏易》，为《注》九卷，多论互体。以互体求《易》，左氏以来有之。凡卦爻二至四，三至五，两体交互，各成一卦，是谓一卦含四卦，《系辞》谓之中爻……"②互体说的取象方式由来已久，《左传》中早有记载，两汉时期互体说得到易学家的广泛运用，京房将互体引入经卦之中。郑玄易学采诸家而大成，其互体说在资鉴前说的基础上更进一步，其注《易》多见互体。如《蒙卦》中"蒙，亨。匪我求童蒙"，郑玄注曰："亨者，阳也，互体震而得中，嘉会礼通，阳自动其中，德施地道之上，万物应之而萌芽生。"③《同人卦》中"同人于野，亨"，郑玄注曰："乾为天，离为火，卦体有巽。巽为风，天在上，火炎上而从之，是其性同于天也。"④《大有卦》注云："六五体离，处乾之上。"⑤《观卦》注云："坤为地，为众；巽为木，为风。九五，天子之爻，互体有艮。"⑥《贲卦》注云："卦互体坎艮，艮止于上，坎险于下，夹震在中，故不利大行，小有所之则可矣。"⑦《大畜卦》注云："自九三至上九，有颐象居外，是'不家食'而'养贤'。""六四，童牛之牿，元吉。"注云："巽为木，互体震，震为牛之足，足在艮体之中。"⑧《颐卦》"观颐"，郑玄注曰："观其养贤与不肖也。颐中有物曰口实，自二至五有二坤，坤载养物，而人所食之物皆存焉。观其求可食

---

① 李鼎祚. 周易集解 [M]. 台北：台湾商务印书馆，1968：221.
② 王应麟. 周易郑康成注；六经天文编；通鉴答问 [M]. 郑振峰，等点校. 北京：中华书局，2012：11.
③ 王应麟. 周易郑康成注；六经天文编；通鉴答问 [M]. 郑振峰，等点校. 北京：中华书局，2012：17.
④ 王应麟. 周易郑康成注；六经天文编；通鉴答问 [M]. 郑振峰，等点校. 北京：中华书局，2012：22.
⑤ 王应麟. 周易郑康成注；六经天文编；通鉴答问 [M]. 郑振峰，等点校. 北京：中华书局，2012：23.
⑥ 王应麟. 周易郑康成注；六经天文编；通鉴答问 [M]. 郑振峰，等点校. 北京：中华书局，2012：26.
⑦ 王应麟. 周易郑康成注；六经天文编；通鉴答问 [M]. 郑振峰，等点校. 北京：中华书局，2012：28.
⑧ 王应麟. 周易郑康成注；六经天文编；通鉴答问 [M]. 郑振峰，等点校. 北京：中华书局，2012：31.

之物，则贪廉之情可别也。"①《习坎》中"六四，尊酒簋贰，用缶，纳约自牖"，郑玄注曰："六四上承九五，又互体在震上，爻辰在丑，丑上值斗，可以斟之象。"②郑玄通过以互体解释卦象，描述卦爻辞与爻象之间的关系，多以三爻互体，同时开辟了四爻互体的方法。后学虞翻继承了郑玄四爻互体的注释体例，并加以发展。

（三）五行说

五行说是中国古代朴素唯物主义哲学的重要组成部分。商周时期的《尚书·洪范》中最早明确了金、木、水、火、土五种元素作为五行的定义。战国末期，阴阳家齐人邹衍又进一步明确了五行的生克关系。爰及两汉，五行学说的内容更加丰富，在生克理论渐趋成熟的基础上，增加了与四时、四方的搭配关系，同时，又与天干地支、天文历法结合，赋予了新的内涵。

汉代五行学说在继续发展的过程中，得到了易学家的广泛关注，五行说遂成为易学的重要范畴。西汉易学家京房首次援引五行说入易学，利用五行属性及生克关系，借助干支理念来注解八卦的爻象、爻位，解释卦爻辞含义，从此，五行说与易学密切相关，深入结合。因此，"以五行解释八卦的爻位始于京房"③。东汉郑玄沿着京房的道路，将五行说根植到易学的象数体系中，使五行说成为郑玄易学的重要内容，五行说与易学象数理论融为一体。在爻辰说中，郑玄将十二辰与卦爻相配，因是卦爻就具有了地支十二辰的意义，而十二地支各自具有五行的属性，十二地支同样拥有了生克制化的关系。

透过《礼记注》可以看出郑玄对五行说的理解和运用。《礼记·月令》中有"孟春之月，……其数八"④ 之说，郑玄注曰：

> 数者五行，佐天地生物成物之次也。《易》曰："天一，地二；天三，地四；天五，地六；天七，地八；天九，地十。"而五行自水始，火次之，木次之，金次之，土为后。木生数三，成数八。但言八者举其成数。⑤

---

① 王应麟.周易郑康成注；六经天文编；通鉴答问［M］.郑振峰，等点校.北京：中华书局，2012：32.
② 王应麟.周易郑康成注；六经天文编；通鉴答问［M］.郑振峰，等点校.北京：中华书局，2012：32-33.
③ 朱伯崑.易学哲学史：第1卷［M］.北京：昆仑出版社，2005：218.
④ 十三经注疏：上［M］.上海：上海古籍出版社，1997：1354.
⑤ 十三经注疏：上［M］.上海：上海古籍出版社，1997：1354.

孔颖达解释说：

> 按《律历志》云"天数二十五"，所以二十五者，天一、天三、天五、天七、天九，总为二十五。《律历志》又云"地数三十"者，地二、地四、地六、地八、地十，故三十也。以天地之数相合，则《易》之大衍之数五十五也。……天一生水于北地，地二生火于南天，天三生木于东地，地四生金于西天，五生土于中，以益五行生之本。……所以一曰水者，《乾》贞于十一月子，十一月一阳生，故水数一也。又天地之内水体最微，故水为始也。二曰火者，《坤》贞于六月未，六月两阴生，阴不敢当午，火比于水严厉著见，故次火也。三曰木者，正月三阳生是建寅之月，故三曰木。木比火象有体质，故次木也。……故此云木生数三、成数八，但言八者，举其成数者。金、木、水、火以成数为功。①

郑玄以为《礼记》中"其数八"即为五行之数，五行按顺序排列，次序为水一、火二、木三、金四、土五，天地十个数字列为阴阳，奇数为阳，偶数为阴，一到五为生数，六到十为成数，"其数八"意为木的成数是八，有天地之数相合则万物化生之义。《系辞上》曰："天数五，地数五，五位相得而各有合。天数二十有五，地数三十，凡天地之数五十有五。此所以成变化而行鬼神也。"②郑玄将天地之间的数概括为《易传》所讲的大衍之数，以表示天地阴阳的变化、四时月令的推演、地域方位的异同，用天地阴阳之道涵盖了天地间的一切道理，这无疑是汉代象数易学的一大进步。

（四）以《礼》注《易》

张惠言《周易郑荀义》叙曰："汉儒说《易》大恉可见者三家，郑氏、荀氏、虞氏……郑氏言礼，荀氏言升降，虞氏言消息。"③郑玄对《三礼》的研究造诣颇深，并经常将治《礼》的心得与《易》象与卦爻辞的意蕴相互对证，别具一格。以《礼》注《易》可谓郑玄易学的突出特色。从郑玄《易注》中可以看到，以《礼》注《易》的条目为数不少，在阐释《易经》六十四卦的过程中，提到"礼"的地方就有二十多卦，《系辞》《序卦》中亦有以"礼"说

---

① 十三经注疏：上［M］．上海：上海古籍出版社，1997：1354．
② 张涛，注评．周易［M］．南京：凤凰出版社，2011：269．
③ 张惠言．周易郑荀义［M］//续修四库全书：第26册［M］．上海：上海古籍出版社，2002：671．

《易》的情况。就涉及的礼的种类来看，吉、凶、宾、军、嘉五礼都有所旁及。

1. 吉礼

《豫卦·象》云："先王以作乐崇德，殷荐之上帝，以配祖考。"郑玄注曰："崇，充也。殷，盛也。荐，进也。上帝，天也。王者功成作乐，以文得之者，作籥舞，以武得之者，作万舞，各充其德而为制。祀天地以配祖考者，使与天同飨其功也。故《孝经》云：'郊祀后稷以配天，宗祀文王于明堂以配上帝。'是也。"①

《观卦》"观，盥而不荐"，郑氏注曰："诸侯贡士于天子，乡大夫贡士于其君，必以礼宾之。唯主人盥而献宾，宾盥而酢主人，设荐俎则弟子也。"②

《损卦》"二簋可用享"，郑氏注曰："四以簋进黍稷于神也。初与二直，其四与五承上，故用二簋。"③

《萃卦》郑氏注曰："四本震爻，震为长子，五本坎爻，坎为隐伏。居尊而隐伏，鬼神之象。长子入阙升堂，祭祖祢之礼也。"④

《震卦》"震惊百里，不丧匕鬯"，郑氏注曰："人君有善声教，则嘉会之礼通矣。……人君于祭之礼，匕牲体、荐鬯而已，其余不亲为也。升牢于俎，君匕之，臣载之。"⑤

《既济卦》九五爻辞"东邻杀牛，不如西邻之禴祭"，郑氏注曰："禴，夏祭之名。"⑥

2. 凶礼

《习坎》上六郑氏注曰："上六乘阳，有邪恶之罪，故'缚约徽墨，置于丛棘'，而后公卿以下议之，其害人者，置之圜土，而施职事焉，以明刑耻之。能复者，上罪三年而赦，下罪一年而赦。不得者，不自思以得正道，终不自改，

---

① 李鼎祚. 周易集解[M]. 台北：台湾商务印书馆，1968：98.
② 王应麟. 周易郑康成注；六经天文编；通鉴答问[M]. 郑振峰，等点校. 北京：中华书局，2012：26.
③ 王应麟. 周易郑康成注；六经天文编；通鉴答问[M]. 郑振峰，等点校. 北京：中华书局，2012：41.
④ 王应麟. 周易郑康成注；六经天文编；通鉴答问[M]. 郑振峰，等点校. 北京：中华书局，2012：44.
⑤ 王应麟. 周易郑康成注；六经天文编；通鉴答问[M]. 郑振峰，等点校. 北京：中华书局，2012：48.
⑥ 王应麟. 周易郑康成注；六经天文编；通鉴答问[M]. 郑振峰，等点校. 北京：中华书局，2012：54.

而出圜土者杀。故'凶'。"①

《离卦》九四爻辞"突如其来如",郑氏注曰:"不孝之罪,五刑莫大焉,得用议贵之辟,刑之,莫如所犯之罪。"②

《鼎卦》九四爻辞"鼎折足,覆公餗,其形渥",郑氏注曰:"若三公倾覆王之美道,屋中刑之。"③

3. 宾礼

《萃卦》注云:"大牲,牛也。言大人有嘉会,时可干事,必杀牛以盟,既盟则可以行,故曰'利往'。"④

《丰卦》注云:"初修礼,上朝四,四以匹敌恩厚待之,虽留十日,不为咎。正以十日者,朝聘之礼,止于主国,以为限,聘礼毕归,大礼曰旬,而稍,旬之外为稍,久留非常。"⑤

《旅卦》初六郑氏注云:"三为聘客,初与二其介也。介当以笃实之人为之。"⑥

4. 军礼

《师卦》注云:"军二千五百人为师。多以军为名,次以师为名,少以旅为名。师者,举中之言。"⑦

5. 嘉礼

《泰卦》六五爻辞"帝乙归妹,以祉元吉",郑氏注曰:"生育者,嫁娶之贵。仲春之月,嫁娶男女之礼,福禄大吉。"⑧

---

① 王应麟. 周易郑康成注;六经天文编;通鉴答问 [M]. 郑振峰,等点校. 北京:中华书局,2012:33.
② 王应麟. 周易郑康成注;六经天文编;通鉴答问 [M]. 郑振峰,等点校. 北京:中华书局,2012:34.
③ 王应麟. 周易郑康成注;六经天文编;通鉴答问 [M]. 郑振峰,等点校. 北京:中华书局,2012:47.
④ 王应麟. 周易郑康成注;六经天文编;通鉴答问 [M]. 郑振峰,等点校. 北京:中华书局,2012:44.
⑤ 王应麟. 周易郑康成注;六经天文编;通鉴答问 [M]. 郑振峰,等点校. 北京:中华书局,2012:51.
⑥ 王应麟. 周易郑康成注;六经天文编;通鉴答问 [M]. 郑振峰,等点校. 北京:中华书局,2012:52.
⑦ 王应麟. 周易郑康成注;六经天文编;通鉴答问 [M]. 郑振峰,等点校. 北京:中华书局,2012:19.
⑧ 王应麟. 周易郑康成注;六经天文编;通鉴答问 [M]. 郑振峰,等点校. 北京:中华书局,2012:21.

《大过卦》注曰："以丈夫年过，娶二十之女，老妇年过，嫁三十之男，皆得其子。"①

《咸卦》注曰："其于人也，嘉会礼通，和顺于义，干事能正。三十之男，有此三德，以下二十之女，正而相亲说，娶之则吉也。"②

《鼎卦》初六爻辞"鼎颠趾"，郑氏注曰："以喻君夫人事君，若失正礼，踏其为足之道，情无怨，则当以和义出之。然如否者，嫁于天子，虽失礼，无出道，废远之而已。"③

郑玄以礼注《易》，礼与《易》相互发挥，达到了互证的效果，在阐发易理的同时，也普及和宣扬了传统礼法，深入浅出，有理有据，在易学以占验筮术为主的汉代，点亮了人文理性的光辉，为易学义理精神的传承提供了一种新的形式。

小结

总体来看，郑玄易学兼采诸家，融会群经，贯通今古。郑玄先从第五元先学习重义理而轻经文章句、主卦气说的今文官方《京氏易》，复从马融学习以《传》解经、训诂为主的古文民间《费氏易》，冲破家法师法的藩篱，整百家之不齐，融合了今古文《易》的特点。刘大钧先生提出："郑玄、荀爽之《易》本于费直，虞翻本于孟喜。"④ 他以费氏为主，京氏为辅，相互杂糅，对京氏卦气说多有继承和改良，摒弃了阴阳灾异的京氏论调，以爻辰说、互体说、爻体说、五行说等来解释《周易》经文，以礼注《易》，阐发义理，构筑了一个由四时、五行、星象分野等为框架、包罗时空的阐释体系，是汉代易学的一次大总结，对易学的整体发展产生了巨大而深远的影响。《经典释文·序录》曰："永嘉之乱，施氏、梁丘之《易》亡，孟、京、费之《易》人无传者，唯郑康成、王辅嗣所注行于世。"⑤魏晋时代，汉易逐渐失传，郑氏易学为汉易保存了大量的材

---

① 王应麟．周易郑康成注；六经天文编；通鉴答问［M］．郑振峰，等点校．北京：中华书局，2012：32．
② 王应麟．周易郑康成注；六经天文编；通鉴答问［M］．郑振峰，等点校．北京：中华书局，2012：35．
③ 王应麟．周易郑康成注；六经天文编；通鉴答问［M］．郑振峰，等点校．北京：中华书局，2012：47．
④ 刘大钧．周易概论［M］．济南：齐鲁书社，1986：155．
⑤ 陆德明，撰．黄焯，汇校．黄延祖，重辑．经典释文汇校［M］．北京：中华书局，2006：8．

料，使得象数易学得以延续，后世易家皆宗郑学，郑氏易学遂成汉代象数易学的典范。同时，郑氏易学将天地之数与五行之数结合起来，用九宫注解八卦，提出易有易简、不易、变易三义，又以《老》解易，指明了易学变革的方向，对整个经学的发展影响深刻。郑学的崛起也标志着汉学的衰微。清人皮锡瑞总结道：

> 经学盛于汉；汉亡而经学衰。桓、灵之间，党祸两见；志士仁人，多填牢户；文人学士，亦扞文网；固已士气颓丧而儒风寂寥矣。郑君康成，以博闻强记之才，兼高节卓行之美；著书满家，从学盈万。当时莫不仰望，称伊、雒以东，淮、汉以北，康成一人而已。咸言先儒多阙，郑氏道备。自来经师未有若郑君之盛者也。然而木铎行教，卒入河海而逃；兰陵传经，无救焚坑之祸；郑学虽盛，而汉学终衰。……盖以汉时经有数家，家有数说，学者莫知所从；郑君兼通今古文，沟合为一；于是经生皆从郑氏，不必更求各家。郑学之盛在此，汉学之衰亦在此。①

郑玄在延续了两汉经学思想文化血脉的同时，为以董仲舒阴阳灾异说为中心的汉代经学思潮画下了完满的句号，开启了易学由象数阶段向玄学阶段变革的新篇章。

第四节　仲长统易学

汉末社会民生凋敝、世风日下，天命谶纬、神学目的论等思想使儒学经学掺入了谶纬化、巫术化的杂质，道家对儒家在思想内涵上的互补功用凸显出来，儒道互补蔚然成风。《易传》作为儒道交融的重要经典，其中开放性的宇宙观和辩证法思想受到社会批判思想家的汲取和借鉴。仲长统深受《易传》中自然哲学思想浸染和启示，"心驰于世务，思锐于人事"，主张"所贵乎用天之道""人事为本，天道为末"②，将治乱周复视作天道大数，对天道、人事多有阐发，并立足时局，以其特有的批判精神犀利地鞭挞了社会弊端，对汉代封建社会的

---

① 皮锡瑞. 经学历史 [M]. 周予同，注释. 北京：中华书局，2011：95-96.
② 严可均. 全后汉文：卷八十八 [M]. 许振生，审订. 北京：商务印书馆，1999：902.

制度做了深入批驳和历史性总结，提出了众多颇有裨益的改革主张，体现出杂糅儒道、重人贵天的思想倾向。通过散见于《后汉书·仲长统传》《群书治要》中收录的有关《昌言》的诸断篇残文、政论主张，可以管窥仲长统思想中的易学因子。

一、仲长统事略

仲长统（180—220），字公理，山阳高平人（今山东邹城西南），是东汉末年重要的思想家、政论家和社会批判思潮的最后一位领军人物。仲长统"少好学，博涉书记，赡于文辞"①，二十余岁时，游学于青、徐、并、冀各州之间。仲长统颇具远见卓识，敢于直言，其友东海人缪袭称赞他"统才章足继西京董、贾、刘、扬"②。除《乐志论》一篇及诗两篇收录《后汉书》外，《昌言》二十四篇是体现仲长统思想的主要著作，共十余万言，今有《理乱》《损益》《法诫》三篇存世。

仲长统所处的东汉末年距离汉武帝"罢黜百家，独尊儒术"已历百余年，儒家学说开始显现出活力匮乏的迹象，弊端丛生。汉武帝时代董仲舒鼓吹的"君权神授""天人感应""阴阳灾异"等说，本意在借此匡正君主得失，但不断演说发展逐渐背离了孔子"贵天道不已""与史巫同途而殊归"、荀子"天人相分""制天命而用之"的思想进步，由此衍生而出的天命谶纬神学思想将儒学带入了烦琐、僵化和堕落的深渊，使儒学与社会现实脱节，丧失了"经世致用"的基本功能。思想界深受汉末腐败黑暗时局和陈朽纲常名教的刺激，转求从儒道互补、崇尚自然哲学中寻找突破。儒、道由汉初的斗争对立走向汉末的互补融合，《乾凿度》《太平经》《周易参同契》等为儒道交融打开了通道。《周易》经传既是儒家的重要经典"六经之首"，又是道家的思想基础"三玄之一"，自然受到社会批判思想家的重视，成为批判天道迷信、谶纬化思想的重要武器。其"推天道以明人事"的整体思维方式和中正太和、损益变革等思想对仲长统思想的形成多有影响，仲长统借鉴和发挥《周易》经传中重视德义，复归自然的哲理面向，杂糅儒道，提出"人事为本，天道为末"③的主张，重塑确立了生生日新、兴衰更替的历史观，损益改革、尊卑有序的社会思想及其中正太和、

---

① 范晔. 后汉书：卷四十九 [M]. 李贤，等注. 北京：中华书局，1965：1643.
② 范晔. 后汉书：卷四十九 [M]. 李贤，等注. 北京：中华书局，1965：1646.
③ 孙启治，译注. 政论·昌言 [M]. 北京：中华书局，2014：279.

以人为本的政治理想。

二、生生日新、兴衰更替的历史观

"易与天地准",《易传》中有"立天之道曰阴与阳,立地之道曰柔与刚,立人之道曰仁与义"① 的说法,将天地人视为统一的整体,突出人道以天地之道为基础,天、地、人运行规律具有一致性,并以仁义观照天地之道,重视人道德治,亦有"日新之谓盛德""生生之谓易"② 的表述,强调万事万物的发展进步,仲长统接受并发挥了这一思想。仲长统摆脱传统唯心主义神学体系束缚及灾异附会等旧说的桎梏,着眼于王朝整体兴衰的历史发展规律,认为社会兴衰是由人事决定的,而"与天命、历数没有关系"③。依据《易传》消息盈虚的自然循环论,变通趋时、革故鼎新的变革之道,仲长统描绘出一个王朝要经历由兴起、稳定至衰败的三个阶段,并将治乱兴衰的根源归结为权力集中而引发的贪婪腐败以及统治阶级的麻木不仁,而非阴阳灾异和宗教神明。任继愈先生认为:"他以清醒的理性回顾了秦汉以来五百年的历史,敏锐深刻而又带有极大的痛苦惶惑,准确地把握了当时的时代课题。"④社会历史的治乱兴衰是一个不可逆转的过程,社会发展的道路殊途同归。《蛊卦·彖》有"'先甲三日,后甲三日',终则有始,天行也"的论调,《恒卦·彖》也有"终则有始也"的说法,《复卦·彖》则直接把"反复其道,七日来复"看作天地运行规律的本性,即"天地之心"。《易传》认为消息盈虚是终始循环的自然运行规律,也就是《老子》所说的"周行而不殆"。仲长统王朝形成确立、稳定发展和衰亡终结的三阶段理论体系显然是有本于《易传》日月相推、寒来暑往的变化规律的。

第一阶段,大乱之后必有大治,王政凋敝、民不聊生是孕育新社会秩序的基础。在仲长统看来,旧社会秩序的坍塌消亡和新秩序的确立正是一个有生于无、动而愈出的自然选择的过程,"大乱之后有易治之势"⑤。他认为:"豪杰之当天命者,未始有天下之分者也。无天下之分,故战争者竞起焉。于斯之时,并伪假天威,矫据方国,拥甲兵与我角才智,程勇力与我竞雌雄,不知去就,

---

① 张涛,注评. 周易 [M]. 南京:凤凰出版社,2011:289.
② 张涛,注评. 周易 [M]. 南京:凤凰出版社,2011:266.
③ 许殿才. 仲长统的历史理论与社会批判思想 [J]. 史学史研究,1992 (4):20.
④ 任继愈. 中国哲学发展史:魏晋南北朝 [M]. 北京:人民出版社,1988:23.
⑤ 孙启治,译注. 政论·昌言 [M]. 北京:中华书局,2014:213.

疑误天下，盖不可数也。"①也就是说，公权力并非天生属于某个王朝，亦非天道定数，假托天命的背后是运用智慧与力量服务社稷黎民，成王败寇是自然规律。仲长统不承认天道有知，认为"所取于天道者，谓四时之宜也；所壹于人事者，谓治乱之实也"②。这与《易传》的思想不谋而合。如《观卦·象》曰"观天之神道，而四时不忒。圣人以神道设教，而天下服矣"③，意在强调君子效法自然法则以中正之德教化万民则万民观仰，四海归附。汉高祖、汉光武帝"之所以威震四海、布德生民、建立功业……唯人事之尽耳，无天道之学焉"④。在天道与人事的关系层面，仲长统重视人的主观意识和能动作用，一方面要尊重天道自然的规律，另一方面要顺应自然，改造自然，克尽人事，"不求诸己，而求诸天，下愚之主也"，"欢于报应，喜于珍祥，是劣者之私情，未可谓大上之公德也"⑤。仲长统抨击了灾异福瑞的思维逻辑，鄙视政事与灾祥联系的神学化定式，提出："所贵乎用天之道者，则指星辰以授民事，顺四时而兴功业，其大略也，吉凶之祥又何取焉？"⑥《颐卦·象》曰"天地养万物，圣人养贤以及万民"⑦，圣人应当仿效自然公而无私选贤任能以哺育百姓。仲长统认为唯有制国分人，立政分事，亲民布惠，常行道德教化，法制刑罚为其佐方能实现治世。在他看来，正如周王代殷、秦政一统六国、楚汉争霸天下那样，经历一定时期的割据战乱和互相征伐，统治阶层德刑并施，社会秩序就会迎来稳定的时期，"天神可降，地祇可出"⑧。

第二阶段，社会秩序平稳确立，民心向稳之后，社会吏治腐败渐渐露头，安定的社会环境开始涌动新的危机。《屯卦·象》曰"云雷，屯。君子以经纶"⑨，《履卦·象》曰"君子以辩上下，定民志"⑩，旨在说明创业之初奋发经营以使秩序井然，新秩序确立应分辨尊卑以使百姓遵循礼制。仲氏描述道：

---

① 范晔. 后汉书：卷四十九 [M]. 李贤，等注. 北京：中华书局，1965：1646.
② 孙启治，译注. 政论·昌言 [M]. 北京：中华书局，2014：278.
③ 张涛，注评. 周易 [M]. 南京：凤凰出版社，2011：88.
④ 孙启治，译注. 政论·昌言 [M]. 北京：中华书局，2014：275.
⑤ 孙启治，译注. 政论·昌言 [M]. 北京：中华书局，2014：283.
⑥ 孙启治，译注. 政论·昌言 [M]. 北京：中华书局，2014：275.
⑦ 张涛，注评. 周易 [M]. 南京：凤凰出版社，2011：116.
⑧ 孙启治，译注. 政论·昌言 [M]. 北京：中华书局，2014：209.
⑨ 张涛，注评. 周易 [M]. 南京：凤凰出版社，2011：21.
⑩ 张涛，注评. 周易 [M]. 南京：凤凰出版社，2011：49.

及继体之时，民心定矣。普天之下，赖我而得生育，由我而得富贵，安居乐业，长养子孙，天下晏然，皆归心于我矣。豪杰之心既绝，士民之志已定，贵有常家，尊在一人。当此之时，虽下愚之才居之，犹能使恩同天地，威侔鬼神。①

此处"贵有常家，尊在一人"指明尊卑有序，上下有常。这一阶段的前期，随着新秩序的不断完善，社会阶层尊卑有序，官员百姓各司其职，人民安居乐业，及至后期，腐败滋生导致吏制崩坏，奸佞迭出，民生环境渐渐恶化，社会危机四起。仲长统举汉兴之例感叹道：

汉兴以来，相与同为编户齐民，而以财力相君长者，世无数焉。而清洁之士，徒自苦于茨棘之间，无所益损于风俗也。豪人之室，连栋数百，膏田满野，奴婢千群，徒附万计。……睇盼则人从其目之所视，喜怒则人随其心之所虑。此皆公侯之广乐，君长之厚实也。苟能运智诈者，则得之焉；苟能得之者，人不以为罪焉。源发而横流，路开而四通矣。求士之舍荣乐而居穷苦，弃放逸而赴束缚，夫谁肯为之者邪！夫乱世长而化世短。②

经过西汉初期的文景治世，武帝短暂的一统盛世之后，社会治理由立国之初的朝督暮责转为松散放任，衰败的征兆开始出现，社会由治转乱，矛盾深化，各种危机此起彼伏。《老子》二十三章有"飘风不终朝，骤雨不终日。孰为此者，天地。天地尚不能久，而况于人乎？"③，认为人事本于天道，天道尚且动静不息，人事更是如此，暴政恣肆横行失道失德必不能长久。《坤卦·象》曰"'履霜坚冰'，阴始凝也。驯致其道，至坚冰也"④同样具有警示内涵，认为微霜开始凝结意味着阴气由微而著，阐释了阴阳对立的辩证关系，物极必反，阴阳相推是变革之始。有鉴于此，仲长统指出天道自然的四季变化犹如人事兴衰更替，阴气的凝结伴随着阳气的衰微，社会乱象是王朝衰落的前兆，并深切告诫统治阶层要居安思危，防微杜渐。《易传》中有彰往察来之说，以自然物象的变化作为人事兴衰的准则，启示统治者天道人事是双向联系的，认为"古之聪

---

① 范晔. 后汉书：卷四十九 [M]. 李贤，等注. 北京：中华书局，1965：1647.
② 范晔. 后汉书：卷四十九 [M]. 李贤，等注. 北京：中华书局，1965：1648.
③ 陈鼓应. 老子今注今译 [M]. 北京：商务印书馆，2003：164.
④ 张涛，注评. 周易 [M]. 南京：凤凰出版社，2011：14.

明睿智……明于天之道，而察于民之故，是兴神物以前民用。圣人以此齐戒，以神明其德夫"①。这似乎也与仲长统举兴衰之例、察民间疾苦来警醒当政者的现实主义思维有所暗合。

第三阶段，王政衰微，天下大乱，王朝濒临灭亡。统治阶层残暴施政和无休止盘剥导致社会各阶层矛盾日益激化，迫使劳苦大众揭竿而起，群雄应势而动，烽烟再次弥漫，社会期盼新秩序的确立。仲长统把祸乱动荡的根源归结为统治阶级脱离群众、政事弛废，他说：

> 彼后嗣之愚主，见天下莫敢与之违，自谓若天地之不可亡也，乃奔其私嗜，骋其邪欲，君臣宣淫，上下同恶。……荒废庶政，弃亡人物，澶漫弥流，无所底极。信任亲爱者，尽佞谀容说之人也；宠贵隆丰者，尽后妃姬妾之家也。使饿狼守庖厨，饥虎牧牢豚，遂至熬天下之脂膏，斫生人之骨髓。怨毒无聊，祸乱并起，中国扰攘，四夷侵叛，土崩瓦解，一朝而去。②

并发出嗟叹："昔之为我哺乳之子孙者，今尽是我饮血之寇仇也。至于运徙势去，犹不觉悟者，岂非富贵生不仁，沉溺致愚疾邪？"③在仲氏的眼中，社会大众安居乐业是王朝稳固的基石，黎民百姓的生存空间被剥夺，支撑汉王朝统治的土壤丧失，"时政凋敝，风俗移易，纯朴已去，智慧已来"④，执政阶层漠视国计民生，而放任社会腐败，耽于宴乐，致使民生艰辛，民心尽失。他总结道："存亡以之迭伐，政乱从此周复，天道常然之大数也。"⑤政事不修、风俗败坏是王朝更迭的根本原因。清代学者焦循提出《易》有"相错""旁通""时行"三法则，以为人性之所以有"仁义"因其能"变通"，"异乎物之性"，"仁义由于能变通。人能变通故性善，物不能变通故性不善"⑥。也就是说，经典制度皆诞生于特定历史环境，漠视现实、拘泥因循、沉湎陶醉注定违背历史发展规律，认识矛盾变化才是圣贤本义。这种"变通"的历史观反映了乾嘉后期思

---

① 张涛，注评. 周易［M］. 南京：凤凰出版社，2011：271.
② 范晔. 后汉书：卷四十九［M］. 李贤，等注. 北京：中华书局，1965：1647.
③ 范晔. 后汉书：卷四十九［M］. 李贤，等注. 北京：中华书局，1965：1647.
④ 孙启治，译注. 政论·昌言［M］. 北京：中华书局，2014：161.
⑤ 范晔. 后汉书：卷四十九［M］. 李贤，等注. 北京：中华书局，1965：1647.
⑥ 焦循. 孟子正义［M］. 沈文倬，点校. 北京：中华书局，1987：743.

想界摒弃理学禁锢,寻求学术与现实充分联系,解决现实问题的迫切期望,与仲长统三阶段理论殊途同归。

站在社会历史运行发展的高度上,仲长统看到了一个王朝从建立、兴旺到衰微、灭亡的整个过程,这种社会历史观本身是具有进步意义的,然而他将这个过程看作治世与乱世的循环往复和此消彼长,归结为天道循环的结果,无疑陷入了"五德终始说"的窠臼。《易传》推崇无平不陂、无往不复、物极必反的思想,也具有循环论的色彩,但是,《易传》在关注周而复始的同时,还承认损益变化、革故鼎新的积极影响,肯定社会历史发展生生不息的巨大推动力量。受到《易传》的启示,仲长统似乎也看到了这一层面,他认为"至于革命之期运,非征伐用兵则不能定其业;奸宄之成群,非严刑峻法则不能破其党。时势不同,所用之数亦宜异也"①,主张通过革故鼎新的变革力量来为社会发展注入活力。

三、损益改革、尊卑有序的社会思想

《损卦》有省减的含义,《益卦》有增益的含义,《周易》提及"损下益上,其道上行""损上益下,民说无疆,自上下下,其道大光""酌损之""哀多益寡"等思想,《损》《益》二卦的核心与时偕行的损益思想是《周易》中的重要内容,仲长统的《损益篇》以与时损益思想为切入点探讨了他的社会治理方案。《损卦·彖》中提及"损益盈虚,与时偕行"②。《损益篇》说:"《易》曰:'阳一君二臣,君子之道也;阴二君一臣,小人之道也。'然则寡者,为人上者也;众者,为人下者也。一伍之长,才足以长一伍者也;一国之君,才足以君一国者也;天下之王,才足以王天下者也。"③换句话说,在上位的统治阶层和管理者始终是少数,而处于下位的民众是大多数。《法诫篇》中也说"诸侯明德者,皆一卿为政""夫任一人则政专,任数人则相倚。政专则和谐,相倚则违戾"④,认为汉末外戚宦官交替专权、皇权旁落的根源在于废弃了丞相及三公的设置,主张重设丞相主理政务,三公分清责权,各司其职,实际上是强调社会统一管理的重要意义,指出错选人才是导致社会混乱、百姓不安和灾变妖异的罪魁

---

① 孙启治,译注. 政论·昌言 [M]. 北京:中华书局,2014:208.
② 张涛,注评. 周易 [M]. 南京:凤凰出版社,2011:173.
③ 范晔. 后汉书:卷四十九 [M]. 李贤,等注. 北京:中华书局,1965:1653.
④ 孙启治,译注. 政论·昌言 [M]. 北京:中华书局,2014:192-193.

祸首。

仲长统以为,君子之道的施行必须由少数智慧的人来统领,划定城邦,选贤任能,设立长官,确立法度,管理社会大多数的民众,这与"损下益上"的思想不谋而合。他说"君子用法制而至于化,小人用法制而至于乱",其根本原因是人事的问题,强调用人以贤及法制的重要性,又进一步说"由其道而得之,民不以为奢;由其道而取之,民不以为劳"①,国家积蓄和官员俸禄如果由正道取得,民众就不会觉得奢侈劳苦,这种"损下益上"也会为民众所接受。同时,"天灾流行,开仓库以禀贷""衣食有余,损靡丽以散施"②这类"损上益下"的举措不失为仁义之举。王弼在《周易注·益卦》中也提及"因民利而利之焉,惠而不费,惠心者也……以诚惠物,物亦应之"③的主张,是对仲长统这一思想的最好注解。仲长统批驳当时社会治理中"薄屋""藿食"伪清廉、假高尚的社会风气,认为士民之长"重肉累帛,朱轮四马"是理所应当,是"损下益上"的题中之义,更大胆提出"夫选用必取善士,善士富者少而贫者多,禄不足以供养,安能不少营私门乎?从而罪之,是设机置阱以待天下之君子也"④。这种因时酌损、因时酌益的观念贯穿了整个《损益篇》。

此外,《易传》注重"天尊地卑,乾坤定位"⑤的尊卑有序,对仲长统也影响颇深,反映出仲氏思想明显的儒家礼治色彩。他认为《易传》强调的尊卑有序、君臣父子的社会秩序是通行的道理、天下常法。在以儒家为统治思想的汉代传统社会中,礼治是世俗社会的根基,也是社会政治思想的本源。《荀子·礼论》中在谈到封建社会礼治的理论基础时说:"人生而有欲,欲而不得,则不能无求;求而无度量分界,则不能不争;争则乱,乱则穷。先王恶其乱也,故制礼义以分之,以养人之欲,给人之求。使欲必不穷于物,物必不屈于欲,两者相持而长,是礼之所起也。"⑥把天地、先祖、君师归纳为"礼之三本",将贵贱有等,长幼有序,贫富轻重有别视为实现社会平衡和谐的基石。诚然,礼治侧重封建乡土社会的自治性和自主性,离不开执掌社会道德绳墨的社会管理者。仲长统认为,社会的治理和稳定必须依靠具备才干的领导阶层,"愚役于智,犹

---

① 孙启治,译注.政论·昌言[M].北京:中华书局,2014:180.
② 孙启治,译注.政论·昌言[M].北京:中华书局,2014:180.
③ 王弼,撰.楼宇烈,校释.周易注校释[M].北京:中华书局,2012:158.
④ 孙启治,译注.政论·昌言[M].北京:中华书局,2014:181.
⑤ 张涛,注评.周易[M].南京:凤凰出版社,2011:263.
⑥ 王先谦.荀子集解[M].沈啸寰,王星贤,整理.北京:中华书局,1988:364.

枝之附干"是社会的正常法则,提出"制国以分人,立政以分事"① 的改革主张,隆礼而重法。

同时,仲长统认为社会发展应当尊奉《易传》"与时偕行""革故鼎新"的精神,适时做出变革。他说:"作有利于时、制有便于物者,可为也。事有乖于数,法有玩于时者,可改也。故行于古有其迹,用于今无其功者,不可不变。变而不如前,易而多所败者,亦不可不复也。"②有利于时、有利于物是其损益改革社会思想的总纲。在仲长统看来,社会的改革可以通过损益前代制度的方法来实现,只要是有利于社会进步和人民生活的措施,都可以经过改良之后发挥效用。例如,他希望通过恢复井田制来消除私有制的土地兼并弊端。同时,他认为社会治乱的根源在于用人,摒弃汉代分封制的弊端,委任善政的官员,可以达到治世的效果。他说:"出于礼制之防,放于嗜欲之域久矣,固不可授之以柄,假之以资者也。是故收其奕世之权,校其从横之势,善者早登,否者早去,故下土无壅滞之士,国朝无专贵之人。此变之善,可遂行者也。"③他认为国家应当唯才是举,改变权贵垄断政局的不利局面,地方官员由能者居之,选贤任能,百姓才能实际受益,社会才能安定和谐。

《老子》第七十七章说:"天之道,损有余而补不足。人之道,则不然,损不足以奉有余。"④点明效法天道以谋求人事的均和平衡。《吕氏春秋》和《淮南子》将"无为政治"视为"贤人政治"⑤,强调"君臣异道""用众"以群策群力。秦汉新道家思想对仲长统廓清汉儒高谈纲常名教,杂论阴阳灾异,穿凿附会人事的迷雾提供了资鉴。仲长统在批判继承和杂糅损益儒道学说基础上形成了以借鉴天道规律来弥补人事不足为核心的主张。根据损益变化的原则,仲长统提出了十六条不能轻易动摇的改革理乱重大举措。他说:

今远州之县,或相去数百千里,虽多山陵洿泽,犹有可居人种谷者焉。当更制其境界,使远者不过二百里。明版籍以相数阅,审什伍以相连持,限夫田以断并兼,定五刑以救死亡,益君长以兴政理,急农桑以丰委积,去末作以一本业,敦教学以移情性,表德行以厉风俗,核才艺以叙官宜,

---

① 范晔. 后汉书:卷四十九 [M]. 李贤,等注. 北京:中华书局,1965:1653.
② 范晔. 后汉书:卷四十九 [M]. 李贤,等注. 北京:中华书局,1965:1650.
③ 范晔. 后汉书:卷四十九 [M]. 李贤,等注. 北京:中华书局,1965:1651.
④ 陈鼓应. 老子今注今译 [M]. 北京:商务印书馆,2003:336.
⑤ 熊铁基. 秦汉新道家 [M]. 上海:上海人民出版社,2001:368.

简精悍以习师田，修武器以存守战，严禁令以防僭差，信赏罚以验惩劝，纠游戏以杜奸邪，察苛刻以绝烦暴。审此十六者以为政务，操之有常，课之有限，安宁勿懈堕，有事不迫遽，圣人复起，不能易也。①

这十六条涉及户籍制度、综合治理、农业生产、法制问题、社会道德、吏治问题、战略储备等方面的务实改革，损盈补匮限制豪强土地兼并扩张，衰多益寡普惠国计民生，旨在实现社会的均衡和谐。

四、中正太和、以人为本的政治理想

仲长统力倡改革是为了实现中正太和的政治理想。深受《易传》中正太和思想的启示，仲氏以实现社会的整体和谐"亲百姓，训五品，和万邦，蕃黎民"② 为社会治理的最终目标。他认为"人事为本，天道为末"③，克己责躬，注重发挥人事在社会政治中的能动性作用，主张任人唯贤，量才适用，抨击宦官外戚专权的社会现状，倡导从统治阶级出发，肃清吏治，改善民生，促进社会稳定和谐。天人的和谐根源于遵循德教礼义和自然法则，而"教化以礼义为宗，礼义以典籍为本"④，既要修习体悟儒家的典籍，又要遵循道家的自然之势，"和神气，惩思虑"⑤，虽仍未摆脱儒家正统，却表现出道家余韵。⑥

仲长统杂糅儒道，有鲜明的人本倾向，从个人修身的角度出发，提出："肃礼容，居中正，康道德，履仁义，敬天地，恪宗庙，此吉祥之术也。"⑦他把中正、仁义作为做人为官的准则，提倡君主身体力行，躬亲有为，力求中正，把君主的清明视为实现社会治理和改革的源头。他说："有天下者，莫不君之以王，而治之以道。道有大中，所以为贵也。"⑧《大有·彖》曰："大有，柔得尊位，大中而上下应之，曰大有。其德刚健而文明，应乎天而时行，是以元

---

① 范晔. 后汉书：卷四十九 [M]. 李贤，等注. 北京：中华书局，1965：1653.
② 孙启治，译注. 政论·昌言 [M]. 北京：中华书局，2014：208.
③ 严可均. 全后汉文：卷八十八 [M]. 许振生，审订. 北京：商务印书馆，1999：902.
④ 孙启治，译注. 政论·昌言 [M]. 北京：中华书局，2014：208.
⑤ 孙启治，译注. 政论·昌言 [M]. 北京：中华书局，2014：235.
⑥ 丁怀轸，丁怀超. 从名实之争到本末有无之辨：魏晋玄学渊流初探 [J]. 社会科学战线，1987（4）：69.
⑦ 严可均. 全后汉文：卷八十九 [M]. 许振生，审订. 北京：商务印书馆，1999：897.
⑧ 严可均. 全后汉文：卷八十九 [M]. 许振生，审订. 北京：商务印书馆，1999：898.

亨。"①仲氏的见解体现了《大有卦》的深刻内涵，即社会要达到太平盛世需要天下之人各司其职，各尽其责，应乎天时，共同实现安定富庶。他认为要实现社会和谐就一定离不开有道之君，因此他建议君主要"临之以至公，行之以至仁"②，做万民的表率，致力为公，仁义施政。同时，他对君主提出了恳切的要求："故人主能使违时诡俗之行，无所复剖摩，困苦难为之约，无所复激切，步骤乎平夷之涂，偃息乎大中之居，人享其宜，物安其所，然后足以称贤圣之王公，中和之君子矣。"③

另外，他告诫君主要善于纳谏，进而列出了五条需要注意的问题：

> 一曰废后黜正，二曰不节情欲，三曰专爱一人，四曰宠幸佞谄，五曰骄贵外戚。废后黜正，覆其国家者也。不节情欲，伐其性命者也。专爱一人，绝其继嗣者也。宠幸佞谄，壅蔽忠正者也。骄贵外戚，淆乱政治者也。④

做到了这几点，就为实现大正之道，天下大和迈出了关键一步。他认为治乱之本在于人，称"知天道而无人略"为巫卜愚民，主张君臣不应该"信天道而背人略"，认为"所贵乎用天之道者，则指星辰以授民事，顺四时而兴功业"，天人之道贵在尊奉天道而多修人事，管理者所要做的是"官人无私，唯贤是亲。勤恤政事，屡省功臣，赏锡期于功劳，刑罚归乎罪恶"，如此便会"政平民安，各得其所"，他批判"不求诸己，而求诸天"为愚主，主张管理者要诚心自省，思虑治道。⑤仲氏治世理民的观点与《易传》"天地之大德曰生，圣人之大宝曰位。何以守位？曰仁。何以聚人？曰财。理财正辞，禁民为非，曰义"⑥的施政纲要并无二致。在此基础上，他为君主详细勾勒了理想社会的蓝图，即"礼简而易用，仪省而易行，法明而易知，教约而易从，篇章既著，勿复刊剟，仪故既定，勿复变易"⑦，即法令通行、上下通达的和谐社会。

---

① 张涛，注评. 周易 [M]. 南京：凤凰出版社，2011：65.
② 严可均. 全后汉文：卷八十八 [M]. 许振生，审订. 北京：商务印书馆，1999：889.
③ 严可均. 全后汉文：卷八十九 [M]. 许振生，审订. 北京：商务印书馆，1999：899.
④ 严可均. 全后汉文：卷八十九 [M]. 许振生，审订. 北京：商务印书馆，1999：899.
⑤ 严可均. 全后汉文：卷八十九 [M]. 许振生，审订. 北京：商务印书馆，1999：901-902.
⑥ 张涛，注评. 周易 [M]. 南京：凤凰出版社，2011：276.
⑦ 严可均. 全后汉文：卷八十八 [M]. 许振生，审订. 北京：商务印书馆，1999：889.

仲长统直斥社会风俗的败坏是引起不和谐的关键因素。针对"蓍龟积于庙门之中,牺牲群丽碑之间,冯相坐台上而不下,祝史伏坛旁而不去"①,"入林伐木不卜日,适野刈草不择时"②,"丹书厌胜之物"俯拾皆是的情况,发出慷慨嗟叹:"逆时令,背大顺,而反求福佑于不祥之物,取信诚于愚惑之人,不亦误乎?"③并将这些世风日下的现象视为王朝败亡、纷乱四起的渊薮,强烈悲愤地抨击了汉末社会谶纬化的神学风气,为魏晋扫清象数壁垒做了铺垫。

小结

朱伯崑先生认为《易传》对《周易》经文的解释不是凭空捏造的,"而是战国以来的社会政治、文化思想发展的历史产物"④。仲长统吸收易学因子所做的批判性诠释亦是如此。汉代的经学是与现实的社会政治密切相连的,东汉以来,儒家经学渐趋僵化腐朽,对社会政治的调节和指导作用开始减弱,社会期待新的指导现实政治思想的出现,社会批判思潮由此萌发。汉末的社会批判思潮既是"现实政治批判",又是"文化思想运动"。⑤ 在这一大潮中,仲长统立足于《周易》的天人观,重新定位天人关系,"既主张顺应自然,又反对汉代经学的天人感应论"⑥,从而利用天道服务于人事,把修人事作为实现社会和谐安定的核心,具有"德性优先的浓郁人文关怀"⑦,脱离了天命论的窠臼,突破了两汉以来用天道来附会人事的唯心主义神学枷锁。他清醒地认识到社会现实,具有明显的朴素唯物主义倾向,同时,他认识到历史发展、王朝更替的必然规律,顺应了天道无为的自然主义潮流,提出了"人事为本",融合儒家形而下的伦理观及道家形而上的天道观,追求法治的改革方略,促进了易学由务求天道向关注人事,复归义理思潮的转型。然而,现实的政治没有给仲长统足够的发挥空间,道家避世修身的思想给他提供了新的思路。他在《乐志论》中发隐逸之言:"安神闺房,思老氏之玄虚;呼吸精和,求至人之仿佛……逍遥一世之上,睥睨天地之间。不受当时之责,永保性命之期。如是,则可以陵霄汉,出

---

① 孙启治,译注. 政论·昌言 [M]. 北京:中华书局,2014:279.
② 孙启治,译注. 政论·昌言 [M]. 北京:中华书局,2014:237.
③ 孙启治,译注. 政论·昌言 [M]. 北京:中华书局,2014:235-238.
④ 朱伯崑. 易学哲学史:第1卷 [M]. 北京:昆仑出版社,2005:60.
⑤ 蒙培元. 汉末批判思潮与人文主义哲学的重建 [J]. 北京社会科学,1994 (1):61.
⑥ 周桂钿,李祥俊. 中国学术通史:秦汉卷 [M]. 北京:人民出版社,2004:311.
⑦ 刘大钧.《周易》古义考 [J]. 中国社会科学,2002 (5):142.

宇宙之外矣。岂羡夫入帝王之门哉！"① 此句表现出明显的道家思想倾向。

第五节　荆州学派刘表易学

东汉末期，荆州荟萃文人志士，成为东汉王朝思想文化的最后一片净土。在由乱到治的转折期，文化建设问题受到许多有识之士的重视，"孔融、刘表以及三国的领导人进行文化建设都把儒家的经学放在头等重要的地位，这是和两汉传统一脉相承的"②。荆州牧刘表十分重视儒学，力图恢复儒家经学的传统，他发起和创建了荆州学派，并以宋衷、綦母闿、司马徽等易学家为中心形成了一个研究易学思想的重要团体。荆州学派以治《易》为主，重视古文易学，对汉代易学的传承和魏晋玄学易的兴起有承上启下的特殊意义。有学者指出："荆州官学无疑为三国鼎立时代所普遍出现的黄老刑名加古文经学的过渡文化形，做了人才上和思想上的准备。"③刘表是荆州学派的发起人，对荆州易学有引领和带动的重大影响。刘表身为齐鲁籍易学家，深受齐鲁易学思想的滋养，对齐鲁易学在荆楚地区的传播和兴盛起到了关键作用。

一、刘表事略

刘表（142—208），字景升，山阳高平（今山东微山）人，是汉景帝之子鲁恭王的后裔。刘表姿貌甚伟，身长八尺有余，为当时名士，与同郡的张俭、范滂、陈翔等人一同被称为"八顾"。在反对宦官专权的党锢斗争中被通令缉捕，后逃脱得以幸免。党禁开解后，大将军何进征其为掾属，为北军中候。初平元年（190），刘表被表为荆州刺史，后为镇南将军、荆州牧，封成武侯，开始作为荆州的实际掌舵人。建安三年（198），刘表一统荆州八郡，"于是开土遂广，南接五领，北据汉川，地方数千里，带甲十余万"④，成为割据一方的诸侯势力。治理荆州期间，刘表"招诱有方，威怀兼洽，其奸猾宿贼更为效用，万里肃清，大小咸悦而服之。关西、兖、豫学士归者盖有千数，表安慰赈赡，皆得

---

① 孙启治，译注. 政论·昌言［M］. 北京：中华书局，2014：286.
② 任继愈. 中国哲学发展史：魏晋南北朝［M］. 北京：人民出版社，1988：50.
③ 王晓毅. 荆州官学与三国思想文化［J］. 孔子研究，1994（1）：44.
④ 范晔. 后汉书：卷七十四：下［M］. 李贤，等注. 北京：中华书局，1965：2421.

资全。遂起立学校，博求儒术，綦母闿、宋衷等撰立《五经》章句，谓之《后定》。爱民养士，从容自保"①。刘表酷爱儒学，推崇中庸之道，"受学于同郡王畅"②，因此实行了一系列有益于思想文化的举措，荆州学术大为繁荣，与全国其他地区的混乱状态形成了鲜明对比，对荆州地区经济文化的稳定和发展做出了重要贡献。建安十三年（208），刘表病卒。

《经典释文》著录有"刘表《章句》五卷"，并注曰："《中经簿录》云注《易》十卷，《七录》云九卷，《录》一卷。"③《隋书·经籍志》载有"《周易》五卷"，注云："汉荆州牧刘表章句。"④吴承仕《经典释文序录疏证》云"刘表《章句》五卷"，注云："刘氏《章句》，《七录》九卷，《目》一卷，《序录》及《隋、唐志》并云五卷，盖非完书。"⑤清儒张惠言认为："景升《章句》，尤阙略难考；案其义，于郑为近。大要两家皆费氏《易》也。"⑥以其《章句》大义近郑玄，其大要为费氏易学。马国翰《玉函山房辑佚书》辑有《周易刘氏章句》一卷⑦。黄奭、孙堂、张惠言等皆有辑本，《周易集解》中亦有《谦卦》《颐卦》《坎卦》引文，《周易正义》亦称引其说。另有《旧唐书·经籍志》载有刘表撰"《荆州星占》二卷"⑧。在汉代经学《易》向魏晋玄学《易》转变的道路上，以刘表、宋衷等为中心的荆州学派易学做出了突出贡献。汤用彤先生指出："新义之生，源于汉代经学之早生歧义。远有今古学之生，而近则有荆州章句学之后定。王弼之学与荆州盖有密切之关系。"⑨刘表易学尤对其外曾孙王弼有极大影响，"王弼之《易》，则继荆州之风，而自有树立者也"⑩。

二、刘表《易》注

刘表治《易》注重古文费氏易学的传统，并对郑学易学有所承继。他通过

---

① 范晔. 后汉书：卷七十四：下［M］. 李贤，等注. 北京：中华书局，1965：2421.
② 陈寿. 三国志：卷六［M］. 陈乃乾，校点. 北京：中华书局，1959：211.
③ 陆德明，撰. 黄焯，汇校. 黄延祖，重辑. 经典释文汇校［M］. 北京：中华书局，2006：9.
④ 魏徵，令狐德棻. 隋书：卷三十二［M］. 北京：中华书局，1973：909.
⑤ 吴承仕. 经典释文序录疏证［M］. 秦青，点校. 北京：中华书局，1984：39.
⑥ 张惠言. 茗柯文编［M］. 黄立新，校点. 上海：上海古籍出版社，1984：52.
⑦ 马国翰. 玉函山房辑佚书：卷一［M］. 扬州：广陵书社，2004：126.
⑧ 刘昫，等. 旧唐书：卷四十七［M］. 北京：中华书局，1975：2037.
⑨ 汤用彤. 汤用彤学术论文集［M］. 北京：中华书局，1983：265.
⑩ 汤用彤. 汤用彤学术论文集［M］. 北京：中华书局，1983：266.

对易象的阐释，解说经文，发挥义理，论述自己对儒学、经学的理解。在《周易集解》《周易正义》《玉函山房辑佚书》中，我们可以略考其《易》注大义。《乾·象》曰"天行健"，孔颖达引刘表之注"详其名也"云："健是乾之训也，顺者坤之训也……此不言'天行健'而言'健'者，刘表云'详其名也'。然则天是体名，乾是用名，健是其训，三者并见，最为详悉，所以尊乾异于他卦。"①在刘表看来，《乾》以健名是为了进一步解释《乾卦》运动不息的运行状态，体现了自强不息的《乾卦》精神。同是荆州学派的宋衷对刘表之说做了明确佐证，宋衷认为："昼夜不懈，以健详其名。余卦当名，不假于详矣。"何妥则深化了这一解释，他说："天体不健，能行之德健也。犹如地体不顺，承弱之势顺也，所以《乾卦》独变名为健者。"②《屯·象》曰"云雷屯，君子以经纶"，《正义》注云："经谓经纬，纶谓纶。纶言君子法此屯象，有为之时，以经纶天下约束于物……刘表、郑元云以纶为沦字。"③刘表把纶字作沦字来看，孔颖达谓其非王本意，姚信亦以纶为纲字，孔氏驳其为谬误，以此为君子之事，并非织综经纬的意思。可见，刘表对经文训诂颇有自己独到的见解。如《师卦》初六"师出以律，否臧凶"，刘表认为当为否为不字；《小畜卦》上九"月几望"，刘表以为"月近望"④。《损·象》曰："山下有泽，损。君子以征忿窒欲。"刘表认为是"澂忿慬欲"，并说"澂，清也，慬，止也"。⑤《谦·象》曰"地中有山，谦"，刘氏注曰："地中有山，以高下下，故曰'谦'。谦之为道，降己升人，山本地上，今居地中，亦降体之义，故为谦象也。"⑥刘表以《谦》之道为降低自己，尊敬他人，以《坤》之厚德载物，体现了包容厚德的胸怀。《习坎》刘氏注曰"水流不休，故曰习坎，险也，陷也"，即为重复的水险；《坎·象》"水洊至"，刘氏注曰"洊仍也"，解释为水再次来临的意思，六四"篚贰，用缶"刘氏作"贰用缶"。⑦《坎卦》上六"系用徽纆，寘于丛棘，三岁不得，凶"，《周易集解》引马融云"徽纆，索也"，刘表则云："三股为徽，两股为纆，皆索名，以系缚其罪人矣。"⑧可以看出刘表易

---

① 十三经注疏：上[M]. 上海：上海古籍出版社，1997：14.
② 李鼎祚. 周易集解[M]. 台北：台湾商务印书馆，1968：5.
③ 十三经注疏：上[M]. 上海：上海古籍出版社，1997：19.
④ 马国翰. 玉函山房辑佚书：卷一[M]. 扬州：广陵书社，2004：126.
⑤ 马国翰. 玉函山房辑佚书：卷一[M]. 扬州：广陵书社，2004：128.
⑥ 李鼎祚. 周易集解[M]. 台北：台湾商务印书馆，1968：93.
⑦ 马国翰. 玉函山房辑佚书：卷一[M]. 扬州：广陵书社，2004：127.
⑧ 李鼎祚. 周易集解[M]. 台北：台湾商务印书馆，1968：153.

学对费直—马融一系的治《易》风格有所继承。《颐·象》曰"山下有雷，颐"，刘氏注曰："山止于上，雷动于下，颐之象也。"①刘表本于卦象，务求观卦象而解义理，其注显示刘学多近于郑玄，然其又以文字训诂，经文考订为门径，有费氏易学的风骨。

小结

易学是东汉末年经学的主流，荆州学派围绕刘表这个中心，形成了一个以治《易》为主，博涉六经的地方性易学团体，"标志着一个可与两汉官方经学相比类的经学系统"②，延续了易学在汉末的生命，荆州地区的学术思想由是繁盛。任继愈先生说："荆州学派的出现是汉末经学蜕变的重要一环。王肃与王弼的经学都与他有关。"③ 汉末，荆州地区是容纳人才、重视学术的思想盛地，思想文化辐射周边，这些离不开刘表的打造创建之功。根据《汉志》《后汉志》及《刘镇南碑》的记载，王葆玹先生将刘表的生平大致分为三个时期，一是"从学王畅时期"，二是"与张俭并为党人名士时期"，三是"割据荆州，开立学官的时期"，并认为刘表在文化方面的建树远超当时的其他政权，称刘表所创建的荆州学是东汉太学到曹魏学术的过渡阶段。④有学者评价道："当汉献帝建安初年，中国本土的经学……大江以南，远及江东巴蜀，并从荆州。"⑤荆州地区成为江左学术文化的中心，而荆州学派的学术成果则"是对于汉经学的正统章句之学所作的最后努力，和最后的挣扎"⑥。荆州学派易学以及刘表个人的易学成就对后世产生了深广的影响，对魏晋以后易学的发展具有启发意义，王弼、陆德明、孔颖达、朱震等都对荆州易学有所借鉴，荆州易学亦成为易学领域大变革的指向标。

---

① 李鼎祚. 周易集解 [M]. 台北：台湾商务印书馆，1968：142.
② 王葆玹. 今古文经学新论 [M]. 北京：中国社会科学出版社，1997：173.
③ 任继愈. 中国哲学发展史：魏晋南北朝 [M]. 北京：人民出版社，1988：621-622.
④ 王葆玹. 今古文经学新论 [M]. 北京：中国社会科学出版社，1997：174-175.
⑤ 何启民. 魏晋思想与清谈 [M]. 台北：台湾学生书局，1982：36.
⑥ 何启民. 魏晋思想与清谈 [M]. 台北：台湾学生书局，1982：5.

第四章

三国魏晋时期的齐鲁易学

第一节 魏晋义理之学的回流与玄谈的兴起

东汉末年,群雄割据,社会混乱,民生凋敝,经过长期的统一战争,魏文帝曹丕代汉而王,建立了曹魏政权,开启了长达三百七十多年的魏晋南北朝时期。然而,分裂割据的形势并没有因此而得到彻底改变,中央集权的君主制度也没有完全恢复,儒家思想的统治地位有所动摇。汉亡以前,纲常名教的儒家思想是政治制度赖以维系的基础,明经取士是选拔人才的主要渠道,在功名利禄的诱惑下,大批饱学之士投入儒家经学的怀抱,经学滋茂的局面盛极一时,"经学盛于汉;汉亡而经学衰"①。经学在发展的过程中,受到政治需要和社会风气的影响,图谶符箓之说兴起,传统经学逐渐披上了谶纬化和神学化的外衣,经义阐释趋于烦琐,附会穿凿,断章取义之风甚嚣尘上,经学发展的活力遭到扼杀。随着中央集权制度的衰落,国家财政的吃紧,经学蕃昌的局势急转直下,神道设教的儒家道德教化失去了昔日的辉煌,这为思想的创新打开了一个缺口,汉魏之际的学术变革应运而生。

陈寅恪先生曾说:"东西晋南北朝时之士大夫,其行事遵周孔之名教,言论演老庄之自然。"②汉代推行"名教之治",经学占据主导地位,曹魏初期实行"名法之治",虽王霸之道、刑名之术杂之,其内核还是儒家的伦理纲常。魏晋

----
① 皮锡瑞. 经学历史 [M]. 周予同,注释. 北京:中华书局,2011:95.
② 陈寅恪. 陈寅恪集:金明馆丛稿初编 [M]. 北京:生活·读书·新知三联书店,2001:44.

时期，儒家经学已不足以单独为政权提供资鉴，士大夫统治阶层转而寻求自然无为的老庄思想的滋养，玄谈之风开始萌发，这一切也反映在齐鲁易学领域。齐鲁易学在魏晋时期依然是学术思想的主流，郑玄易学在魏晋前期独立于官学，其象数易学的形式垄断着易学的发展，民间费氏古文易学也在积蓄着力量。曹魏时期，齐鲁经学大蠹王肃对郑玄杂糅古今，集大成的经学及易学成就进行了批判继承，其学"反效郑君"①，亦兼采今古文，偏重费氏易学的古文传统，注重义理的解读，通过作《易注》和编定其父王朗所作《易传》，揭开了义理易学回潮的序幕，为玄学化易学的降世抛砖引玉。王学于晋武帝之时立于学官，一改汉末至曹魏时期郑学一统的局势，出现了"郑王之争"的对峙状态。

伴随着王学的兴盛，郑学遂而式微，义理易学逐渐兴起。王肃之后，齐鲁易学家王弼与何晏一道敲响了金声玉振的正始玄谈之音，《易》《老》《庄》"三玄"成为学术思潮的主流。王弼根据"以无为本""崇本息末""得意忘象"等原则，采取义说，尽扫象数之弊，不拘泥于汉儒之章句训诂，以《传》解经，以《老》《庄》之言说《易》，援《易》以明义理，会通儒道，注入新义，由天道回归人事，完成了形而上学、玄学化的义理之学，形成了一套独特的玄学哲学理论体系，深化了儒道互补，创立了与象数学派并立的义理学派。古文费氏易学也因汉末荆州学派至王肃、王弼一脉相承的笃守而兴盛。自是之后，经学有南北学之分，北学以尊奉郑玄为主，贵深芜，南学则崇尚王弼之玄虚，持约简，易学亦据此出现南北分立的局面。在主流经学《易》之外，齐鲁易学家管辂以术筮说阐明义理，发挥大义，臧否人物，针砭时弊，别具一格，为齐鲁易学平添新意。

通过汉魏之际及魏晋时期几个典型的齐鲁易学家及其事迹可以看出，齐鲁易学在这一阶段继续保持着易学主流的态势。郑玄以爻辰说为中心的象数易学形式及其兼采今文古文，并论象数与义理，集大成的易学思想独立于学官，主导着汉魏之际的易学研究。王肃《易注》在郑玄之后列为官学，王注盛行而郑学殆绝，齐鲁易学依然是易学的主旋律。王弼玄学化的义理之学紧随王肃之后，开立了易学义理之宗，占据了易学的中心，齐鲁易学始终居于易学的主潮，引领着学术思想的发展。汉末魏晋时期，齐鲁易学在严守家法师法的传统上，不断创新，其顽强生命力、强大包容性、贯通象数与义理、会通儒释道等特征表现得极为突出，促进了学术思想高潮的出现，为后世学术思想的发展指明了方向。

---

① 皮锡瑞. 经学历史 [M]. 周予同，注释. 北京：中华书局，2011：106.

第二节　王肃易说

一、王肃事略

王肃是易学史上上承汉《易》遗法，下启魏晋玄学的重要一环。王肃（195—256），字子雍，是建安儒士王朗之子，三国魏东海郡郯（今山东郯城县）人。王肃十八岁始从荆州学派代表宋衷读《太玄》，并多有独特见解。王肃对诸经皆有深研，偏重贾逵、马融之学，鄙弃郑玄之说。他会采诸家同异，对《左传》《尚书》《论语》《三礼》《诗经》等皆有阐释，又替其父完成《易传》的撰定，其著作在晋朝皆列于学官。黄初中，擢受散骑黄门侍郎，太和三年（229），拜为散骑常侍，后以常侍领秘书监，兼崇文观祭酒，历广平太守、侍中、河南尹、太常等职。甘露元年（256），王肃薨，"门生缞绖者以百数"①，追赠卫将军，谥号景侯。王肃著述宏富，遍论诸经，"其所论驳朝廷典制、郊祀、宗庙、丧纪、轻重，凡百余篇"②。当时，传郑玄之学的东州大儒孙叔然被征为秘书监，不就。王肃集成《圣证论》以攻驳郑学之短，孙叔然论诘以释之，形成了与"郑学"分庭抗礼的"王学"。王肃的著作大多散佚。《隋书·经籍志》载："《周易》十卷，魏卫将军王肃注。"③《旧唐书·经籍志》载："又十卷，王肃注。"④《经典释文·序录》载："王肃注十卷。"⑤其《周易注》多为辑佚而成，清代孙堂《汉魏二十一家易注》、马国翰《玉函山房辑佚书》、黄奭《汉学堂丛书》均有辑本。

二、王肃的易学渊源及其《易注》

张惠言《易义别录》曰：

---

① 陈寿. 三国志：卷十三 [M]. 陈乃乾，点校. 北京：中华书局，1959：419.
② 陈寿. 三国志：卷十三 [M]. 陈乃乾，点校. 北京：中华书局，1959：419.
③ 魏徵，令狐德棻. 隋书：卷三十二 [M]. 北京：中华书局，1973：909.
④ 刘昫，等. 旧唐书：卷四十六 [M]. 北京：中华书局，1975：1967.
⑤ 陆德明，撰. 黄焯，汇校. 黄延祖，重辑. 经典释文汇校 [M]. 北京：中华书局，2006：9.

肃著书务排郑氏，其托于贾、马，以抑郑而已，故于《易》义，马、郑不同者则从马，马与郑同则并背马。故郑言《周礼》，则肃申马，"论为殷春祭"是也。郑言卦气本于马，则肃附《说卦》而弃马；西南阴方、东北阳方用马《注》，而改其《春秋》之文是也。马、郑取象，必用《说卦》，是以有互有爻辰；则肃并弃《说卦》，《剥》之以坤象牀，以《艮》象人是也。然其训诂举大义则出于马、郑者十七。盖《易注》本其父朗所为，肃更撰定。疑其出于马、郑者，朗之学也；其掊击马、郑者，肃之学也。①

　　王肃的《周易注》是站在王朗对易学研究的基础上完成的。王肃治《易》力排郑学之学，对卦气、互体等象数易说皆有所排斥，其关注的重点是易学的义理内容。

　　王肃擅长贾逵、马融古文易学，又师从本于费氏易学的宋衷，受荆州学派的古文《易》影响。其父王朗尝从杨赐受欧阳氏今文《尚书》及《京氏易》影响。按家学来看，王肃尝学习今文之学，又宗贾、马、宋之古文，可谓兼通今古文《易》，因郑学杂糅古今以自出，混乱家法，而不好郑学，遂通过反郑以纯粹古文学，因此，皮锡瑞称"郑学出而汉学衰，王肃出而郑学亦衰"②。另外，王朗曾师从杨赐受孟京灾异之学，与孟氏易学传人虞翻交好，可见，王氏一门对汉儒的象数易学是有过借鉴和体悟的。综合来看，王肃治《易》兼采今古文，重义理而轻象数，然而汉魏之际，郑氏易学引领风潮，"汉魏之交，郑学之势，几奔走天下"③，在郑学盛行的时代，王肃并没有随波逐流，他认为"郑氏学行五十载矣，自肃成童，始志于学，而学郑氏学矣。然寻文责实，考其上下，义理不安，违错者多，是以夺而易之"④，可谓一股清流。贺昌群先生在《魏晋清谈思想初论》中说："郑氏盖集汉学之大成者，故魏晋之际，清谈前期反郑之说蔚起……王肃为反郑之最力者……盖欲超脱汉学繁琐之名物训诂，而返之于义理。"⑤在魏末晋初，王学是官方学术的主流，高平陵政变之后，王肃深得司马懿的信赖，凡有关礼制的问题司马氏皆以王肃说为准，王学间接被提升至官学

---

① 张惠言. 茗柯文编 [M]. 黄立新, 校点. 上海：上海古籍出版社, 1984：53.
② 皮锡瑞. 经学历史 [M]. 周予同, 注释. 北京：中华书局, 2011：105.
③ 马宗霍. 中国经学史 [M]. 上海：上海书店, 1984：61.
④ 杨朝明, 宋立林. 孔子家语通解 [M]. 济南：齐鲁书社, 2009：582.
⑤ 贺昌群. 魏晋清谈思想初论 [M]. 北京：商务印书馆, 1999：20.

的位置,"王学几欲夺郑学之席"①。

西晋武帝司马炎为王肃外孙,进一步巩固了王学的官学地位。"肃以晋武帝为其外孙,其学行于晋初。《尚书》《诗》《论语》《三礼》《左氏》解及撰定父朗所作《易传》,皆立学官。晋初郊庙之礼,皆王肃说,不用郑义。"②晋元帝时,王氏《周易》被立为博士。王氏家族的易学也占据了官学的主导地位。王肃曾跟随宋衷学习过《太玄》,而"宋衷由《太玄》阐发义理,自然是为了解释《周易》","宋衷《周易注》有可能是东汉魏晋时期《周易》义理学的最早的代表作……王肃王弼之摈弃谶纬,都是直接地承袭宋衷"③。王朗以《论衡》举才,对《论衡》思想多有吸收。受到《太玄》《论衡》等思想的启发,同时继承荆州学派的义理学传统,王肃试图以道家学说来肃清郑学的象数壁垒,消解谶纬的阴霾,拨乱反正,他吸收郑学义理部分的精华,除其冗余的象数成分,成为《周易》义理学的创始人,迎合了时代思潮的发展,为王弼玄学解《易》埋下了伏笔。

王肃继承其父遗志所撰定的《易注》博采众长,注重以取义说来注解经义,阐释人事,又以象数形式辅助阐发大义,宣扬道德观念,为义理之学的振兴提供了可行的思路。《隋书·经籍志》载:"故有费氏之学,行于人间,而未得立。后汉陈元、郑众,皆传费氏之学。马融又为其传,以授郑玄。玄作《易注》,荀爽又作《易传》。魏代王肃、王弼,并为之注。"④王肃注《易》采用的是费氏传本,以古文《易》为蓝本,承继了古文传统。王肃《易注》崇尚简约质朴,摒弃繁芜的象数形式,形成了独特的解《易》体例和方式,为后世易学家提供了一种范例,产生了深刻的影响。

《乾卦》上九"亢龙有悔",王肃注曰:"穷高曰亢,知进忘退曰悔也。"⑤王肃认为,上九爻亢龙处于《乾卦》高穷之位,知进而不知退,是以有悔也。《坤卦》"黄裳元吉,文在中也",王肃注曰:"坤为文,五为中,故曰文在中也。"⑥他以为六五爻居于上体之中,居至尊之位,能守持中道,因而能吉。《噬嗑卦》九四"噬干肺,得金矢",王弼注曰:"四体纯阴,卦骨之象。骨在

---

① 马宗霍.中国经学史[M].上海:上海书店,1984:63.
② 皮锡瑞.经学历史[M].周予同,注释.北京:中华书局,2011:109.
③ 王葆玹.今古文经学新论[M].北京:中国社会科学出版社,1997:176.
④ 魏徵,令狐德棻.隋书:卷三十二[M].北京:中华书局,1973:912.
⑤ 马国翰.玉函山房辑佚书:卷一[M].扬州:广陵书社,2004:175.
⑥ 马国翰.玉函山房辑佚书:卷一[M].扬州:广陵书社,2004:175.

乾，肉脯之象。金矢所以获野禽以食之，反得金矢，君子于味必思其毒，于利必备其难。"①此处比喻九四爻阳刚失正，若能守正不偏，终得吉祥。《剥卦》九四"剥床以肤"，王肃注曰："在下而安人者，床也。在上而处床者，人也。坤以象床，艮以象人。床剥尽以及人身，为败滋深，害莫甚焉。"②王肃以《坤卦》象床，《艮卦》象人，人卧于床，而床剥近肤，故言灾难将至。《贲卦》六五"贲于丘园，束帛戋戋"，王肃注曰："失位无应，隐处丘园。盖蒙暗之人，道德弥明，必有束帛之聘也。戋戋委积之貌也。"③此谓六五以阴柔失位居尊，下无所应，犹如贤人隐匿丘园，但有持中不偏的道德修养，故能与上九相亲，能终或吉祥。《咸·彖》曰"止而说，男下女，是以'亨，利贞，取女吉'也"，王肃注曰："山泽以气通，男女以礼感。男而下女，初婚所以为礼也。礼通义正，取女之所以为吉也。"④王肃以为此卦明人伦之始，男女感应方成夫妇，礼义则是人伦通泰所遵循的准则，因此礼义正则吉祥。《家人·彖》曰"家人有严君焉，父母之谓也"，王肃注曰："凡男女所以各得其正者，由家人有严君也。家人有严君，故父子、夫妇各得其正家。家咸正而天下之治大矣。"⑤此谓人伦纲纪是国家根本，家道正则亨通，家庭教化，道德风行，则天下大治，国家兴盛。《损卦》上九"弗损益之，无咎，贞吉，利有攸往，得臣无家"，王肃注曰："处损之极，损极则益，故曰不损益之非无咎也。为下所益故无咎，据五应三，三阴上附，外内相应，上下交接，正之吉也。故利有攸往矣。刚阳居上，群下共臣，故曰得臣矣。得臣则万方一轨，故无家也。"⑥王肃认为，君臣之间相互损益帮助，君臣各居其位，各司其职，齐心协力共同治理国家，则天下统一，是谓之无家。《震·彖》曰："'震惊百里'，惊远而惧迩也。出，可以守宗庙祭祀，以为祭主也。"王肃注曰："在有灵而尊者莫若于天，有灵而贵者莫若于王，有声而威者莫若于雷，有政而严者莫若于侯。是以天子当乾，诸侯用震，地不过一同雷不过百里，政行百里则匕鬯亦不丧，祭祀国家大事不丧，宗庙安矣。则诸侯执其政，出长子掌其祀。"⑦王肃以为，君主为天，诸侯为雷，君主掌握天下权，授权于诸侯以礼法安定四方，礼制法度不坏，国家政权就会稳固，封

---

① 马国翰. 玉函山房辑佚书：卷一[M]. 扬州：广陵书社，2004：176-177.
② 马国翰. 玉函山房辑佚书：卷一[M]. 扬州：广陵书社，2004：177.
③ 马国翰. 玉函山房辑佚书：卷一[M]. 扬州：广陵书社，2004：177.
④ 马国翰. 玉函山房辑佚书：卷一[M]. 扬州：广陵书社，2004：178.
⑤ 马国翰. 玉函山房辑佚书：卷一[M]. 扬州：广陵书社，2004：179.
⑥ 马国翰. 玉函山房辑佚书：卷一[M]. 扬州：广陵书社，2004：179-180.
⑦ 马国翰. 玉函山房辑佚书：卷一[M]. 扬州：广陵书社，2004：181.

建统治秩序就会井然有序。《归妹·象》曰"天地不交，而万物不兴"，王肃注曰："男女交而后人民蕃，天地交然后万物兴，故归妹以及天地交至义也。"①王肃认为，国家的繁盛兴旺离不开人口的充裕，人口的繁衍离不开男女婚媾，因此男婚女嫁的人伦道德是天地阴阳的大道理。从以上几个注《易》的体例来看，王肃多以义理解释卦象意蕴，阐发对人事的见解和看法，又用卦象来配合对卦义的注解，综合了义理与象数的优长，同时，他又常常借助《易传》的内容来阐述自己的主张，体现他忠于义理说解《易》的注《易》特点。王肃推崇义理而蔽于象数的注《易》风格在魏晋产生深远的影响，撼动了郑学的统治地位，为王弼以玄学解《易》提供了范例，开辟了空间，是两汉象数易学向魏晋义理易学过渡阶段不可或缺的重要台阶。

小结

魏晋之际，儒学一统的地位产生了动摇，道家、法家、名家等各派学说获得了发展的空间。伴随着儒学的衰落，长久以来确立的文化传统和思想体制出现了裂缝，在易学领域内，王肃率先察觉到烦琐的取象说对《周易》本义掩盖，因而发起了以义理注《易》为先导，援引道家思想注解《周易》的正本清源运动，形成与郑学对峙的王学体系，为正始之音敲响做了充足的准备。

第三节 管辂术筮易说

一、管辂事略

管辂（208—256），字公明，三国时期平原（今山东德州）人，是曹魏术筮易学的专家。管辂容貌粗鄙丑陋，不具威仪，且有嗜酒的习惯，不重饮食，时人喜爱却不敬重他。管辂年方八九岁时，就喜欢仰观天文，遇人便询问其名讳，入夜不肯休息。父母经常担心而禁止他，却始终不能阻止。尝自言道："我年虽小，然眼中喜视天文。""家鸡野鹄，犹尚知时，况于人乎？"②他与邻里间同龄的玩伴时常一起玩土，常常在地上画出日月星辰等天象。每有人问，皆语出惊

---

① 马国翰.玉函山房辑佚书：卷一［M］.扬州：广陵书社，2004：181.
② 陈寿.三国志：卷二十九［M］.陈乃乾，校点.北京：中华书局，1959：811.

人，饱学耆人不能难倒他，乡里皆知其有过人的才能。成年之后，管辂精于《周易》，擅长"仰观、风角、占、象之道"①，为人孝事父母、笃爱兄弟、顺爱友人，且心胸宽广、谦和大度，以忠孝仁义为做人根本，不求虚名。其父为琅琊郡即丘长，管辂十五岁到其官舍读书，开始学习《诗》《论语》《周易》，后以才学闻名于州郡。琅琊太守单子春邀其相见，管辂畅言天文地理变化之数，五行鬼神之情，深得子春信服，遂扬名徐州，时人赞其为神童。

其时，管辂父亲在利漕任职，管辂从利漕民郭恩问《易》，学习天文，数十日便得精要，常以卦占为学校同学占筮生老病死、贫富兴衰，少有差错，众生叹其为神人，其师不能及，反从管辂问业。郭恩三兄弟都患有腿疾，请管辂占筮患病缘由，管辂说："卦中有君本墓，墓中有女鬼，非君伯母，当叔母也。昔饥荒之世，当有利其数升米者，排著井中，喷喷有声，推一大石，下破其头，孤魂冤痛，自诉于天。"② 因是，郭恩痛哭服罪。广平人刘奉林因妻子病入膏肓，早已买好棺材。值正月之时，问占于管辂，管辂言其命当至八月辛卯日中午。刘氏不信，后果如管辂所言，入秋病亡。管辂所占之事均能应验，乡里之间遂夜不闭户，平安祥和。清河太守华表召管辂为北黉文学，冀州刺史裴徽召其为文学从事，后徙为钜鹿从事，转治中、别驾，正始九年（248）举为秀才，正元二年（255）为少府丞。陈寿评价道："华佗之医诊，杜夔之声乐，朱建平之相术，周宣之相梦，管辂之术筮，诚皆玄妙之殊巧，非常之绝技矣。"③陈寿并未把管辂视为易学的主流，而把他列入方术一类中，视为《易》之别传。但是从学术思想角度来看，管辂易学还是有深刻的经学意蕴和哲学内涵的。

管辂没有把主要精力放在注《易》上，而是另辟蹊径，以术数的形式来理解《周易》的爻、象、辞等内容，通过观察自然界的变化和规律，来印证易学无所不包的宏深义理，为易学开辟了一个独特的思想领域，对后来象数易学的发展具有启发意义。管辂对易学的术筮占验尤为精通，他信守"善言《易》者不论《易》"④ 的宗旨，不重章句训诂、注释经文，因而未立文字，仅能从《三国志·方技传》及裴松之注《辂别传》中略览其貌。另据《隋书·经籍志》记载："《周易通灵诀》二卷，魏少府丞管辂撰。《周易通灵要诀》一卷，管辂

---

① 陈寿．三国志：卷二十九 [M]．陈乃乾，校点．北京：中华书局，1959：812.
② 陈寿．三国志：卷二十九 [M]．陈乃乾，校点．北京：中华书局，1959：812.
③ 陈寿．三国志：卷二十九 [M]．陈乃乾，校点．北京：中华书局，1959：829-830.
④ 陈寿．三国志：卷二十九 [M]．陈乃乾，校点．北京：中华书局，1959：821.

撰。"①盖非管氏所作，且皆已亡佚。

二、管辂说《易》

清人胡渭在《易图明辨》中谈道："养生，魏伯阳之学也。知来，管辂、郭璞之术也。"②管辂的术筮易学可以用"神以知来，知以藏往"③来形容，他以占验为主要手段来推测祸福吉凶，推天道以明人事，继承了易学的筮占精神及齐鲁易学家贯通天人的思维方式，以独特数术形式解释自然现象，阐述易学精神。管辂运用的数术并不是以往象数易学中的七八九六、大衍之数，而是超越了易数之上的自然界特定运行法则，即所谓"定数"，含有一定的天命论色彩。他把数看作自然的抽象规律，用以揭开世间物象背后所蕴含的道理，提出"天有常期，道有自然"④，融会《易》《老》，具有朴素唯物主义辩证法的思想倾向。管辂易学是整个易学及齐鲁易学发展史中不可或缺的关键一环。

《三国志·方技传》对管辂的记载多为占验事例，对其思想则甚少谈及。但是从管辂与诸多求占之人的对话中我们可以较为完整地看出管辂对于易学的理解及对数术的应用。管辂说："夫卜者必法天地，象四时，顺仁义。伏羲作八卦，文王三百八十四爻而天下治。"⑤管氏将卜筮的最高准则定义为效法天地、四时的运行规律，顺应人事的仁义道德，并将其作为天下大治的前提。可以看出，管氏继承了儒家经学《易》的思想内涵，关注天道和人事，讲求伦理道德。管辂认为：

> 夫天虽有大象而不能言，故运星精于上，流神明于下，验风云以表异，役鸟兽以通灵。表异者必有浮沉之候，通灵者必有宫商之应，是以宋襄失德，六鹢并退，伯姬将焚，鸟唱其灾，四国未火，融风已发，赤鸟夹日，殃在荆楚。此乃上天之所使，自然之明符。考之律吕则音声有本，求之人事则吉凶不失。⑥

---

① 魏徵，令狐德棻. 隋书：卷三十四 [M]. 北京：中华书局，1973：1033.
② 胡渭. 易图明辨 [M]. 郑万耕，点校. 北京：中华书局，2008：228.
③ 张涛，注评. 周易 [M]. 南京：凤凰出版社，2011：271.
④ 陈寿. 三国志：卷二十九 [M]. 陈乃乾，校点. 北京：中华书局，1959：826.
⑤ 陈寿. 三国志：卷二十九 [M]. 陈乃乾，校点. 北京：中华书局，1959：815.
⑥ 陈寿. 三国志：卷二十九 [M]. 陈乃乾，校点. 北京：中华书局，1959：816.

在他眼中，天象的变化是为了表达天意，日月星辰的运动、风云的变幻、鸟兽的奔走都是上天降在人间的旨意，人间政治的得失、个人的吉凶祸福与天象、自然的变化是相通的，正如音律皆有所应一样，天人之间存在感应的关系。管氏以为："夫入神者，当步天元，推阴阳，探玄虚，极幽明，然后览道无穷，未暇细言。若欲差次老、庄而参爻、象，爱微辩而兴浮藻，可谓射侯之巧，非能破秋毫之妙也。"①他认为通过推敲天道、阴阳相推的变化来探幽阐微，不断地探求自然道理是发挥数术的主要路径。管辂说："夫风以时动，爻以象应，时者神之驱使，象者时之形表，一时其道，不足为难。"②也就是说，风应时而动，爻与象的对应这些都是对自然界永恒规律天时变化的反映，因时而呈现的物象是时的物化表现形式，天时代表的即是天道。

他说："幽明同化，死生一道，悠悠太极，终而复始。文王损命，不以为忧，仲尼曳杖，不以为惧，绪烦蓍筮，宜尽其意。"③他认为无形或有形物象的化生、生死存亡发展的规律皆是易道，太极运转就是易学所谓物极必反、周而复始的自然规律，而透过卜筮蓍占方能够领会自然界的大道。管氏进一步解释说：

夫物不精不为神，数不妙不为术，故精者神之所合，妙者智之所遇，合之几微，可以性通，难以言论。……孔子曰"书不尽言"，言之细也，"言不尽意"，意之微也。……今逃日月者必阴阳之数，阴阳之数通于万类，鸟兽犹化，况于人乎！……此物之精气，化之游魂，人鬼相感，数使之然也。④

管辂认为阴阳变化之数是人世间普遍适应的自然法则，数术就是对阴阳变化最好的总结，阴阳二气交互感应生成万物，精气游散形成变化，因是人鬼可以相感，人神可由之产生共鸣。

《系辞上》曰："《易》与天地准，故能弥纶天地之道。仰以观于天文，俯以察于地理，是故知幽明之故。原始反终，故知死生之说。精气为物，游魂为

---

① 陈寿．三国志：卷二十九 [M]．陈乃乾，校点．北京：中华书局，1959：820．
② 陈寿．三国志：卷二十九 [M]．陈乃乾，校点．北京：中华书局，1959：817．
③ 陈寿．三国志：卷二十九 [M]．陈乃乾，校点．北京：中华书局，1959：822．
④ 陈寿．三国志：卷二十九 [M]．陈乃乾，校点．北京：中华书局，1959：822．

变,是故知鬼神之情状。"① 可以说,管辂的易学思维带有明显的《易传》思想的影子,是对《易传》思想的深层发挥。《易传》把《乾》《坤》作为易之门户,管辂继承了这一说法,并内化为其数术理论的基础,将《乾》《坤》视为阴阳变化、万物化生的根本,数术就是浓缩的易简之理。他反复强调《乾》《坤》的重要意义,他说:"夫乾坤者,《易》之祖宗,变化之根源""乾之象彖曰:'大哉乾元,万物资始,乃统天。'夫统者,属也,尊莫大焉""夫乾坤者天地之象,然天地至大,为神明君父,覆载万物,生长无首""灵蓍者,二仪之明数,阴阳之幽契,施之于道则定天下吉凶,用之于术则收天下豪纤。纤微,未可以为《易》也"②。"夫天地者则乾坤之卦,筮龟者则卜筮之数,日月者坎离之象,变化者阴阳之爻,杳冥者神化之源,未然者则幽冥之先,此皆《周易》之纲纪,何朴之不谦?"③ 在管辂眼中,万物生灵的一切道理都能用术数的方式涵盖过来,术筮之学便是对阴阳转化,包罗万象,朴素无华的易简之道的高度概括。《系辞上》曰:"是故阖户谓之坤,辟户谓之乾,一阖一辟谓之变,往来不穷谓之通。见乃谓之象,形乃谓之器,制而用之谓之法,利用出入,民咸用之谓之神。"④管辂的术筮之学就如《易传》所说是一种合于乾坤阴阳变化之易道,百姓日用不知的神秘存在。王船山曰:"《周易》之书,乾坤并建以为首,《易》之体也;六十二卦错综乎三十四象而交列焉,《易》之用也。"⑤术筮占验是《易》之用,管辂本乎体而精乎用,是对易道的尚佳诠释。

吏部尚书何晏尝问占于管辂,欲知其能否位列三公,言其连连梦见数十头青蝇在鼻,驱之不散,向管辂请教是何缘由,管辂答曰:

> 夫飞鸮,天下贱鸟,及其在林食椹,则怀我好音,况辂心非草木,敢不尽忠?昔元、凯之弼重华,宣惠慈和,周公之翼成王,坐而待旦,故能流光六合,万国咸宁。此乃履道休应,非卜筮之所明也。今君侯位重山岳,势若雷电,而怀德者鲜,畏威者众,殆非小心翼翼多福之仁。又鼻者艮,此天中之山,高而不危,所以长守贵也。今青蝇臭恶,而集之焉。位峻者颠,轻豪者亡,不可不思害盈之数,盛衰之期。是故山在地中曰谦,雷在

---

① 张涛,注评.周易[M].南京:凤凰出版社,2011:265.
② 陈寿.三国志:卷二十九[M].陈乃乾,校点.北京:中华书局,1959:823.
③ 陈寿.三国志:卷二十九[M].陈乃乾,校点.北京:中华书局,1959:825.
④ 张涛,注评.周易[M].南京:凤凰出版社,2011:271.
⑤ 王夫之.船山遗书:卷一[M].北京:北京出版社,1999:3.

天上曰壮；谦则裒多益寡，壮则非礼不履。未有损己而不光大，行非而不伤败。愿君侯上追文王六爻之旨，下思尼父彖象之义，然后三公可决，青蝇可驱也。①

邓飏在座，称管辂之言为老生常谈，何晏亦狐疑。管辂具以此事告于舅舅，由是责备其过于直白，管辂回答说："与死人语，何所畏邪？"其舅大怒，斥责他太过狂悖。正月以后十余日，传来何晏、邓飏为司马懿所诛的消息，果如辂言。

管辂用《谦卦》《壮卦》的道理来告诫何晏，劝其谦逊待人，损己益下，可谓深明义理。《谦卦》主张谦虚的美德，提倡君子能始终坚持谦让有礼的态度，以礼待人，虚怀若谷。《谦·彖》曰："天道亏盈而益谦，地道变盈而流谦，鬼神害盈而福谦，人道恶盈而好谦。谦尊而光，卑而不可逾，君子之终也。"②处尊贵者能保持谦虚则更加光明盛大，处卑微者能够保持谦逊则不可逾越，这是管辂试图劝诫何晏的真言。《大壮·象》曰："雷在天上，大壮，君子以非礼弗履。"③何晏生性好色，急功近利，趋炎附势，与曹爽等党人骄奢淫逸，专权乱国，大悖于礼法，也注定了其悲剧下场。《谦·象》曰："地中有山，谦。君子以裒多益寡，称物平施。"④《谦卦》卦象，上体为《坤》为地，下体为《艮》为山，山高而地博，山尊而地卑，高耸的山居于平地之下，正是谦虚的象征。君子观《谦卦》乃知处事不可盈满，应当取多补少，尽量平施。管辂认为害盈有道，天理循环，盛衰有数，何晏处庙堂之高而不忧其下，因此其数尽矣。通过管辂对《谦》《大壮》二卦的阐释，可以直观地看出管辂对儒家经学《易》的推崇和吸收，这也说明管辂不囿于术筮之说，而能跳出筮占深切地体悟义理，足见其学非方技巫术所能比。

小结

程颐尝言："《易》有圣人之道四焉：'以言者尚其辞，以动者尚其变，以制器者尚其象，以卜筮者尚其占。'吉凶消长之理，进退存亡之道，备于辞。推

---

① 陈寿．三国志：卷二十九［M］．陈乃乾，校点．北京：中华书局，1959：820.
② 张涛，注评．周易［M］．南京：凤凰出版社，2011：69.
③ 张涛，注评．周易［M］．南京：凤凰出版社，2011：145.
④ 张涛，注评．周易［M］．南京：凤凰出版社，2011：69.

辞考卦可以知变，象与占在其中矣。……体用一源，显微无间。"① 管辂兼宗术筮、义理，荟萃《易》、术真髓，长于占象机变，独成一系，别具一格，为齐鲁易学增添了一抹亮眼的光辉，也体现了易学无所不包、广大悉备的精神，可惜其术筮之说后继乏人，多少留下一些遗憾。另外，管辂说《易》不常论及辞义，也代表了汉人治《易》的一大弊端。

第四节 "正始之音"王弼易说

经历了东汉末年长期的征伐战争之后，220年，汉献帝逊位于魏文帝曹丕，结束了汉王朝长达四百年的国祚，大一统的帝国随之分离崩析，豪强割据的分裂时代到来，开始长达三百七十多年的魏晋南北朝时期。在动荡不安的豪强时代，随着依照儒家理想建立起来的汉王朝统治秩序的终结，位于官学地位的儒学统治力衰退，玄学清谈之风盛行，儒、释、道三教有了明显的合流趋势。其间，三纲五常的政治指导原则深受社会诟病，烦琐沉闷、迂腐守旧的儒家学说失去了往日的权威，传统经学的路径越走越窄，要求变革的声浪越来越高，思辨性强、社会基础厚实的道家学说重新找到了生机，成为孕育新理论的摇篮。老子强调玄之又玄，给学术思想提供了广阔的发展空间，而《周易》倡导"立象以尽意"，囿于爻象已经无力独立诠释和催生新的思想。但是，器的变革最终需要道术层面的支撑，道家的有无相生、难易相成理论显得苍白无力且自相矛盾，不足以单独承担寻求新说的重担，包容开放、创新思变、神秘莫测的《周易》遂又成为探求玄理的最佳选择，《周易》《老子》《庄子》被尊为"三玄"，尊儒教、履道言的儒道会通形势逐渐明朗，成为这个时代的终极话题。注经重实的两汉经学被谈玄尚虚的魏晋玄学所取代。在这股玄学清流中，继何晏之后，王弼提出以无为本、"能尽理极，则无物不统"②的主张，敲响了正始玄谈之音。王敦曾对谢鲲说："昔王辅嗣吐金声于中朝，此子复玉振于江表，微言之绪，绝而复续。不意永嘉之末，复闻正始之音，何平叔若在，当复绝倒。"③王弼在何晏"贵无论"基础上以义理解《易》的创造性贡献，不仅奠定了魏晋玄

---

① 程颢，程颐. 二程集：第3册[M]. 王孝鱼，点校. 北京：中华书局，1981：689.
② 王弼，著. 楼宇烈，校释. 王弼集校释：下[M]. 北京：中华书局，1980：622.
③ 房玄龄，等. 晋书：卷三十六[M]. 北京：中华书局，1974：1067.

学的学理基础，也对后世的宋明理学产生了深远影响。王弼实乃正始玄学的核心代表人物。

一、王弼事略

王弼（226—249），字辅嗣，魏山阳郡高平（今山东金乡）人，是"魏晋玄学唯心主义的主要创始人之一"①。曹魏正始中期，王弼一扫象数流弊，援道入儒，开魏晋玄学《易》的新风气，是义理派新易学崛起的标志。《四库全书总目·经部·易类》云："汉儒言象数，去古未远也。一变而为京、焦，入于禨祥，再变而为陈、邵，务穷造化，《易》遂不切于民用。王弼尽黜象数，说以老庄。一变而胡瑗、程子，始阐明儒理，再变而李光、杨万里，又参证史事，《易》遂日启其论端。"②王弼偏重义理始为易学史的重大转折，启发了宋《易》义理之学的产生，象数易学与义理易学分野由此逐渐形成。王弼出身于汉魏之际的新兴士族山阳王氏家族，蔡邕曾以万卷书遗王粲，可见其家学渊源深厚，又受到荆州学派刘、宋易学的深刻影响，是齐鲁易学的继承人。

《三国志·魏书·钟会传》裴松之引何劭《王弼传》注云：

> 弼幼而察慧，年十余，好《老氏》，通辩能言。父业，为尚书郎。时裴徽为吏部郎，弼未弱冠，往造焉。徽一见而异之，问弼曰："夫无者诚万物之所资也，然圣人莫肯致言，而老子申之无已者何？"弼曰："圣人体无，无又不可以为训，故不说也。老子是有者也，故恒言无所不足。"寻亦为傅嘏所知。于时何晏为吏部尚书，甚奇弼，叹之曰："仲尼称后生可畏，若斯人者，可与言天人之际乎！"③

正始中期，受到何晏的推荐和赏识，王弼补缺台郎，后弼与曹爽有隙，曹爽专权，不为所用。淮南人刘陶擅长纵横之论，为当时人所推崇，每与王弼论，常屈弼。王弼少年英才，"性和理，乐游宴，解音律，善投壶"④，袁宏将其与何晏、夏侯玄等并称为正始名士。王弼与钟会同为名门出身，相互交好，据载，

---

① 王弼，著．楼宇烈，校释．王弼集校释：下 [M]．北京：中华书局，1980：1.
② 永瑢，等．四库全书总目 [M]．北京：中华书局，1965：1.
③ 陈寿．三国志：卷二十八 [M]．陈乃乾，校点．北京：中华书局，1959：795.
④ 陈寿．三国志：卷二十八 [M]．陈乃乾，校点．北京：中华书局，1959：795.

"弼与钟会善，会论议以校练为家，然每服弼之高致。何晏以为圣人无喜怒哀乐，其论甚精，钟会等述之。弼与不同，以为圣人茂于人者神明也，同于人者五情也，神明茂故能体冲和以通无，五情同故不能无哀乐以应物，然则圣人之情，应物而无累于物者也。今以其无累，便谓不复应物，失之多矣"①。王弼对事物总有独到的看法，为学尚思，敢于挑战权威，独树一帜。

当时，荀子后裔荀爽易学的传人荀融知王弼注《易》，考问王弼《大衍易》，王弼戏之曰："夫明足以寻极幽微，而不能去自然之性。颜子之量，孔父之所预在，然遇之不能无乐，丧之不能无哀。……足下之量，虽以定乎胸怀之内，然而隔逾旬朔，何其相思之多乎？故知尼父之于颜子，可以无大过矣。"②王弼为《老子》作注，著《老子指略》《道略论》《易注》，常有高论。太原王济善谈，对《老子》《庄子》之说多有微词，常说："见弼《易注》，所悟者多。"③但王弼为人不通情理、不识时务，曾与王黎、荀融交好，后因事而恨之。正始十年（249）秋，王弼病亡，时年二十四岁。王弼才华横溢，富有辩才，博学多识，何晏赞其曰："若斯人，可与论天人之际矣！"④ 著述流传于世。《隋书·经籍志》载："《周易》十卷，魏尚书郎王弼注《六十四卦》六卷""王弼又撰《周易略例》一卷"⑤。此外，有《王弼集》五卷，集萃《周易注》《周易略例》《周易大衍论》《老子道德经注》《论语释疑》等王弼著作。

二、"得象忘言，得意忘象"的义理观

汉儒说《易》多采取象说，自孟喜、京房至于荀爽、虞翻，卦气、纳甲、飞伏、升降、世应、互体等各种类型的取象说花样迭出，使得《易》象愈加烦琐和复杂，穿凿附会之风甚盛，《周易》本身的义理内涵被淹没在众多烦冗的取象说中。有鉴于刻意求象的积弊，王弼激烈地抨击了旧有的汉《易》象数学思维，力求从象数沉疴中挽救义理本旨，提出了全新的义理派易学理论。

王弼在《周易略例》中指出："夫象者，出意者也。言者，明象者也。尽意莫若象，尽象莫若言。言生于象，故可寻言以观象；象生于意，故可寻象以观

---

① 陈寿．三国志：卷二十八［M］．陈乃乾，校点．北京：中华书局，1959：795.
② 陈寿．三国志：卷二十八［M］．陈乃乾，校点．北京：中华书局，1959：795.
③ 陈寿．三国志：卷二十八［M］．陈乃乾，校点．北京：中华书局，1959：795.
④ 刘义庆，著．张万起，刘尚慈，译注．世说新语译注［M］．北京：中华书局，2006：168.
⑤ 魏徵，令狐德棻．隋书：卷三十二［M］．北京：中华书局，1973：909-910.

意。意以象尽，象以言著。故言者所以明象，得象而忘言；象者，所以存意，得意而忘象。"①他把《周易》象与意的关系比作兔与蹄、鱼与筌，认为言为象之蹄，象为意之筌，象本生于意，而象存意亡，但象的存在不仅仅是象本身，而是意的外延；言出于象而言存象匿，言也不单单是言本身的存在，而是对象的表达，因此他提出"得意在忘象，得象在忘言。故立象以尽意，而象可忘也；重画以尽情，而画可忘也。是故触类可为其象，合义可为其徵"②。这就明确了其"得意忘象"的新型义理观，即象是意存续的躯壳，言是体象的工具。王弼将象数与义理的关系重新定位，主张跳脱象数形式的羁绊，而把治《易》的重点转到理解义理上来。诚然，义理是王弼关注的焦点，但是王弼所说的得意忘象并不是采取尽黜象数的极端形式，而是"人们尽可不必执着于具体的象而受其拘泥"③。也就是说，王弼目的在于把《周易》卦爻象作为开启卦爻辞及卦本身旨趣的一把钥匙，挣脱象的局限而去领悟和探求易学的根本宗旨，这可能也是《易传》强调"立象以尽意"原则的本源和初衷。

　　王弼洞察到两汉易学家牵强附会卦象的陋习，愤慨地驳斥道："义苟在健，何必马乎？类苟在顺，何必牛乎？爻苟合顺，何必坤乃为牛？义苟应健，何必乾乃为马？而或者定马于乾，案文责卦，有马无乾，则伪说滋漫，难可纪矣。"④ 同时针对取象说层出不穷，义理本旨几近湮灭的怪象斥责道："互体不足，遂及卦变；变又不足，推致五行。一失其原，巧愈弥甚。从复或值，而义无所取。盖存象忘意之由也。"随即疾呼道："忘象以求其意，义斯见矣。"⑤ 王弼巧妙地处理了象数形式与义理内容之间的关系，通过对卦爻象删繁就简的解读，将象数还原为诠释义理的辅助工具，义理的哲学思想和初始含义又回复到易学的主导地位，这样就把"书不尽言，言不尽意"的思想空间又还给了易学，释放了易学的思想潜能。汉儒言《易》并非一味远离义理，而是陷入了天人感应神学目的论的旋涡，没有抓住哲学本体论的本质，其实是一种将易道物化思维的直观体现，他们试图通过构建一个以卦气说为核心的囊括时空的象数理论框架，把阴阳变化、天人之事都涵盖其中，走入了追求象数形式的迷宫。正如王弼所讲，他们将六十四卦的每一卦都以互体的形式拆分出内外、上下、半象

---

① 王弼，著．楼宇烈，校释．王弼集校释：下 [M]．北京：中华书局，1980：609.
② 王弼，著．楼宇烈，校释．王弼集校释：下 [M]．北京：中华书局，1980：609.
③ 刘大钧．周易概论 [M]．济南：齐鲁书社，1986：173.
④ 王弼，著．楼宇烈，校释．王弼集校释：下 [M]．北京：中华书局，1980：609.
⑤ 王弼，著．楼宇烈，校释．王弼集校释：下 [M]．北京：中华书局，1980：609.

等新的卦象加以说明，又以卦爻变化的形式补充卦象进行解释，后又杂入五行、节气、星次等理论来自圆其说，最终落入了无限复杂化的泥潭。易学研究也随着他们庞杂的象数形式越走越远，失去了思想活力。

王弼剔除了易学中象数杂质，摧陷廓清，为易学指明了正确的发展方向，即"得意而忘象"，实现了易学思想的创新。王弼的《周易注》中利用卦象来澄清卦义，得意从而能忘象的例子不胜枚举，如《泰卦》曰："九三，无平不陂，无往不复。艰贞，无咎。勿恤其孚，于食有福。"王弼注曰："《乾》本上也，《坤》本下也，而得泰者，降与升也。而三处天地之际，将复其所处。复其所处，则上守其尊，下守其卑。是故无往而不复也，无平而不陂也。处天地之将闭，平路之将陂，时将大变，世将大革，而居不失其正，动不失其应，艰而能贞，不失其义，故'无咎'也。信义诚者，故不恤其孚而自明也，故曰'勿恤其孚，于食有福'也。"①地本在下，天本在上，《坤》升《乾》降，天地相交，九三爻位于上下相交的结点，是交通转化的关键，居而可为阴，动而可为阳，意在告诫君子居安思危，守正不偏，坚持诚信，故能无咎。王弼假象以寓意，透过《乾》《坤》升降的卦象、爻象变化，简洁明了地揭示了《泰卦》内在的义理内涵，呈现了《易传》的原本旨意。"得意忘象"理论为后人突破汉《易》藩篱，恢复《易传》卦中原旨提供了可行的方案，这是王弼易学的一大革命性贡献。

王弼在《周易略例·明象》中率先提出了"贞一统众"，卦有主旨的理论，即每卦各有卦体，作为一卦的核心内涵，而《彖辞》的作用就是为了阐明该卦的主旨，解释一卦之体。换句话说，在卦名和《彖》中隐含了一卦之中汇聚卦爻精神的主体思想，找到这个关键信息就能领悟和把握住此卦的终极寓意，进而从总体上应对纷繁复杂的爻象变化而不迷惑，掌握要旨，明确卦理。他提出：

> 夫《彖》者，何也？统论一卦之体，明其所由之主者也。……物无妄然，必由其理。统之有宗，会之有元，故繁而不乱，众而不惑。故六爻相错，可举一以明也；刚柔相乘，可立主以定也。是故杂物撰德，辩是与非，则非其中爻，莫之备矣！故自统而寻之，物虽众，则知可以执一御也；由本以观之，义虽博，则知可以一名举也。……故举卦之名，义有主矣；观

---

① 王弼，著．楼宇烈，校释．王弼集校释：上 [M]．北京：中华书局，1980：277．

其《彖辞》，则思过半矣！①

王弼所谓的"一"是统率全卦原理的宗元，而卦中六爻及其爻辞则是从属于"一"而各具意义的"众"，"一"提纲挈领是"众"的总纲，"众"万般变化是"一"的分支，执一而御众就能从宏观上把握卦义。

他进一步解释道：

> 一卦五阳而一阴，则一阴为之主矣；五阴而一阳，则一阳为之主矣！夫阴之所求者阳也，阳之所求者阴也。阳苟一焉，五阴何得不同而归之？阴苟双焉，五阳何得不同而从之？……故阴爻虽贱，而为一卦之主者，处其至少之地也。或有遗爻而举二体者，卦体不由乎爻也。……乱而不能惑，变而不能渝，非天下之至赜，其孰能与于此乎！故观《彖》以斯，义可见矣。②

王弼认为一卦的卦体是由其中一爻所主的，此爻为该卦之主，能够帮助厘清卦体的含义，通过《彖辞》就可察见该卦义理。这种说法进一步阐明了意与象、象与言三者之间的逻辑关系，把《彖》提升为观卦取义的门径，这是与《易传》思想相合的，甚至可以说是承接《易传》的。

《系辞上》曰："彖者，言乎象者也。爻者言乎变者也。……辞也者，各指其所之。"③"是故夫象，圣人有以见天下之赜，而拟诸其形容，象其物宜，是故谓之象。圣人有以见天下之动，而观其会通，以行其典礼，系辞焉以断其吉凶，是故谓之爻。极天下之赜者存乎卦，鼓天下之动者存乎辞，化而裁之存乎变，推而行之存乎通，神而明之存乎其人，默而成之，不言而信，存乎德行。"④《系辞下》曰："是故《易》者，象也。象也者，像也。彖者，材也。爻也者，效天下之动者也。"⑤《易传》尤其看重《彖》的总领作用，把它作为决断一卦之义的统帅，通过领会《彖辞》就能从整体上认识该卦总的意蕴，而且六十四卦每一爻、每一卦都归附于易道宗旨，它们是一个统一的整体。由此可

---

① 王弼，著．楼宇烈，校释．王弼集校释：下[M]．北京：中华书局，1980：591.
② 王弼，著．楼宇烈，校释．王弼集校释：下[M]．北京：中华书局，1980：591-592.
③ 张涛，注评．周易[M]．南京：凤凰出版社，2011：264-265.
④ 张涛，注评．周易[M]．南京：凤凰出版社，2011：273.
⑤ 张涛，注评．周易[M]．南京：凤凰出版社，2011：279.

以看出，王弼"执一统众"的理论是来源于《易传》的，而并非无所依据。王弼在具体论述每卦之义时，都秉承和贯穿了《易传》的思路，例如：

> 凡《彖》者，统论一卦之体者也。《象》者，各辩一爻之义者也。故《履卦》六三，为《兑》之主，以应于《乾》；成卦之体，在斯一爻，故《彖》叙其应，虽危而亨也。……一卦之体必由一爻为主，则指明一爻之美以统一卦之义，《大有》之类是也。卦体不由乎一爻，则全以二体之义明之，《丰卦》之类是也。①

在继承《易传》成说的基础上，王弼亦有所损益和创造，他认为"忘象以求其意，意斯见矣"，本着这一原则他将符合于解释义理的象数形式加以改造和吸收，以适应对义理阐释的需要。王弼"得意忘象，得象忘言"的义理观是一种创新和突破，他把义理和象数看作形式与内容的关系，并没有片面地排斥象数形式，将义理与象数对立起来，而是充分发挥象数与义理的共通性，将二者当成一个矛盾统一体，利用象数形式的工具性优势来阐述隐晦的义理内容，回归《周易》本体，在象数与义理间达成了平衡，造就了一种新的义理观，从而破旧立新，完成了义理派易学的重生。

三、因循自然，适时变化的爻变说

《系辞下》曰："《易》穷则变，变则通，通则久。"② 又曰："《易》之为书也不可远，为道也屡迁，变动不居，周流六虚，上下无常，刚柔相易，不可为典要，唯变所适。"③《易传》强调变化才是《易》之本义，主张用穷通变化来体现易道。根据《易传》主变的规律，王弼在一爻主一卦之体的基础上又讨论了爻变说。爻是六十四卦形成变化的根本，爻变是表现阴阳盈虚变化的标杆。汉《易》常常把爻的变化形容为卦气的变动，抑或天象的变迁，将自然现象转变状况用阴阳灾变的术数形式来表达，并与人事相附会来谈论人事的吉凶。显然，这是一种巫卜之术，而不是义理的本旨。王弼对这种象数形式持否定态度，他抨击道：

---

① 王弼，著．楼宇烈，校释．王弼集校释：下［M］．北京：中华书局，1980：615.
② 张涛，注评．周易［M］．南京：凤凰出版社，2011：277.
③ 张涛，注评．周易［M］．南京：凤凰出版社，2011：284.

夫爻者，何也？言乎变者也。变者何也？情伪之所为也。夫情伪之动，非数之所求也；故合散屈伸，与体相乖。形躁好静，质柔爱刚，体与情反，质与愿违。巧历不能定其算数，圣明不能为之典要；法制所不能齐，度量所不能均也。……近不必比，远不必乖。同声相应，高下不必均也；同气相求，体质不必齐也。……故苟识其情，不忧乖远；苟明其趣，不烦强武。能说诸心，能言诸虑，暌而知其类，异而知其通，其唯明爻者乎？故有善迹而远至，命宫而商应；修下而高者降，与彼而取此者服矣！①

在王弼看来，爻象表达的是变化之意，变化则由情伪所出，情伪则是人的感情变化，因此，爻变的本质就是人事的变化。然而，人的情感变化多端，矛盾复杂，仅凭外在表情的变化不能洞察，因而再巧妙的历法也不能算尽，再高深的智慧也不能呈现，法制不能规定，度量不能均衡，没有哪种固定统一的形式可以将其量化定性。情伪变化并不是无迹可寻的，只要本着"同声相应，同气相求"的自然规律，辨识情趣，明晰旨趣，通过了解内心情感，研判心中顾虑的物类相应法则就能洞悉其类，知其通变，这就是爻变的重大意义。但是，汉人言《易》往往务求象数形式，故步自封，以各种整齐划一的象数模式将爻变固定化，违背了爻变的原旨和自然的规律。王弼则转换了关注的重点，着眼于人情伪变化的实际情况以及事物变化本身，打破了固有的象数思考方式，返归本旨，建立了一套义理化的爻变说。朱伯崑先生提出："一爻为主说，是追求卦爻的统一性，而爻变说，则在于说明爻象的变化，没有一成不变的形式。"②王弼认为，象数形式解释的爻义往往与其原初的意义相背离，阻碍了爻义的准确表达，仅仅依靠象数形式是很难说明义理的。"爻的哲学功能就是表示变化的，所以必须'明爻'才能认识变化的规律。"③王弼将明爻视为识变的正途，他提出："是故，情伪相感，远近相追；爱恶相攻，屈伸相推；见情者获，直往则违。故拟议以成其变化，语成器而后有格。不知其所以为主，鼓舞而天下从，见乎其情者也。""是故，范围天地之化而不过，曲成万物而不遗，通乎昼夜之道而无体，一阴一阳而无穷。非天下之至变，其孰能与于此哉！是故，卦以存

---

① 王弼，著．楼宇烈，校释．王弼集校释：下［M］．北京：中华书局，1980：597.
② 朱伯崑．易学哲学史：第1卷［M］．北京：昆仑出版社，2005：294.
③ 余敦康．汉宋易学解读［M］．北京：华夏出版社，2006：115.

时，爻以示变。"①王弼将卦象、爻象的变化当作自然事物的变化，尤其是人事变化的参照物，是指导人事问题的晴雨表。他认为"卦以存时，爻以示变"，卦象的意涵是代表自然变化的主要规律的时义，而爻象则是表示具体变化的一种方式。两者的共同点是皆因循自然的规律，是对阴阳昼夜自然变化的一种表达；不同的是，爻象变幻莫测，更为复杂。爻是构成卦的基本元素，明爻能够更深入地了解卦变和卦义，掌握事物的变化发展规律，以更好地应对自然。卦与爻可以看成道与术的关系，道术结合才能成变化而行鬼神，理解易道，认识自然。

在《周易略例·明卦适变通爻》中，王弼对卦爻之间的逻辑关系做了详细的阐释："夫卦者，时也；爻者，适时之变者也。""夫时有否泰，故用有行藏；卦有小大，故辞有险易。一时之制，可反而用也；一时之吉，可反而凶也。故卦以反对，而爻亦皆变。是故用无常道，事无轨度，动静屈伸，唯变所适。故名其卦，则吉凶从其类；存其时，则动静应其用。寻名以观其吉凶，举时以观其动静，则一体之变，由斯见矣。"②王弼以为，卦象征的是时，爻是配合时而变动的，象征着卦义在具体情况下的变化，吉凶否泰是可以相互转化的，而爻就是用来体现这一变化趋势的，因此，卦有变则爻亦变，变动不居是道之所存。爻所象征的事物变化、人事吉凶是辩证的，而不是固定的。卦义随着爻的变动也可以适时而产生变化，逢凶亦能化吉，动静、屈伸皆可转换，当然爻的变动是由卦的变化来决定的，爻随卦变的现象称为"一体之变"。卦为体，爻为用，体变则用应，体用是一个统一体。

在此基础上，王弼将爻变说进一步发挥，提出了适时而变的爻变适时说。王弼把爻义的变化不定、难以揣度、归因于其所处时宜的不同，时宜有别，吉凶的意义就会不同。在王氏爻变趋时的理论中，爻是以变的形式而存在的，变化的根据则是其所处时位的不同，爻变与时位之间相互联系。仅就卦辞来看，《泰》《否》两卦卦体相反，《泰卦》象征天地相交，通泰亨通，卦辞"小往大来，吉亨"以吉论；《否卦》象征阴阳不交，否闭不通，卦辞"否之匪人，不利君子贞。大往小来"以凶论。《泰卦》道行之时君子出，《否卦》道闭不通之时君子隐，是所谓"时有否泰，故用有行藏"。根据小大之间的往来变化，《否》《泰》两卦卦辞因其时而变则有险易之分，故曰"卦有小大，而辞有险易"。卦辞的险易是"一时之制"，根据不同时宜可以相互转化，卦义变则爻义

---

① 王弼，著．楼宇烈，校释．王弼集校释：下 [M]．北京：中华书局，1980：597-598.
② 王弼，著．楼宇烈，校释．王弼集校释：下 [M]．北京：中华书局，1980：604.

也可随之变化,因此说"一时之制,可反而用也"。例如,王弼注《否卦》"初六,拔茅茹以其汇,贞吉,亨"曰:"居《否》之初,处顺之始,为类之首者也。顺非健也,何可以证?居否之时,动则入邪,三阴同道,皆不可进,故茅茹以类。贞而不谄,则吉、亨。"又如,《否》之六二"包承,小人吉,大人否亨",王弼注曰:"居否之世,而得其位;用其至顺,包承于上。小人路通,内柔外刚;大人否之,其道乃亨。"①再如,《泰卦》上六"城复于隍,勿用师。自邑告命,贞吝",王弼注曰:"居《泰》上极,各反所应,泰道将灭,上下不交,卑不上承,尊不下施,是故'城复于隍',卑道崩也。'勿用师',不烦攻也。'自邑告命,贞吝',否道已成,命不行也。"②这些都说明了爻义吉凶可与卦辞相反,并且吉凶可以相互转化,卦义因时而移,爻义也岁卦而动,凡事并无定式,也就是王弼所说的"动静屈伸,唯变所适"。

王弼认为,爻象在一卦之中有其自身的变化,爻与爻之间也有交错的关系,他谈道:

> 夫应者,同志之象也;位者,爻所处之象也。承乘者,逆顺之象也;远近者,险易之象也。内外者,出处之象也;初上者,终始之象也。是故,虽远而可以动者,得其应也;虽险而可以处者,得其时也。弱而不惧于敌者,得所据也;忧而不惧于乱者,得所附也。柔而不忧于断者,得所御也。虽后而敢为之先者,应其始也;物竞而独安静者,要其终也。故观变动者,存乎应;察安危者,存乎位;辩逆顺者,存乎承乘;明出处者,存乎外内。③

他认为,爻象在卦中有不同种类的变化,乘承比应,出处险易,内外上下,阴阳相求,刚柔相应,各有适时的变动。那么,如何才能准确观察六爻的变化呢?王弼以为六爻的变动、安危、顺逆、出处要从爻应、爻位、承乘关系、内外关系四方面体察,并说:"远近终始,各存其会;辟险尚远,趣时贵近。《比》《复》好先,《乾》《壮》恶首;《明夷》务暗,《丰》尚光大。"④在王氏看来,爻的远近终始位置的变化各有其深刻的道理,各会于其时,《比卦》初六爻、

---

① 王弼,著. 楼宇烈,校释. 王弼集校释:上 [M]. 北京:中华书局,1980:281.
② 王弼,著. 楼宇烈,校释. 王弼集校释:上 [M]. 北京:中华书局,1980:278.
③ 王弼,著. 楼宇烈,校释. 王弼集校释:下 [M]. 北京:中华书局,1980:604.
④ 王弼,著. 楼宇烈,校释. 王弼集校释:下 [M]. 北京:中华书局,1980:604.

《复卦》初九爻辞义皆主吉祥，故而称"好先"，《乾卦》初九爻、《大壮卦》上六爻皆言不吉，故而称"恶首"。《明夷卦》初九爻辞王弼注曰："明夷之主，在于上六，上六为至暗者也。初处卦之始，最远于难也。"①初九爻离上六黑暗的统治最远，因此远离灾难，故曰"恶暗"。《丰卦》上六爻辞王弼注解道："处于明动尚大之时，而深自幽隐以高其行，大道既济而犹不见，隐不为贤，更为反道，凶其宜也。"②上六爻远遁于初爻的光大之时，有凶之象，故曰"尚光大"。王弼十分注重卦爻适时的重要作用，总结道：

> 吉凶有时，不可犯也；动静有适，不可过也。犯时之忌，罪不在大；失其所适，过不在深。动天下，灭君主，而不可危也；侮妻子，用颜色，而不可易也。故当其列贵贱之时，其位不可犯也；遇其忧悔吝之时，其介不可慢也。观爻思变，变斯尽矣。③

对王弼来说，六爻交错相承的变化和体例只是一种象数的形式，其本质是为了通过象数形式起承转合的复杂变化来帮助人们理解真正的义理内涵，从而提高应对自然的能力，做出适时的决策。卦义的"一体之变"是纵览全局的，而爻义则据卦义适时而动，更加灵活地捕捉现实的信息，掌握变化的规律。王弼认为："道不违自然，乃得其性，法自然也。法自然者，在方而法方，在圆而法圆，于自然无所违也。"④王弼爻变说总的原则便是效法自然的变化无穷，因时而异。

王弼因循自然，适时变化的爻变说，是为了澄清《周易》本义，除去汉《易》卦气说蒙昧晦涩的宗教巫术形式所形成的乌烟瘴气对《周易》义理的遮蔽，用义理原旨指导人事。王弼在注解《乾·文言》中说："此一章全以人事明之也。……以爻为人，以位为时，人不妄动，则时皆可知也。文王明夷，则主可知矣；仲尼旅人，则国可知矣。"⑤王弼认为卦爻象呈现的变化不是灾异、天象等象数变化，而是人事的变化，目的在于通过观察象数的变化去汲取人事的道理，提供决策依据。义理虽寓于象数，但象数只是承载义理精神的躯壳，不

---

① 王弼，著．楼宇烈，校释．王弼集校释：下 [M]．北京：中华书局，1980：397．
② 王弼，著．楼宇烈，校释．王弼集校释：下 [M]．北京：中华书局，1980：494．
③ 王弼，著．楼宇烈，校释．王弼集校释：下 [M]．北京：中华书局，1980：604．
④ 王弼，著．楼宇烈，校释．王弼集校释：上 [M]．北京：中华书局，1980：65．
⑤ 王弼，著．楼宇烈，校释．王弼集校释：上 [M]．北京：中华书局，1980：216．

能本末倒置，应该将体与用综合来看。正如王弼自己所说，"卦以存时，爻以示变"，"观爻思变，变斯尽矣"，义理的生生不息就存在于象数的无穷变化之中。

四、会通儒道、玄学解《易》的新思想

《晋书·王衍传》记载："魏正始中，何晏、王弼等祖述《老》《庄》，立论以为：'天地万物皆以无为本。无也者，开物成务，无往不存者也。阴阳恃以化生，万物恃以成形，贤者恃以成德，不肖恃以免身。故无之为用，无爵而贵矣。'"① 王弼认为"无"是天地万物生成的根本，提出"以无为本"贵无的本体论哲学理论，吸收了老庄思想的精髓，并以此立论借用玄学理论来阐释《周易》的卦爻辞。王弼在《老子道德经注》中开篇明义注解道："凡有皆始于无，故未形无名之时，则为万物之始。……言道以无形无名始成万物，万物以始以成而不知其所以然，玄之又玄也。"② 又在《老子指略》中指出："夫物之所以生，功之所以成，必生乎无形，由乎无名。无形无名者，万物之宗也。"③ "无"被王弼视为义理的最高境界，他认为义理应当是存在于无形的，义理生于象数形式之前，而遁于象数形式产生之后，应该从象数紧箍咒中将义理释放出来。王弼注重的是无形无体的义理，而回避有形有象的事物，强调至理无形。

王夫之曾说："以《易》为学者问道之书而略筮占之法，自王弼始。"④ 王弼援引道家的自然哲学，系统地将《周易》的义理做了玄学化的重新包装，利用"得意忘象，得象忘言"为主的理论体系把道家的思想注入易学中，一扫象数的繁芜，为魏晋易学的发展开辟了人文理性的空间。依据他对老子"道"的理解，王弼说："夫'道'也者，取乎万物之所由也；'玄'也者，取乎幽冥之所出也；'深'也者，取乎探赜而不可究也；'大'也者，取乎弥纶而不可极也；'远'也者，取乎绵邈而不可及也；'微'也者，取乎幽微而不可亲也。然则'道''玄''深''大''微''远'之言，各有其义，未尽其极者也。"⑤ 在他看来，根据老庄的理论体系，道与义理是相同的，义理本是万物之所由，幽冥之所出，探赜阐微，至大无极，因此，很难为义理下一个准确的定义。他接着说："然则，言之者失其常，名之者离其真，为之者则败其性，执之者则失其原

---

① 房玄龄，等. 晋书：卷四十三 [M]. 北京：中华书局，1974：1236.
② 王弼，著. 楼宇烈，校释. 王弼集校释：上 [M]. 北京：中华书局，1980：1.
③ 王弼，著. 楼宇烈，校释. 王弼集校释：上 [M]. 北京：中华书局，1980：195.
④ 王夫之. 船山遗书：卷一 [M]. 北京：北京出版社，1999：219.
⑤ 王弼，著. 楼宇烈，校释. 王弼集校释：上 [M]. 北京：中华书局，1980：196.

矣。是以圣人不以言为主，则不违其常；不以名为常，则不离其真；不以为为事，则不败其性；不以执为制，则不失其原矣。"①因此，不能把义理固定在象数形式的框架里，义理的无形才是其本原。本着这一原则，王弼在《周易注》中多次结合老庄"自然无为"的理论来阐释卦爻辞的内涵。例如，在论述《乾·彖》中"大哉乾元，万物资始，乃统天"一段时，王弼说："天也者，形之名也；健也者，用形者也。夫形也者，物之累也。有天之形，而能永保无亏，为物之首，统之者岂非至健哉！"②《坤·彖》"至哉坤元，万物资生，乃顺承天"一段注曰："地也者，形之名也；坤也者，用地者也。夫雄必争，二主必危。有地之形，与刚健为耦，而以永保无疆。用之者，不亦至顺乎？"③《乾》《坤》两卦分别象征刚健和柔顺的品德，这不仅是天和地的物象所能涵盖的，更非简单地以阴阳之气来形容，天地、阴阳只是能够较好地体现出两卦所表达的自然之理而已。可以看出，王弼对《乾》《坤》两卦的解释以义理说为基石，与汉代易学家以阴阳变化来做出解释是不同的。

王弼说："又其为文也，举终以证始，本始以尽终；开而弗违，导而弗牵。寻而后既其义，推而后尽其理。善发事始以首其论，明夫会归以终其文。"④王弼认为老庄思想所要表达的是通过互证推理探寻事物共通的道理。从表面上看，王弼似乎是在走一条纯粹的以《老》解《易》的道路，但从实际来看，他是本于义理之说的理论来解释《周易》，援《老》入《易》的目的不是用老庄的思想取代义理内容，而是通过清扫象数易学繁杂形式的积垢来明确义理说的重要性，把义理理论发挥得更为醇正和精粹。王弼所提倡的注《易》的基本准则并非源自老庄思想，而是从《易传》中提炼出来的。《老子》一书从未专门涉及过象数与义理问题，因为《老子》本身并不是一本论《易》之书，它只是给王弼提供了一个简单可靠的清晰思路，事实上，王弼所论及的易学问题都能从《易传》中找到来源。王弼所想要做的也正是忠实于《易传》恢复《周易》的本义，而不是把《周易》改编成一部阐释老庄的著作。

《周易》和《老子》两部元典的侧重点本就有较大的差异，它们的论道方向显然是不同的。按照任继愈先生的说法，"《周易》主张天尊地卑，以阳刚为统帅，以阴柔为从属，二者协调配合，共同维持自然和社会的永恒的和谐。《老

---

① 王弼，著．楼宇烈，校释．王弼集校释：上 [M]．北京：中华书局，1980：196.
② 王弼，著．楼宇烈，校释．王弼集校释：上 [M]．北京：中华书局，1980：213.
③ 王弼，著．楼宇烈，校释．王弼集校释：上 [M]．北京：中华书局，1980：226.
④ 王弼，著．楼宇烈，校释．王弼集校释：上 [M]．北京：中华书局，1980：197.

子》则贵柔守雌，尽量防止事物向刚强方面转化，以维持原始的和谐。"① 王弼认为："天下之物，皆以有为生。有之所始，以无为本。将欲全有，必反于无也。"②《老子》偏重于论"无"，因而王弼提取了"以无为本"的抽象思路，《周易》则重视"有"，整部《周易》都在谈论卦与爻、象与义的具体事例以及它们背后所蕴藏着德性问题，王弼就是本于《周易》的"有"来引入《老子》的"无"的。也就是说，王弼试图达到的目标是"会通《老》《易》，一方面以《老》解《易》，同时也以《易》解《老》，使这两部经典中所蕴含的本体论思想形成一种有无互补的关系"并且"在贵无论玄学的理论基础上获得有机的统一"。③王弼会通《易》《老》，试图用"以无为本"的核心精神来从整体上贯通《易》《老》思想，实现有与无的辩证统一，这是一次大胆的尝试。然而，王弼若单纯地借用《老》的语言来阐释《易》的问题，其本质还是没有摆脱《易传》的取义说套路，甚至将《周易》引向了老庄唯心主义的深渊，因此，王弼又提出了"得意忘象，得象忘言""执一统众""崇本息末"等解《易》的主要原则，以《易》为体、以《老》为用来阐释卦爻辞，建立了以贵无论为中心的玄学体系。

五、"崇本息末"的政治谋略

王弼对《易》《老》综合性的改造融合，围绕"以无为本"的玄学体系，并不是为了因循旧的传统，而是通过革故鼎新的形式来解决现实政治需要，解答时代的问题。魏晋时期的分裂形势下，人们渴望社会的统一，亟须恢复儒家仁义礼智的正常秩序。但是，传统的儒家学说随着东汉王朝的崩塌，已经失去了凝聚力，曹魏政权实行名法之治，急迫地期望大一统，这时，社会需要一个统一的思想体系来迎合局势的发展。王弼看到了曹魏政权力倡刑名之学的弊端，提出"以道治国则国平，以正治国则奇兵起也。以无事，则能取天下也。……夫以道治国，崇本以息末；以正治国，立辟以攻末。本不立而末浅，民无所及，故必至于以奇用兵也"④。王弼以为曹魏政权长期的政治积弊根源于"立辟以攻末"，若要扭转局势，需要"崇本息末"，做出变革。

---

① 任继愈. 中国哲学发展史：魏晋南北朝 [M]. 北京：人民出版社，1988：106.
② 王弼，著. 楼宇烈，校释. 王弼集校释：上 [M]. 北京：中华书局，1980：110.
③ 余敦康. 汉宋易学解读 [M]. 北京：华夏出版社，2006：109.
④ 王弼，著. 楼宇烈，校释. 王弼集校释：上 [M]. 北京：中华书局，1980：149.

第四章 三国魏晋时期的齐鲁易学

王弼在哲学层面指出国家的治理应当从宏观上抓住事物的主要矛盾,"崇本以息末,守母以存子"①,实现社会政治的和谐发展。曹魏集团过于追求刑名法术的作用,施行军政专制,而忽略了伦理道德、社会风俗等的关键影响。王弼尖锐地指出:

> 法者尚乎齐同,而刑以检之。名者尚乎定真,而言以正之。儒者尚乎全爱,而誉以进之。墨者尚乎俭啬,而矫以立之。杂者尚乎众美,而总以行之。夫刑以检物,巧伪必生;名以定物,理恕必失;誉以进物,争尚必起;矫以立物,乖违必作;杂以行物,秽乱必兴。斯皆用其子而弃其母。②
> 夫素朴之道不著,而好欲之美不隐,虽极圣明以察之,竭智虑以攻之,巧愈思精,伪愈多变,攻之弥甚,避之弥勤。则乃智愚相欺,六亲相疑,朴散真离,事有其奸。盖舍本二攻末,虽极圣智,愈致斯灾,况术之下此者乎!③

王弼认为,"崇本"就是从众多复杂的社会现象中把握住主要的社会矛盾,"息末"就是厘清主要矛盾和次要矛盾之间的关系,如此才能达到治理的效果。他把"本在无为,母在无名"④奉为政治决策的圭臬,同时,无为无名的纲领要与重新树立仁义道德秩序相配合,这就使儒家和道家思想相互融合、相互补充,形成了合力。

《易》《老》合流从魏晋之前就已经开始,扬雄、张衡等都对玄的问题进行过探讨,王充又提出自然无为、自生不死的理论,对天道做了重新定义,王符、仲长统则寻求学术思想的突破和变革,试图从儒家六经烦琐的条释中脱离出来,做出彻底改革。在这个时候,游离于经学束缚之外的《老》《庄》思想进入了学术界视野,而《周易》是儒道两家共同尊奉的元典,因而魏晋时代的学者从易学出发将看似相互对立的儒道思想统一在易学的旗帜下,利用易学的义理说与《老》《庄》思想相交融。《周易》有关人事方面的智慧,大多凝结于卦爻辞以及诠释它们的《易传》之中,王弼发现了这一点,他把《易》《老》兼宗于义理之说中,并将这一思想衍扩至政治思想领域,通过解决天人问题,建立了

---

① 王弼,著.楼宇烈,校释.王弼集校释:上[M].北京:中华书局,1980:196.
② 王弼,著.楼宇烈,校释.王弼集校释:上[M].北京:中华书局,1980:196.
③ 王弼,著.楼宇烈,校释.王弼集校释:上[M].北京:中华书局,1980:198.
④ 王弼,著.楼宇烈,校释.王弼集校释:上[M].北京:中华书局,1980:94.

贵无论的玄学体系，指导政治活动。政论性的言论在王弼的著作中占了很大比重，这体现了王弼对现实政治生态的关注，也从侧面反映了齐鲁易学家关切社会政治的一贯治《易》风格。

六、重释大衍之义

在韩康伯的《系辞注》中辑有一段王弼对《易传》"大衍之数"的注评，王弼曰："演天地之数，所赖者五十也。其用四十有九，则其一不用也。不用而用以之通，非数而数以之成，斯易之太极也。四十有九，数之极也。夫无不可以无明，必因于有，故常于有物之极，而必明其所由之宗也。"①汉儒对大衍之说皆有过细致的论述，京房认为其一不用者为"天之生气"，马融解释"太极"为"北辰"，荀爽则把八经卦的四十八爻与《乾》《坤》两卦的"用九""用六"相加得五十爻，去《乾卦》初九"潜龙勿用"为四十九，郑玄则持"五十之数不可以为七八九六卜筮之占"以去之观点。②与汉儒不同，王弼另辟蹊径对"大衍之数"重新做了一番解释，他认为"大衍之数"中不用的"一"是宇宙的本体太极，"一"不是术数上的"一"，术数上的"一"是有形的"一"，而太极是无形的，有形不能代表无形的意蕴，"不用而用以之通，非数而数以之成"就是《易传》所谓的太极，虽然此"一"不能用于占筮，但是它起着其他数所不能取代的贯通作用，"一"不作数看，七八九六的阴阳之数才是数的形式，而这阴阳之数却是出于太极的。

在他眼中，"一"即是"无"，七八九六的筮占之数象征天地万物的变化皆为"有"，有生于无，但有以无为本原。王弼本身是排斥汉《易》神学论的筮占形式的，因为汉《易》以数为象之所存，认为数是一切变化的根本，数的作用重于象，这显然违背了王弼以义理为本的思路。王弼此说的意义在于打破了汉《易》象数学唯物主义的垄断思想，而将玄学化的唯心主义推上了历史舞台。王弼说："凡有皆始于无，故未形无名之时，则为万物之始。及其有形有名之时，则长之、育之、亭之、毒之，为其母也。言道以无形无名始成万物，万物以始以成而不知其所以然，玄之又玄也。"③通过重塑大衍之义，王弼推翻了原先以象数说为主的解《易》系统，对易学思想实行了抽象化、哲理化而富有逻

---

① 王弼，著. 楼宇烈，校释. 王弼集校释：下 [M]. 北京：中华书局，1980：547-548.
② 王晓毅. 王弼评传 [M]. 南京：南京大学出版社，1996：310-311.
③ 王弼，著. 楼宇烈，校释. 王弼集校释：上 [M]. 北京：中华书局，1980：1.

辑的改造，以义理解《易》成为一种时代风尚，对魏晋隋唐的易学发展产生了巨大影响，同时抛砖引玉地掀起了宋明程朱理学的学术思潮。唐代孔颖达在《周易正义·序》中感叹道："唯魏世王辅嗣之注，独冠古今。所以江左诸儒，并传其学。"①唐代，王弼易学成为官方哲学，影响力甚广。可见，王弼易学在唐代所激起的思想巨浪。直到清代，王弼思想还是学术思想界讨论的重点，清儒张惠言曾辩证地批判道："王弼《注》行而古师说废，孔颖达《正义》行而古《易》书亡。"②清儒李道平也对王弼颇有微词，其自序曰："王氏之注，论象数既不及汉儒之确，论义理又不及宋儒之醇。进退无所据，有识之士多摒弃不肯道。乃唐祭酒孔君冲远奉敕疏解诸经传注，独于《易》黜郑、虞而宗王、韩。取辅嗣野文疏而行之，其书遂借以独尊于世，而汉学浸微。"③不难看出，王弼玄学解《易》的新思想对整个易学史乃至学术思想史的发展是具有重大影响的。

小结

王夫之在《周易内传》中说："王弼氏知其陋也，尽弃其说，一以道为断，盖庶几于三圣之意。而弼学本老庄虚无之旨，既诡于道，且其言曰：'得意忘言，得言忘象'……然自是以后，《易》乃免于鬻技者猥陋之诬，而为学者身心事理之典要。"④李鼎祚《周易集解》则称"郑则多参天象，王乃诠释人事"⑤。黄宗羲也说："有魏王辅嗣出而注《易》，得意忘象，得象忘言；日时岁月，五气相推，悉皆摈落，多所不关，庶几潦水尽而寒潭清矣。顾论者谓其以《老》《庄》解《易》，试读其注，简当而无浮义，何曾笼落玄旨？故能远历于唐，发为《正义》，其廓清之功不可泯也。"⑥清四库馆臣曰："《易》本卜筮之书，故末派渐流于谶纬。王弼乘其极敝而攻之，遂能排击汉儒，自标新学。"⑦王弼站在整个易学史的高度上，将《易》《老》的精神相互吸收和发挥，打造了以《老》解《易》、以《易》说《老》的玄学思想体系，将儒道合流的思想向前推进了一大步，在清扫象数易学流毒的同时，开启了魏晋义理易学的黄金时代，

---

① 十三经注疏：上［M］.上海：上海古籍出版社，1997：6.
② 张惠言.茗柯文编［M］.黄立新，校点.上海：上海古籍出版社，1984：43.
③ 李道平.周易集解纂疏［M］.潘雨廷，点校.北京：中华书局，1994：2.
④ 王夫之.船山遗书：卷一［M］.北京：北京出版社，1999：210.
⑤ 李鼎祚.周易集解［M］.台北：台湾商务印书馆，1968：2.
⑥ 黄宗羲.易学象数论：外二种［M］.郑万耕，点校.北京：中华书局，2010：11.
⑦ 十三经注疏：上［M］.上海：上海古籍出版社，1997：5.

象数与义理两派的学术分野也由此逐渐形成,王弼之功具有超越时代的重大意义。王弼承接了自两汉至魏晋易学的余脉,其易学有深厚的渊源,对汉《易》多有承继,宋人晁公武《郡斋读书志》称:"王弼最后出,或用郑说,则弼亦本费氏也。"① 清人张惠言认为:"王弼之说多本郑氏,而弃其精微;后之学者习闻之,则以为费氏之义,如此而已。"②近人则多以王弼之学源于荆州学派宋衷之传,王朗、王肃之后,如汤用彤先生说:"而王弼之《易》,则继承荆州之风,而自有树立者也。"③在继承和批判的过程中,王弼自有所创获,他的玄学思想系统颠覆了两汉象数易学的统治地位,在会通儒道的基础上兼容并蓄诸家思想,继往圣绝学,开一代新风,填补了经学没落所造成的思想空白,完成了先秦诸子之学没有完成的历史任务。他着眼于社会的长治久安,关心社会政治,重义理,举人事,以士大夫的理想情怀扛起了为国家社会的统一安定寻找思想出路的重担,他的哲学系统虽不甚完整,却为后世思想创新提供了重要理论资源,王弼堪称易学史上具有划时代意义的伟大思想家,是易学史又一位具有里程碑意义的齐鲁易学家。

---

① 晁公武,撰. 孙猛,校证. 郡斋读书志校证 [M]. 上海:上海古籍出版社,1990:4.
② 张惠言. 茗柯文编 [M]. 黄立新,校点. 上海:上海古籍出版社,1984:41.
③ 汤用彤. 汤用彤学术论文集 [M]. 北京:中华书局,1983:266.

第五章

隋唐时期的齐鲁易学

第一节 隋唐易学的序曲

隋唐时期结束了魏晋南北朝的分裂，实现了中国政治文化的再度统一，也是中国学术思想迅猛发展的辉煌时期。唐代造就了贞观之治、开元盛世等中国历史上第二个盛世，促进了中国思想文化的巨大发展。经历了魏晋时期的冲击后，儒学独尊的整体思想文化格局有所改变，儒、释、道三教相互交流和影响，三家鼎力的局面逐渐形成。在经学领域，易学依然发挥着六经之首的统领作用，郑、王之学并立，各有千秋。经学整体则出现了南北之分：南方受玄学的影响较大，喜谈名理，注重思辨性的发挥；北方则固守经学旧有的传统，尚明经训诂，偏重批判继承。易学领域呈现出南方尚王学，北方重郑学的分立状态。永嘉之乱后，汉代列于学官的三家易衰微，民间费氏、高氏易学也走向没落。《隋书·经籍志》载："至隋，王注盛行，郑学浸微。"[1]隋文帝建国之后，崇尚儒学，热衷教育，拔擢鸿儒，兴办学校，"齐、鲁、赵、魏学者尤多，负笈追师，不远千里，讲诵之声，道路不绝"[2]。有隋一代，是学术思想发展承前启后的一个时期，是经学趋于统一的时代，"隋平陈而天下统一，南北之学亦归统一"[3]。隋炀帝时期大力发展学校教育，会聚儒生，讲疏经义，打通了南北学术间的阻隔，北学入于南，南学亦入于北。易学发展方面，隋代易学家何妥在本于王学

---

[1] 魏徵，令狐德棻. 隋书：卷三十二 [M]. 北京：中华书局，1973：913.
[2] 魏徵，令狐德棻. 隋书：卷七十五 [M]. 北京：中华书局，1973：1076.
[3] 皮锡瑞. 经学历史 [M]. 周予同，注释. 北京：中华书局，2011：135.

的基础上长于义理，间通象数，又带有鲜明的象数学色彩。至于唐代，学术思想蓬勃发展，"唐以《易》、《书》、《诗》、三《礼》、三《传》合为九经，取士"①。陆德明、僧一行等皆对象数易学产生浓厚兴趣，多能论明象数之学。

唐太宗崇尚儒学，以儒学为治国的政治指导思想，有学者指出，"唐太宗尊儒崇经……唐太宗的政治思想主要是儒家的'仁政'学说，其政治及礼乐教化思想正是渊源于儒家的政治及礼乐教化思想"②。《贞观政要》记载：

> 贞观二年，诏停周公为先圣，始立孔子庙堂于国学，稽式旧典，以仲尼为先圣，颜子为先师……是岁大收天下儒士，赐帛给传，令诣京师，擢以不次，布在廊庙者甚众。学生通一大经以上，咸得署吏。国学增筑学舍四百余间，国子、太学、四门、广文亦增置生员，其书、算各置博士、学生，以备众艺。……于是国学之内，鼓箧升讲筵者几至万人，儒学之兴，古昔未有也。③

在他的授意下，贞观七年（633）颜师古考定《五经定本》，贞观十四年（640）孔颖达编定《五经正义》。永徽四年（653），随着《五经正义》的颁行，结束了郑王之争、南北学之争造成的思想和理论上的混乱，南北经学在磨合和调整中逐渐实现了义疏统一。"唐代是经学注疏传统的最后时期，它具有很大的包容性，这个特点使经学的今古文对立和南北学对立渐趋消失而归于统一。"④经学的统一同时意味着政治上的统一。值得注意的是，佛道思想在唐代有着不可忽视的重要影响，其发展对儒学及易学做了有益的补充。唐代的易学"上承汉魏，下启宋明"⑤，延续了易学思想发展的主体脉络。陈寅恪先生谈道："唐代士大夫中其主张经学为正宗、薄进士为浮冶者，大抵出于北朝以来山东士族之旧家也。"⑥齐鲁易学在这一时期得到了有效的恢复和发展，但由于隋唐时期战乱的影响，易学的传承受到一定程度的限制，易学专著较为匮乏，但代表性的易学家仍然占据着易学发展的主流。

---

① 皮锡瑞. 经学历史 [M]. 周予同，注释. 北京：中华书局，2011：148.
② 陈启智. 中国儒学史：隋唐卷 [M]. 北京：北京大学出版社，2011：236.
③ 吴兢，著. 叶光大，李万寿，黄涤明，等译注. 贞观政要全译 [M]. 贵阳：贵州人民出版社，1991：394.
④ 张怀承. 中国学术通史：隋唐卷 [M]. 北京：人民出版社，2004：198.
⑤ 廖名春，康学伟，梁韦弦. 周易研究史 [M]. 长沙：湖南出版社，1991：185.
⑥ 陈寅恪. 唐代政治史述论稿 [M]. 上海：上海古籍出版社，1997：71.

第二节 孔颖达与《周易正义》

一、孔颖达事略

孔颖达（574—648），字冲远，亦字仲达，历经北齐、北周和隋唐四朝，为孔子第三十二世孙。① 他虽非生于山东，却继承了齐鲁易学的正宗血脉，对齐鲁易学的传承和发展贡献颇深。其父孔安为青州法曹参军。孔颖达八岁就学，"日诵千余言"②。年长之后，深明《左传》《郑氏尚书》《王氏易》《毛诗》《礼记》，善于算历，解说属文。尝问业于名震海内的同郡刘焯，起初，刘焯不予理睬，孔颖达多次请教疑难问题，刘焯遂对其刮目相看，甚为敬重。孔颖达坚持辞归，刘氏固留，但终还家，以教书授学为务。隋朝大业初年，孔颖达被举荐为明经高第，拜为河内郡博士。其时，隋炀帝召集诸郡的儒官会聚于东都，命令国子监秘书及学士与诸儒论辩，孔颖达表现最为突出。当时，孔颖达年少，前辈宿儒耻在其下，派遣刺客袭击他，礼部尚书杨玄感留宿孔颖达于舍下，遂免于难。后补为太学助教，隋乱之后，避祸于武牢。

唐太宗平定王世充之后，请孔颖达出任秦府文学馆学士。武德九年（626），擢拔为国子博士，贞观初年（627），又得封曲阜县男，后迁给事中。太宗继位初期无心于民政，孔颖达数进忠言。太宗曾问道："《论语》云：'以能问于不能，以多问于寡，有若无，实若虚。'何谓也？"③ 孔颖达回答道：

> 圣人设教，欲人谦光。己虽有能，不自矜大，仍就不能之人求访能事。己之才艺虽多，犹以为少，仍就寡少之人更求所益。己之虽有，其状若无。己之虽实，其容若虚。非唯匹庶，帝王之德，亦当如此。夫帝王内蕴神明，外须玄默，使深不可测，度不可知。《易》称"以蒙养正，以明夷莅众"，若其位居尊极，炫耀聪明，以才凌人，饰非拒谏，则上下情隔，君臣道乖，

---

① 陈冠明. 孔颖达世系及入唐前行实考 [J]. 阴山学刊, 2003 (5): 64.
② 刘昫, 等. 旧唐书: 卷七十三 [M]. 北京: 中华书局, 1975: 2601.
③ 刘昫, 等. 旧唐书: 卷七十三 [M]. 北京: 中华书局, 1975: 2602.

自古灭亡,莫不由此也。①

太宗听后对他的说法深为赞同。后历国子司业,迁太子右庶子,任国子祭酒等职,与魏徵撰写《隋史》,进位散骑常侍,又与颜师古、司马才章、王恭、王琰等受诏撰定《五经》义训,共一百八十卷,定名为《五经正义》,成为唐代科举取士的教材。"二十二年卒,陪葬昭陵,赠太常卿,谥曰宪。"②

二、融会义理与象数的《周易正义》

《五经正义》的颁布标志着经学的统一,新的儒学理论体系的建立,是唐代学术思想的重大成就。孔颖达作为编定的主要人员具有极为特殊的重要贡献。《周易正义》十四卷采用王弼、韩康伯注本作为主体,集合诸家之义为之疏解,论定是非,兼收象数与义理,使《周易》之论趋于统一,确立了唐代易学继承、开放和包容的学术风格,对后代易学的影响甚大。由此,在易学领域中,王注独盛而郑学殆绝。有学者认为:"孔颖达《正义》诠疏典谟,悉有宗传,参择六代,权准两汉,而归趣所在,尤能案据老庄,通会儒玄。"③从整体上来看,有唐一代,魏晋玄学《易》仍保持强劲势头,汉《易》的象数、义理遗风犹在,融会象数与义理是唐代易学不可争辩的时代选择。孔颖达《正义》恰逢其时,对义理与象数两派进行了调和,在会通儒道、兼采《易》《老》的道路上踏出了坚实而重要的一步,也是对两汉以来、魏晋以后易学在总体上的一次概括性总结。

《周易正义》是整个唐代易学成就的一个缩影。在很长一段时间里,《周易正义》的有关研究甚至一度代表了唐代易学研究。《周易正义》的编定是在采撷两汉至六朝以来各家义疏的基础上开启的。在序言与卷首中,以孔颖达、颜师古领衔的编纂人员对前代有关《周易》的义疏及研究做了综合的归纳和总结:

> 业资凡圣,时历三古。及秦亡金镜,未坠斯文。汉理珠囊,重兴儒雅。其传《易》者,西都则有丁、孟、京、田,东都则有荀、刘、马、郑,大体更相祖述,非有绝伦,唯魏世王辅嗣之注,独冠古今。所以江左诸儒,并传其学,河北学者,罕能及之。其江南义疏,十有余家,皆

---

① 刘昫,等. 旧唐书:卷七十三 [M]. 北京:中华书局,1975:2602.
② 刘昫,等. 旧唐书:卷七十三 [M]. 北京:中华书局,1975:2603.
③ 龚鹏程. 孔颖达周易正义研究 [M]. 台北:花木兰文化出版社,2008:182.

辞尚虚玄，义多浮诞。原夫易理难穷，虽复玄之又玄，至于垂范作则，便是有而教有。……①

《周易正义》的述评在易学研究史上极具开拓意义，提倡象数与义理互补并用，不排斥象数的示范作用，主张义寓于象，观象以取义，与两汉重象、魏晋取义形成鲜明对比。

首先，《周易正义》注意发挥卦爻象的启示作用。在孔颖达看来，《周易》中的卦象、爻象都是圣人经过观物取象的过程对天地万物变化发展规律的精要概括，卦爻象效仿的是自然界的运动变化规律。他说："夫易者，象也。爻者，效也。圣人有以仰观俯察，象天地而育群品，云行雨施，效四时以生万物。若用之以顺，则两仪序而百物和；若行之以逆，则六位倾而五行乱。"②王者如若能遵循自然之道，则阴阳两仪万事万物就能和谐运行，达到"弥纶宇宙，酬酢神明"③的功效，宗庙社稷就能永葆生机，繁盛不息。孔颖达非常重视在释义中明象的意义，在论《易》之三名中特别强调了象的重要性，他说："是知易理备包有无，而易象唯在于有者，盖以圣人作《易》，本以垂教，教之所备，本备于有。"又说"故以无言之，存乎道体……以质言之，存乎爻象"。"且易者，象也。物无不可象也。"④他把易象作为圣人垂教后世的义理的载体，认为圣哲将事物的本质都放在易象之中，事物的道理不可能脱离象而独存。孔颖达并没有停留在王弼"得意忘象"的理论中，他把象看得与义同等重要。他在《系辞上》疏证中提出："系辞焉而明吉凶者，卦象、爻象，有吉有凶。若不系辞，其理未显。故系属吉凶之文辞，于卦爻之下，而显明此卦爻吉凶也。案吉凶之外，犹有悔吝忧虞，直云'而明吉凶'者，悔吝忧虞，是凶中之小，别举吉凶，则包之可知也。"⑤在他看来，系辞的目的在于明象，明象的意义在于阐释吉凶变化，因此义理皆本于象而出。

对于"圣人设卦观象"一句孔颖达疏解道："谓圣人设画其卦之时，莫不瞻观物象，法其物象，然后设之卦象，则有吉有凶。故下文云'吉凶者，失得之象也；悔吝者，忧虞之象；变化者，进退之象；刚柔者，昼夜之象'，是施设其

---

① 十三经注疏：上［M］. 上海：上海古籍出版社，1997：6.
② 十三经注疏：上［M］. 上海：上海古籍出版社，1997：6.
③ 十三经注疏：上［M］. 上海：上海古籍出版社，1997：6.
④ 十三经注疏：上［M］. 上海：上海古籍出版社，1997：8.
⑤ 十三经注疏：上［M］. 上海：上海古籍出版社，1997：76.

卦有此诸象也，注此总言也。"①在孔氏的理论体系中，卦爻辞的功用是微言大义，解说义理，而卦爻辞本又是来自对万事万物之物象的观察和提纯，那么，在这个意义上，卦爻辞作为文理阐释与卦爻象数系统具有本体论的一致性，二者皆不可偏废。而王弼只偏重人事的部分，对义理进行了阐发，曰："系辞所以明吉凶，刚柔相推所以明变化也。吉凶者，存乎人事也，变化者，存乎运行也。"②有学者指出："孔颖达试图弥补王弼言象之不足，他吸收汉易象数之学，不仅取卦之物象说，还大量运用阴阳上下升降之说。"③的确，王弼注《易》极力关注的是如何摆脱象数的流弊，而对象数所起到的阐释作用并没有做较为深入的发挥。如《小畜卦》"小畜，亨"，王弼注曰："不能畜大止健，刚志故行，是以亨。"④孔颖达《正义》则补充说：

  但小有所畜，唯畜九三而已。初九、九二犹刚健得行。是以刚志上得亨通。故曰"小畜，亨"也。若《大畜》《乾》在于下，《艮》在于上。《艮》是阳卦，又能止物，能止此《乾》之刚健，所畜者大，故称《大畜》。此卦则《巽》在于上，《乾》在于下。《巽》是阴柔，性又和顺，不能止畜在下之《乾》，唯能畜止九三，所畜狭小，故名《小畜》。⑤

又如，王弼在注解中往往对象数形式有所回避，孔颖达则没有一味以枯燥的义理来解释，而是企图弥补王弼注本的不足，将象数形式重新补充到《正义》中来，以期实现象数与义理的平衡。例如，《临卦》曰："临。元亨，利贞，至于八月，有凶。《彖》曰：临，刚浸而长，说而顺；刚中而应，大亨以正，天之道也。"王弼并未对这句话做深入的分析，而只是说"阳转进长，阴道日消；君子日长，小人日忧；大亨以正之义"⑥。他仅将人事的道理做了简要的论述。孔颖达则在此基础上做了大段解释：

  案《序卦》云"临，大也"，以阳之浸长，其德壮大，可以监临于下，

---

① 十三经注疏：上［M］.上海：上海古籍出版社，1997：76.
② 十三经注疏：上［M］.上海：上海古籍出版社，1997：76.
③ 宋开素.孔颖达易学思想研究［J］.周易研究，1995（4）：16.
④ 王弼，著.楼宇烈，校释.王弼集校释：上［M］.北京：中华书局，1980：265.
⑤ 十三经注疏：上［M］.上海：上海古籍出版社，1997：26.
⑥ 王弼，著.楼宇烈，校释.王弼集校释：上［M］.北京：中华书局，1980：311.

故曰"临"也。刚既浸长,说而且顺,又以刚居中,有应于外,大得亨通而利正也,故曰"元亨利贞"也。"至于八月有凶"者,以物盛必衰,阴长阳退,临为建丑之月,从建丑至于七月建申之时,三阴极盛,三阳方退,小人道长,君子道消,故八月有凶也。以盛不可终保,圣人作《易》以戒之也。①

孔颖达的疏证填补了王弼取义说在整体认知上的鸿沟,从而在义理与象数间重新架设了互通、互证的桥梁。不过,孔疏通过掺加汉《易》的象数形式来阐解卦爻辞的内涵,并不是骛于对象数的简单追捧和对王弼得意失象的阙疑补充,而是祖述三圣,使自然之象和人事之象能与天道自然的法则更密切联系,使卦爻象与卦爻辞相互对照,合并义理与象数本应具有统一灵魂,弥补理解上的缺陷,从而将易道之意蕴充分地阐释和发扬。

除了对易象的格外关注之外,孔颖达还对易数有独到的见解。在关于易数的讨论中,他并没有言必称王弼,而是用后来人的眼光将前代的易数之论做了全面深入的总结。前章对王弼谈论《系辞上传》"大衍之数"的问题有所介绍,在此就不再赘述。孔颖达在《周易正义》中同样涉及了这个议题。他首先对"天一,地二;天三,地四……天九,地十"做了阐释。他站在王弼"《易》以极数通神明之德,故明《易》之道,先举天地之数也"原理的根基上说:"此言天地阴阳自然奇偶之数也。《易》以极数通神明之德者,谓《易》之为道。先由穷极其数,乃以通神明之德也。故明《易》之道,先举天地之数者,此章欲明神之德,先由天地之数而成,故云'故明《易》之道,先举天地之数也'。"②孔氏认为,天地阴阳自然之数是认识和把握神明道德的重要途径,也就是易道的载体,凭借对数的运用来理解义理是必由之路。他对汉代易学、魏晋易学对"大衍之数"的评述多有称引和归纳。第一为京房。"京房云:'五十者,谓十日,十二辰,二十八宿也。凡五十其一不用者,天之生气,将欲以虚来实,故用四十九焉。'"第二为马融。"马季长云:'《易》有太极,为北辰也。太极生两仪,两仪生日月,日月生四时,四时生五行,五行生十二月,十二月生二十四气。北辰居位不动,其余四十九转运而用也。'"第三为荀爽。"荀爽云:'卦各有六爻,六八四十八,加《乾》《坤》二用,凡有五十。《乾》初九潜龙勿用,故用四十九也。'"第四为郑玄。"郑康成云:'天地之数五十有五,

---

① 十三经注疏:上[M].上海:上海古籍出版社,1997:35.
② 十三经注疏:上[M].上海:上海古籍出版社,1997:81.

以五行气通。凡五行减五,大衍又减一,故四十九也。'"第五为姚信、董遇。"天地之数五十有五者,其六以象六画之数,故减之而用四十九。"①他总论道:

> 但五十之数,义有多家,各有其说,未知孰是。今案王弼云"演天地之数,所赖者五十",据王弼此说,其意皆与诸儒不同。万物之策,凡有万一千五百二十。其用此策推演天地之数,唯用五十策也。一谓自然所须策者,唯用五十。就五十策中,其所用揲蓍者,唯用四十有九。其一不用,以其虚无,非所用也,故不数之。顾欢同王弼此说,故顾欢云:"立此五十数以数神。神虽非数,因数而显,故虚其一数以明不可言之义。"只如此意则别无所以,自然而有此五十也。今依用之。②

虽然孔颖达更倾向于与诸儒之说不同的王弼注解,但孔氏对"大衍之数"的领悟显然已经超越了王弼的理解层面,而在综合两汉、魏晋成说的基础上形成了兼宗象数与义理的新看法。

另外,孔颖达还对象与数的关系问题做了相关探讨。在对《说卦传》中"昔者圣人之作《易》也,幽赞于神明而生蓍。……观变于阴阳而立卦"的诠释中,他提出:"蓍是数也。《传》称物生而后有象,象而后有滋,滋而后有数。然则数从象生,故可用数求象,于是幽赞于神明而生蓍。用蓍之法,求取卦爻,以定吉凶。"③孔颖达意在表明数生于象,有数而后成蓍,蓍是数的占筮表达形式,这种形式是用来推演象的含义的,同时,也再次强调了明象的重要意义。正如朱熹在《周易本义·序》中所谈:"时固未始有一,而卦未始有定象;事固未始有穷,而爻亦未始有定位。以一时而索卦,则拘于无变,非易也;以一事而明爻,则窒而不通,非易也;知所谓卦爻象象之义,而不知有卦爻象象之用,亦非易也。"④笔者认为,孔颖达对易象和数术的功用有丰富的认知,他深刻地把握住体与用、本与末的关系,主张体用一源,借助象数手段来追求《周易》的本义,具有突破意义。

其次,孔颖达虽然极为尊崇明象、举数的关键效用,但申明义理却是明象举数的终极目的和最终归宿,孔颖达之所以采用王、韩注本作疏解,就是为了

---

① 十三经注疏:上[M].上海:上海古籍出版社,1997:80.
② 十三经注疏:上[M].上海:上海古籍出版社,1997:80.
③ 十三经注疏:上[M].上海:上海古籍出版社,1997:93.
④ 朱熹.周易本义[M].廖名春,点校.北京:中华书局,2009:1.

凸显义理的主导地位。《周易正义·序》曰："今既奉敕删定，考察其事，必以仲尼为宗，义理可诠，先以辅嗣为本，去其华而取其实，欲使信而有征。其文简，其理约，寡而制众，变而能通。"①孔颖达对王弼《易注》取义为主的贡献赞誉有加，但王弼注《易》的虚华之气却不为其所取。孔颖达力主去除王注虚浮不实的言论，去粗取精，把其中的义理精华吸收、拓深，加以发扬。可以看出，孔颖达对义理的理解和认识与王弼还是有所不同，这也可能是由于孔颖达对汉《易》象数学持有积极的态度。

在《周易正义》中，孔颖达十分注意对王弼注做充分的修改和提炼，而不是固守和因循王弼对义理旧的阐释套路，同时，他又对汉《易》的解说传统有所继承，形成了自己的一套阐释哲学。其一，孔颖达将阴阳二气的周流运转看作卦爻象所表达的真义。他指出："夫《易》者变化之总名，改换之殊称……然变化运行在阴阳二气。故圣人初画八卦，设刚柔两画，象二气也，布以三位，象三才也。谓之为'易'，取变化之义。"②他把易道的变化归结为阴阳二气的运行不息，把万物的生成看作阴阳交合的结果。他说："以气言之，存乎阴阳；以质言之，存乎爻象。"③在其体系中，所有的运动变化都是阴阳二气相互作用的结果，阴阳合德则万物化生，气为形之始，形为生之原，而易道就是对这些变化的总体反映，卦爻象则是象征和表现易道的基本要素。

其二，他把太极解释为无象无形的存在，元气相混而为一，认为其象为无，其数为一，形成了元气一元论与贵无论的结合，易理则备包有无。他谈道：

> 盖《易》之三义，唯在于有。然有从无出，理则包无，故《乾凿度》云："夫有形者生于无形，则《乾》《坤》安从而生？故有太易，有太初，有太始，有太素。……混沌者，言万物相混沌而未相离也。视之不见，听之不闻，循之不得，故曰《易》也。"……故《系辞》云"形而上者谓之道"，道即无也；"形而下者谓之器"，器即有也。故以无言之，存乎道体；以有言之，存乎器用。④

也就是说，易道以有形的器为存在的道体，卦爻象等变化皆为其用，而为

---

① 十三经注疏：上 [M]．上海：上海古籍出版社，1997：6．
② 十三经注疏：上 [M]．上海：上海古籍出版社，1997：7．
③ 十三经注疏：上 [M]．上海：上海古籍出版社，1997：8．
④ 十三经注疏：上 [M]．上海：上海古籍出版社，1997：8．

揭示其变化的器。同时他对"一阴一阳之谓道"阐释道:"一谓无也,无阴无阳乃谓之道。……以数言之谓之一,以体言之谓之无,以物得开通谓之道,以微妙不测谓之神,以应机变化谓之《易》,总而言之,皆虚无之谓也。"①"道虽无于阴阳,然亦不离于阴阳。阴阳虽由道成,即阴阳亦非道。"②在孔颖达看来,易道通过阴阳的消长盈虚来展现,但阴阳却不能代表道而只是道依存的形式,永不停息的运动变化才是道的根本。从这些对《周易》经文颇有特色的阐发可以看出,孔颖达对易学理论是有深入探求的,他在为《周易》的卦爻体系寻找可靠合理的哲学理论依据,尝试发掘卦爻象背后所蕴含的朴素自然道理,这也是孔颖达《周易正义》兼采象数、义理的一种综合性升华和超越。

小结

《周易正义》在中国易学史上影响十分深远,它尊奉取义与取象的合流,体现了唐代易学的特色,确立了融会诸家的易学典范。孔颖达将象数、义理之间的关系解释为体与用的关系,本末相应,体用一源,并通过卦爻辞及卦爻象将义理与象数相结合,集萃一炉,形成了自己的易学哲学阐释体系,实际上是对汉《易》象数学及魏晋义理易学的一次总结性阐释。《周易正义》的刊定是在继承王弼、韩康伯阐明义理,廓清术数杂质努力的基础上,对魏晋易学尚虚无的玄学本体论进行的改良,为玄学向宋明理学的转型做了准备,它详疏旧说阙略,疏不驳注,独发新解,又汲取了汉《易》的有益成果,名宗一家,实采诸学,为儒家形而上学哲学系统的创立打下了根基,对唐以后的易学发展具有垂范作则的重大意义。有学者指出:"《周易正义》调融南北,荟萃诸家,故用王而不固于王;参以玄言,故义理架构颇与老庄相通;渐染于浮屠,故排佛而用佛;发明义例、考辨意旨、自下新义,固有学术价值可言,尤宋人疑古开新之先导,非株守一先生说者可比。"③唐代以后,五代至北宋初期皆以《周易正义》列于学官,成为教育的蓝本,在易学领域中,后学祖述义理则以《周易正义》为宗,求取象数则以《周易集解》为本,基本奠定了后世易学发展的大致格局。

---

① 十三经注疏:上 [M].上海:上海古籍出版社,1997:78.
② 十三经注疏:上 [M].上海:上海古籍出版社,1997:78.
③ 龚鹏程.《周易正义》之编撰 [J].周易研究,2006(4):3.

第三节 吕才易说

一、吕才事略

吕才（600—665），博州清平（山东高唐）人，生于隋文帝开皇二十年（600），卒于唐高宗麟德二年（665），博学多能，是唐代著名的思想家、科学家、军事学家、历史学家、逻辑学家，是唐初唯物主义无神论的典型代表。"少好学，善阴阳方技之书。"①贞观三年（629），唐太宗下令祖孝孙增补损益乐章，"孝孙乃与明音律人王长通、白明达递相长短"②。太宗命令侍臣寻访音律方面的专家，中书令温彦博推荐聪明多能的吕才，太宗下令对其考察。吕才尤其擅长声乐，侍中王珪、魏徵皆盛赞吕才学术精妙，魏徵更是赞叹道："才能为尺十二枚，尺八长短不同，各应律管，无不谐韵。"③太宗随即征召吕才，入职弘文馆，后累迁至太常博士。

唐太宗以近代以来《阴阳书》渐趋穿凿讹伪为由，令吕才与学者十余人共同刊定，"勒成书五十三卷，并旧书四十七卷，十五年书成，诏颁行之"。吕才"多以典故质正其理，虽为术者所短，然颇合经义"④。其后，吕才奉旨制造《方舆图》及《教飞骑战阵图》皆称旨意，受擢拔为太常丞。永徽初年，修订《文思博要》及《姓氏录》，又同许敬宗、李淳风、孔志约等会同名医增损陶弘景所撰《本草》，由李勣监定，"并图合成五十四卷，大行于代"⑤。龙朔中年，晋升为太子司更大夫。麟德二年卒。后人对其赞曰："孝孙定音律，仁均正历数，淳风候象纬，吕才推阴阳，订于其伦，咸以为裨、梓、京、管之流也。然旋宫三代之法，秦火籍炀，历代缺其正音，而云孝孙复始，大可叹也。淳风精于术数，能知女主革命，而不知其人，则所未喻矣。吕才核拘忌之曲学，皆有经据，不亦贤乎！古人所以存而不议，盖有意焉。""祖、傅、淳、才，彰往考

---

① 刘昫，等.旧唐书：卷七十九［M］.北京：中华书局，1975：2719.
② 刘昫，等.旧唐书：卷七十九［M］.北京：中华书局，1975：2720.
③ 刘昫，等.旧唐书：卷七十九［M］.北京：中华书局，1975：2720.
④ 刘昫，等.旧唐书：卷七十九［M］.北京：中华书局，1975：2720.
⑤ 刘昫，等.旧唐书：卷七十九［M］.北京：中华书局，1975：2726-2727.

来。"① 吕才曾著《隋记》二十卷,在当时有所流传。吕才的主要著作是经过对《阴阳书》的刊定而形成的三篇遗文,其作品在《大慈恩寺三藏法师传》、新旧《唐书》、《宋史》及清人辑佚中略有所载,其他撰述皆已散佚。除此之外,吕才对佛学及逻辑学有深入研究,并著有《因明注解立破义图》,内容已无从可考,其序辑于《大正藏》中,可略窥其旨。贞观十九年(645),玄奘经印度回到长安,贞观二十一年(647)和贞观二十三年(649),分别译出《因明入正理论》《因明正理门论》,将因明学引入中国,"而在当时世俗分子中,对因明深入研习、卓有成就并且敢于大胆提出批判和改造意见的,以吕才为第一人"②。在初唐,吕才曾对玄奘法师门下神泰、靖迈、明觉三法师的因明学义疏提出疑问,其特立独行的创造精神及其独特的唯物主义世界观常被视为异端。但是,他运用对比方法将《易传》与印度哲学进行相互诠释以图探求"言异义同"的根源,对因明学在翻译传承过程中的矛盾之处加以阐释,却体现出他疑古求真的批判精神和价值取向。玄奘法师也由此以更加严谨的态度对待翻译过程中的润文、证义等工作,避免出现如吕才般对因明译本文字产生误解的问题。

二、易学与吕才的唯物主义哲学体系

从新旧《唐书》所载《叙宅经》《叙禄命》《叙葬书》及《大正藏》所载《因明注解立破义图》序等吕才著作中能够发现,吕才是坚定的唯物主义者,而其唯物主义世界观主要源自其对《周易》经传的深入研究和理解。侯外庐先生指出:"吕才的唯物主义世界观,在继承并发展前人的传统方面,显然是依据《易经》而进行着他自己的改造。"③在与其友栖玄法师的论辩中,吕才谈道:

> 其论既近中夏,才实未之前闻。耻于被试不知,复为强加批阅。于是,依极成而探深义,凭比量而求微旨,反复再三,薄识宗趣。后复借得诸法师等三家义疏,更加究习……才以公务之余,辄为斯注。至三法师等所说善者,因而称之,其有疑者,立而破之……既外无人解,无处道听途说,若言生而知之,固非才之望也。然以学无再请,尚曰"传灯",闻一知十,方称殆庶,况乎生平不见,率而辄事含毫;今既不由师资,注解能无纰繆?④

---

① 刘昫,等. 旧唐书:卷七十九 [M]. 北京:中华书局,1975:2727.
② 蔡伯铭. 吕才与因明 [J]. 黄石师院学报(哲学社会科学版),1984(1):62.
③ 侯外庐,赵纪彬. 吕才的唯物主义思想 [J]. 历史研究,1959(9):8.
④ 高楠顺次郎. 大正新修大藏经:卷五十 [M]. 东京:大正一切经刊行会,1934:263.

从这段自述中可以看出，吕才没有师承，而是秉承对客观真理的追求，靠独立创造的治学精神自学成才，他根据神泰、清迈、明觉三法师的义疏，破解旧义，确立新说，阐发了他对因明学的独到见解。栖玄法师称赞"研味于六经，探赜于百氏，推阴阳之愆伏，察律吕之忽微"①。李淳风曾称"吕君学识该博，义理精通，言行枢机"②。可见，吕才之学是有本于《易传》阴阳变化之说的，而义理内涵则应该是他研究的重点。

通过吕才与明浚法师辩论中明浚对其思想的批驳，我们可以略窥吕才的思想。明浚法师对吕才称引印度胜论派"极微"说评论道："又案胜论立常极微，数乃无穷，体微极小，后渐和合，生诸子微，数则倍减于常微，体又倍增于父母，迄乎终已，体遍大千，究其所穷，数唯是一"③，"吕公所引《易·系辞》云：'太极生两仪，两仪生四象，四象生八卦，八卦生万物。'云此与彼，言异义同"④。《因明注解立破义图》序曰："盖闻一消一息，范围天地之仪，大哉至哉！变通爻画之纪，理则未弘于方外，事乃犹拘于域中，推浑元而莫知，穷阴阳而不测。"⑤不难看出，吕才试图将《易传》"一阴一阳之谓道"的阴阳二气和合思想与"极微"之说做比较，认为它们言虽有异，但意蕴相同，《易传》中的"气"与胜论中的"极微"都属于物质的范畴，易道与释道在某种程度上是共通的。也就是说，它们都扎根于物质范畴内来做研究和探讨。他以"推浑元"和"穷阴阳"作为探求事理，摸索客观规律的途径，将宇宙的客观规律与事物的逻辑联系起来。明浚对吕才以有生于无，以多生于一的观点也产生了疑问。他说："今案太极无形，肇生有象，元资一气，终成万物。岂得以多生一，而例一生多？引类欲显博闻，义乖复何所托？"⑥在世界的本原问题上，吕才所持的是《易传》一贯的太极观念，认为阴阳和谐则万物化生，万物生于无，无即是混沌，也就是元气，元气为一，则万物始于浑元一气。他把《易传》中的"气"以及胜论的"极微"视为世界的本原，而两者的不同在于，胜论秉持"多生一"的观点，《易传》则以"一生多"为原则。在他看来，两者虽言语表达有异，但并非义类相反，反而是义类相通，从而认为明浚"言似而意违，词近而旨远"的批驳

---

① 高楠顺次郎．大正新修大藏经：卷五十［M］．东京：大正一切经刊行会，1934：263．
② 高楠顺次郎．大正新修大藏经：卷五十［M］．东京：大正一切经刊行会，1934：264．
③ 高楠顺次郎．大正新修大藏经：卷五十［M］．东京：大正一切经刊行会，1934：265．
④ 高楠顺次郎．大正新修大藏经：卷五十［M］．东京：大正一切经刊行会，1934：265．
⑤ 高楠顺次郎．大正新修大藏经：卷五十［M］．东京：大正一切经刊行会，1934：262．
⑥ 高楠顺次郎．大正新修大藏经：卷五十［M］．东京：大正一切经刊行会，1934：265．

是没有依据的。吕才"以'实际'为大觉玄躯,'无为'是调御法体"①,认为宇宙的本原是客观实际的存在,自然无为是运动变化的规律,这些都是与《易传》思想深入相通的,其唯物主义世界观的倾向在这里也显露无遗。

吕才对《易传》的诸多内容皆有鞭辟入里的解说和体悟,有着儒家鲜明的治学特色。在《叙葬书》中他廓清了《阴阳书》中的宗教迷信,其论"颇合经义",结合《易传》的世界观,继承儒家学说中的无神论思想,建立了独特的无神论思想体系。他指出:

《易》曰:"古之葬者,衣之以薪,不封不树,丧期无数。后世圣人易之以棺椁,盖取诸《大过》。"《礼》云:"葬者,藏也,欲使人不得见之。"然《孝经》云:"卜其宅兆而安厝之。"以其顾复事毕,长为感慕之所;窀穸礼终,永作魂神之宅。朝市迁变,不得豫测于将来;泉石交侵,不可先知于地下。是以谋及龟筮,庶无后艰,斯乃备于慎终之礼,曾无吉凶之义。暨乎近代以来,加之阴阳葬法,或选年月便利,或量墓田远近,一事失所,祸及死生。巫者利其货贿,莫不擅加妨害。遂使葬书一术,乃有百二十家。各说吉凶,拘而多忌。且天覆地载,乾坤之理备焉;一刚一柔,消息之义详矣。或成于昼夜之道,感于男女之化,三光运于上,四气通于下,斯乃阴阳之大经,不可失之于斯须也。至于丧葬之吉凶,乃附此为妖妄。②

吕才以儒家经典为根据,以历史史实为例证,依托丰富的自然科学知识,激烈批判不通常理、不符合客观规律的宗教迷信活动。在他看来,天地《乾》《坤》是万物之本,阴阳刚柔的盈虚变化是亘古不变的道理,而变化之道可以透过阴阳消息,刚柔转化的自然规律来加以认知,而《易传》所内含的义理是"阴阳之大经"。

吕才把义理的作用提升至非常重要的位置,认为吉凶丧葬之说皆是妖妄附会,掩盖了《周易》的义理精髓,这也突出表现了吕才的唯物主义世界观倾向。同时,《易传》的义理说对吕才的唯物主义思想是有建构之功的。他以义理为世界的客观规律,作为其哲学体系的最高范畴,其逻辑思想也建立在对义理深刻理解的基础之上。吕才还谈道:"《易》曰:'圣人之大宝曰位,何以守位曰

---

① 高楠顺次郎. 大正新修大藏经:卷五十 [M]. 东京:大正一切经刊行会,1934:265.
② 刘昫,等. 旧唐书:卷七十九 [M]. 北京:中华书局,1975:2723-2724.

仁.'是以日慎一日,则泽及于无疆,苟德不建,则人而无后,此则非由安葬吉凶而论福祚延促。臧孙有后于鲁,不关葬得吉日;若敖绝祀于荆,不由迁厝失所。"①他认为,吉凶祸福都根源于个人道德修为,体现的是人事,与安葬之事无关,这一对道德仁义建设的推崇,也是承自《易传》的。《系辞上》曰:"夫《易》广大矣!……广大配天地,变通配四时,阴阳之义配日月,易简之善配至德。子曰:'《易》其至矣乎!夫《易》,圣人所以崇德广业也。知崇礼卑,崇效天,卑法地。天地设位,而《易》行乎其中矣。成性存存,道义之门。'"②《易传》强调至德的重要意义,《乾》《坤》为道义之门,崇高效法天,谦卑效法地,"知礼崇卑"就是要效法天地之道,确立尊卑的秩序,建立伦理道德的礼法制度,善修德性自会吉祥。在《叙宅经》中他进一步斥责道:

《易》曰:"上古穴居而野处,后世圣人易以宫室,盖取诸《大壮》。"迨于殷、周之际,乃有卜宅之文,故《诗》称"相其阴阳",《书》云"卜惟洛食",此则卜宅吉凶,其来尚矣。至于近代师巫,更加五姓之说。言五姓者,谓宫、商、角、徵、羽等。天下万物,悉配属之,行事吉凶,依此为法……验于经典,本无斯说,诸阴阳书,亦无此语,直是野俗口传,竟无所出之处。唯《堪舆经》,黄帝对于天老,乃有五姓之言……此则事不稽古,义理乖僻者也。③

吕才以为把天下万物分属于五声来推断吉凶祸福,看似言之凿凿,实则为无稽之谈。依据儒家经典来看,他认为丧葬占筮阴阳术数形式本是出于缅怀先人的礼法需要,并不是宣扬宗教迷信,况且,五声之说本自相矛盾,既不符合历史实际,又不符合逻辑规律,从而以科学性的角度提出,五声配五姓的讹传乃是近代巫师对黄帝原说的附益,"事不稽古,义理乖僻",更与《易传》的义理精神相违背。

在《叙禄命》中他阐述道:

谨案《史记》宋衷、贾谊讥司马季主云:"夫卜筮者,高人禄命以悦人心,矫言祸福以尽人财。"又案王充《论衡》云:"见骨体而知命禄,睹命

---

① 刘昫,等. 旧唐书:卷七十九 [M]. 北京:中华书局,1975:2725.
② 张涛,注评. 周易 [M]. 南京:凤凰出版社,2011:266.
③ 刘昫,等. 旧唐书:卷七十九 [M]. 北京:中华书局,1975:2720-2721.

禄而知骨体。"此即禄命之书，行之久矣。多言或中，人乃信之。今更研寻，本非实录。但以积善余庆，不假建禄之吉；积恶余殃，岂由劫杀之灾？皇天无亲，常与善人，祸福之应，其犹影响……今时亦有同年同禄，而贵贱悬殊；共命共胎，而夭寿更异。①

吕才按照历史事实的记载核对诸如鲁庄公、秦始皇、汉武帝等的禄命推算，并用史书中的实际事例加以佐证，证明他们的禄命皆不应验。受儒家命正论的影响，他认为禄命的好坏在于人文因素所起的作用，把人事范畴的积恶或行善作为判断福祸的准则，寄望于天道宠爱善人的儒家传统天命观。由此来看，他的唯物主义无神论实际上是一种不够彻底的无神论思想。不过，吕才显然是发现了这种不能自圆其说的弊端，因此，他又将命正论中的积极因素通过旁征博引进行了极致的发挥，提出人的福祸贵贱、命运的平顺坎坷都与禄命没有直接的关联。在对历史事实的归纳罗列中，他证明了阴阳禄命之说与义理是相违背的，也反映了他对逻辑合理性的追求。综上所述，吕才借助于对《周易》经传的深入诠释，发挥其人文理性的精神，把儒家经典的积极因素发挥到了几乎饱和的程度。通过逻辑分析与历史分析相结合的实证方法，吕才从科学的角度建构了一套独特的唯物主义哲学，但由于对儒家经典的依附，囿于儒家传统的束缚，他的唯物主义并不够彻底。

小结

《易传》中的义理是吕才哲学体系的根本准则。吕才无神论系统和逻辑结构"标明着客观历史产生义理、而义理必须符合客观实录的唯物主义精神"②。在很大程度上，他的唯物主义无神论以及逻辑思想生于《易传》天人合一、天地人一体的宇宙观，又建立在天地乾坤、阴阳消息、刚柔转化的义理思想的基石上。可以说，《易传》与吕才的唯物主义世界观是密不可分的。他将儒家思想与无神论相结合，从儒家有关人事的伦理道德中为唯物主义哲学寻找依据，在儒家思想的基础上破旧立新，打破僧俗、儒释道的界限，唯理是从，在求同存异中达到了儒释的和同，完善了自己的思想体系，客观上使易学思想与中国文化的各个领域产生了广泛共鸣。

---

① 刘昫，等. 旧唐书：卷七十九[M]. 北京：中华书局，1975：2721.
② 侯外庐，赵纪彬. 吕才的唯物主义思想[J]. 历史研究，1959（9）：17.

结　语

一、汉唐齐鲁易学概说

在中国学术史上，齐鲁易学作为贯穿始终、起引领作用的一条主线和主旋律，历久弥新，繁盛不息，一直受到格外的关注。在一定意义上，齐鲁易学的发展象征着整个中国易学的发展。

传说人物伏羲创制八卦以来，齐鲁易学一直作为易学的主流为中国思想文化的成长孜孜不倦地提供养分。春秋以降，作为齐鲁易学家的典范，孔子在先代易说的基础上，除去了蒙在《周易》这部经典上神秘的宗教巫卜面纱，通过人文理性化的删定和整理，让易学脱胎换骨，重新焕发了生机。孔子赞《易》为易学开创了一个新的时代。孔子之后，七十子散游诸国，各有所长，其中大部分人按照儒家一贯的传统对易学进行了深度的发挥，增添了丰富的内容，使易学与时代变迁相结合，在整个中国地域范围内开枝散叶，将易学事业再次推向了一个新的平台。

秦政燔书，统一思想文化，《周易》因其卜筮的内容以及强大的综合包容性而幸免于难，齐鲁易学并没有因此而沉寂。秦始皇甚好齐鲁方术，十分重视《周易》中的神秘元素，易学厚德载物、含弘广大的精神，乾元一统的统一思想，自强不息的人生态度等思想内涵以及宇宙观、社会理想观、推天道以明人事的整体思维方式，皆对其政治统治思想产生了深远影响，对秦王朝的治国思想产生深远影响的《吕氏春秋》更是深入吸收和借鉴了易学的研究成果。秦亡而汉兴，"汉承秦制"，齐鲁易学继续蓬勃发展。汉初，统治者尊崇道家黄老之学，施行开放包容的文化政策，思想文化历经战火后迎来了新的发展契机，与黄老道术具有天然密切联系的易学也获得了长足发展。在北方，与汉政权紧密结合，以孔子及其再传弟子田何为中心的易学系统逐渐站稳了脚跟，形成了官方主流的易博士体系。王葆玹先生曾提出："《周易》的问题本是复杂的，但可以肯定汉代官方易学是传自齐人田何，田何以后，孙虞、王同、杨何、田王孙都有齐人的身份。"① 可以看出，齐鲁易学在汉初有巨大的影响力。在南方，马王堆帛书《周易》在南方的传播扩大了齐鲁易学的影响范围。与此同时，汉初君臣都致力于易学研究，试图从易学思想中找到济世良方，稳固西汉政权。有鉴于《周易》经传中居安思危、革故鼎新、尊卑有序等思想，汉初君臣在思考天地阴阳、表达朴素辩证思想的同时，也发现了实行道家"无为而治"政治策略所存在的弊端和潜伏的危机，道家思想无法单独担当起指导现实政治的使命，转而将关注的目光投向易学，寄望于从易学中寻求解决政治困难，维护、巩固中央集权封建统治的方法。随着儒学复兴及其影响力的不断上升，易学也开始出现新的高潮。道家学派《淮南子》的出现，在不同程度上汲取了易学的有益精髓，也发出了强烈的改革呼声，在这种情况下，齐鲁易学的影响力水涨船高。

汉武帝时期，在董仲舒、公孙弘等的倡议和辅助下，实行了"罢黜百家，独尊儒术"的政策，学术思想领域迎来了巨大变革，儒家经学的官学地位得以确立，为儒学在中国历史中的持续独尊奠定了坚实的基础。有学者指出："一部中国思想史，在某种意义上就是一部释经史，思想的发展就是对儒学元典意蕴的阐发，是人们行为的准则和思想的出发点。"②儒家学说在汉武帝时期的兴盛，并非因循先秦儒学的旧有成果，而是经历了孔子、孟子、荀子等先秦儒家的改良和整理后，综合吸收诸子百家学说的精华，在不断的创新和变革中完成了新的蜕变。儒家学说在有汉一代的振兴，离不开齐鲁学术的贡献。张怀承先生指出，"全面观察西汉早期的文化地理，经学儒术的流行地域主要在齐、鲁两处"③。伏生、申培公、辕固生、高堂生、叔孙通、胡毋生等齐鲁学人都对汉代儒学昌隆做出了巨大贡献。

董仲舒是儒学变革的关键人物，他深受齐学及易学的影响，基于现实政治的客观需要，打着《春秋公羊》学的名号，推陈出新，力图形成符合政治统治逻辑的新儒学。董仲舒以"大一统"思想为核心，摄取《周易》蕴含的能量，运用易学天、地、人一体的整体思维，阴阳变化的思考方式和神秘主义的理论外壳，提出了"天人合一""天人感应""灾异谴告"等一系列理论，形成了体

---

① 王葆玹. 今古文经学新论 [M]. 北京：中国社会科学出版社，1997：90.
② 张怀承. 中国学术通史：隋唐卷 [M]. 北京：人民出版社，2004：178.
③ 王葆玹. 今古文经学新论 [M]. 北京：中国社会科学出版社，1997：82.

系完备的董学思想，为象数易学在汉代的兴盛提供了重要的理论依据。汉武帝时期的丞相公孙弘同样具有齐鲁学术的背景，他把易学与政治高度结合，利用易学思想指导社会政治，取得了令人瞩目的成果，如置博士设弟子员、举儒生为官等符合政治需要的举措，都为齐鲁易学官学地位的确立提供了途径，也奠定了中国古代文官制度的基础。

汉武帝设置五经博士，今文《易》博士系统成为西汉官学的代表，传自孔子的田何、杨何等齐鲁易学家都先后被列于学官。西汉官方的三家《易》亦有齐鲁易学的身影，孟喜、梁丘贺之学皆列于学官，民间具有重大影响力的费直易学亦出自齐鲁。孟喜之学继焦延寿之后传于京房，形成了贯穿两汉、以卦气说解《易》的孟京象数易学学派，占据了汉代易学的主流。齐鲁易学家、丞相魏相以易学为辅助引领政治实践，推进了易学与汉代政治的有机融合，他将六十四卦与方位、四时相匹配，亦为象数易学的发展铺平了道路。梁丘贺、梁丘临父子官居少府，深受皇帝信赖，以易学调节和指导汉代政治，提供了有益的资鉴。清儒张惠言曾说："马融为《易传》，授郑康成，康成为《易注》，于是费氏遂兴。"[1]费直古文易学，不谈阴阳灾变，专以《易传》解《周易》上下经，注重义理的发挥，恢复了古文易学的传统，为东汉易学的综合发展创造了条件。西汉易学的传承和演变多注重家法、师法，有详细的师承关系。从授受源流来看，西汉官方易学体系的建立源自齐鲁易学，其有序传承更离不开齐鲁易学的推动。可以说，齐鲁易学既是西汉官方易学的源，也是其流，而这一时期民间易学的发展亦以齐鲁易学家费直为源头，无论是今文易学，还是古文易学，无论是象数之学，还是义理之学，都以齐鲁易学为祖。另外，齐鲁易学与西汉政治的发展紧密相关，以董仲舒、公孙弘、魏相、丙吉、主父偃、梁丘贺等为杰出代表的齐鲁易学家积极参与政治，把齐鲁易学的精神和原则引入政治决策的范畴，深刻影响了西汉"大一统"的政治走向。

爰及东汉，齐鲁易学沿着前代易学家创造的良好开局继续发展。东汉王朝虽然建立在农民起义的大潮中，但它的基础却是地方豪强势力，政治上仍然承继西汉，是西汉统治体系在东汉的延续。因此，在东汉时期，今文官方易学依然处于显学的位置，民间则谶纬横行，费氏古文易学也在持续发展。东汉政权确立后，立即全面恢复了西汉宣帝时期的今文经学博士系统，撤销了王莽新政期间设立的古文经博士，极力重建今文经学统治体系，谶纬及古文经学依旧保

---

[1] 张惠言. 茗柯文编[M]. 黄立新, 校点. 上海：上海古籍出版社, 1984：51.

持着旁流的姿态。东汉光武帝刘秀甚好儒家经学,《后汉书·儒林列传》载:

> 昔王莽、更始之际,天下散乱,礼乐分崩,典文残落。及光武中兴,爱好经术,未及下车,而先访儒雅,采求阙文,补缀漏逸。先是四方学士多怀协图书,遁逃林薮。自是莫不抱负坟策,云会京师……继踵而集。于是立《五经》博士,各以家法教授,《易》有施、孟、梁丘、京氏……①

汉章帝亦崇尚儒学,为解决儒家经学内部版本、内容等分歧,建初四年(79),召开白虎观会议,谈论五经异同,对儒家经学做了一次总结。这一时期,齐鲁易学继续维持主流正统的势头,以孟京卦气说象数易学为旗帜的今文易学,宣扬灾异谴告、天人感应等说,社会影响力巨大。在今文易学的笼罩下,古文易学及图谶之说逐渐崛起。齐鲁易学家郎宗、郎颛父子在治《京氏易》的同时,还受到《易纬》思想的深入影响,他们利用董仲舒阴阳灾变、天人感应的理论,结合《易纬》的思想,用易学解决社会政治的难题,解疑释惑,颇具进步意义。东汉后期,受到党锢之祸的影响,易学与政治慢慢剥离,随着今文易学官学色彩的淡化以及费氏古文易学的兴起,今古文易学开始出现合流的趋势。许多齐鲁易学家在研习今文易学的同时,也兼治古文易学。高密人郑玄是他们中的卓越代表。郑玄是易学史上集今文易学大成的重要易学家,他先从第五元先学习今文《京氏易》,复从马融学习古文费氏《易》,并对两家学说进行了融合改良。清代学者评述道:"今马《传》既亡,所见者仅训诂碎义,就其一隅而反之,大抵以《乾》《坤》十二爻论消息,以人道政治议卦爻,此郑所本于马也。马于象疏,郑合之以爻辰;马于人事杂,郑约之以《周礼》;此郑所以精于马也。"②他通过今古文易学的互证和补充,形成了独特的以爻辰说为主的占筮体例,这一体例远离政治论调,回避灾异谴告,凭借象数形式,注重阐发人文义理,又以《礼》注《易》,兼采诸家,缓和了今古文易学的矛盾,齐鲁易学由此达到了一个高潮。

自董仲舒始,儒家经学就与汉代政治密切相连,然而,作为明经取士的教科书,儒家经学呈现出趋于呆板、僵化的弊端,烦冗的纲目、条释、体例,阻碍了经学思想的创新,抑制了经学发展的活力。东汉后期,政治矛盾的激化加

---

① 范晔. 后汉书: 卷七十九: 上[M]. 李贤, 等注. 北京: 中华书局, 1965: 2545.
② 张惠言. 茗柯文编[M]. 黄立新, 校点. 上海: 上海古籍出版社, 1984: 52.

剧了经学的没落，面对这一形势，社会批判思潮开始盛行。齐鲁思想家仲长统是其中引人注目的一员。仲长统作《昌言》三十四篇，受易学思想的深入启发，从天道、人事的各个方面对腐朽的社会政治、社会思想做了深刻的剖析和激烈的批判。他提出王朝的更替兴衰有三个标志性阶段，以悲天悯人的态度总结历史经验教训，发出"至公""至仁"的改革呼声，反映了齐鲁思想家、易学家强烈的社会责任感，同时，"东汉末年的社会批判思潮为魏晋玄学的产生准备了必要的思想条件"①。荆州学派的创始人刘表是东汉齐鲁易学的收官之人。在礼崩乐坏的东汉末期，学术思想的发展受到巨大冲击，曹魏政权执行"名法之治"，学术思想的发展受到一定的限制。刘表、宋衷为核心的荆州学派广泛吸纳人才，形成了以治《易》为中心的地方性学术团体。他们重视费氏易学传统，整合郑氏易学优势，以易象阐释经文，微言大义，在郑玄义理释《易》的基础上把义理之学向前推动了一大步，对易学的思考颇有创见，为魏晋时期玄学《易》的兴起铺平了道路。东汉齐鲁易学的情况大抵如此，在继续关注时政的同时，齐鲁易学专注于易学本身的融合与变革，打开了象数易学向义理易学转型的大门。

汉灭而魏兴，中国进入了长期分裂、战乱不断的魏晋南北朝时期。由于政权更迭频繁，社会危机四伏，学术思想界酝酿着新的变革，以《易》《老》《庄》为载体的三玄之学迅速崛起，齐鲁易学也被卷入这一玄学大潮中。魏晋之际，儒家经学的流传始终没有中断。《隋书·儒林列传》总结了魏晋时期的经学发展：

> 儒之为教大矣……虽世或污隆，而斯文不坠，经邦致治，非一时也。……自晋室分崩，中原丧乱，五胡交争，经籍道尽。……暨夫太和之后，盛修文教，搢绅硕学，济济盈朝……南北所治，章句好尚，互有不同。江左《周易》则王辅嗣，《尚书》则孔安国，《左传》则杜元凯。河、洛《左传》则服子慎，《尚书》《周易》则郑康成。……大抵南人约简，得其英华，北学深芜，穷其枝叶。考其终始，要其会归，其立身成名，殊方同致矣。②

---

① 任继愈. 中国哲学发展史：魏晋南北朝[M]. 北京：人民出版社，1988：19.
② 魏徵，令狐德棻. 隋书：卷七十五[M]. 北京：中华书局，1973：1705-1706.

战乱和分裂并没切断学术思想的发展,儒家经学反而丰富多彩起来,南方尚清谈玄虚,北方尚经术致用,出现了南北学分立的局面。

易学方面,北方多以郑玄易学为宗,南方则以王弼易学为主。齐鲁易学家王肃则是郑玄《易》至王弼《易》过渡阶段承上启下的关键人物。王肃继承了荆州学派治《易》的特点,在其父王朗的基础上完成了《易注》,排斥郑玄烦琐的取象说,重视《周易》义理的发挥,为王弼扫落象数提供了理论土壤。由于儒学已经无力独立支撑政治统一的需要,儒家思想同释、道三足鼎立,共同承担了指导思想的责任。正始时期的王弼是齐鲁易学又一集大成的重要人物。他秉承荆州学派易学风格及王朗、王肃父子重视义理的易学特色,对汉初以来杂糅儒道的《淮南子》思想进行了调整和改造,以无为本,纯任自然,以《老》解《易》,提出"得意忘象"的治《易》主张,意图清扫汉代象数易学的积弊,恢复义理的主导地位。王弼易学继往开来,开创了易学界会通《易》《老》,儒道互补,儒道合流的全新局面。贺昌群先生评价道:"弼之注《易》,既上接汉末以来自由解经之风,不拘守章句,以传证经,复注《易》之新义,会通解《老》,离汉儒吉凶、休咎、象数、训诂之旧说,而归指于人生之究竟,专以义理玄言发挥之,完成本体论思想之体系,以见天地自然之兴废,盈虚消息之至理,知命者安时而处顺,哀乐不能入矣。"[①]王弼对《易》《老》的综合,完成了易学的哲学化升华,可以认为,"王弼之《易》注出,而儒家之形上学之新义乃成"[②]。在中国易学史上,王弼完成了象数与义理两派的分野,为义理易学的繁荣发展指明了方向。除正统的经学《易》研究以外,齐鲁易学还保留了象数易学的特点。齐鲁易学家管辂长于筮术,兼收义理,以德性之说与占验之术相结合,是对齐鲁经学《易》的有益补充,扩大了齐鲁易学的影响力。汉魏之间,齐鲁易学由东汉时期的象数易学阶段向义理易学阶段过渡,在象数与义理的此消彼长中引领了易学的走向。

隋唐时期,社会政治趋于稳定,学术思想进入了辉煌的总结发展期。易学领域内,综合南北的交融趋势愈加明显。典籍的注疏、章句的训诂、经义的总结成为隋唐经学的主流。唐太宗对儒家经学极为重视,在他的主导下,儒学经学陆续得到了恢复和发展。贞观中期,齐鲁学术思想的带头人孔颖达以博采诸家、兼容并包、择善而从的原则刊定了《五经正义》,标志着经学在唐代的统

---

① 贺昌群. 魏晋清谈思想初论 [M]. 北京: 商务印书馆, 1999: 52.
② 汤用彤. 汤用彤学术论文集 [M]. 北京: 中华书局, 1983: 264-265.

一。其中,《周易正义》作为《五经正义》之首,采用王弼、韩康伯注本,根据"疏不破注,注不破疏"的标准,总结了前代学者有关《周易》的研究和注疏,做了完备翔实的归纳和述评。《周易正义》将取象说与取义说结合,综合南北,完成了汉《易》象数学与魏晋义理学的有机统一,对唐以后及至宋明的易学产生了深刻的影响。在义理的阐发中,《周易正义》兼收并蓄实现了综合超越,处于汉宋之间衔接环节的隋唐易学为易学的再次变革创造了条件,使魏晋玄学向宋明理学的转型成为可能。另外,齐鲁思想家吕才受到《周易》经传思想的沾溉,在与佛学的批判继承中,形成了独具特色的唯物主义哲学体系,促进了易学与中国文化各个方面交流和融合。隋唐之际,齐鲁易学综合包容的精神得到了充分发挥,易学继续引导着中国思想文化的长盛不衰。

二、汉唐齐鲁易学的发展历程及其特色

(一) 齐鲁易学的发展历程

纵观中国学术思想史,不难发现,齐鲁易学的发展与中国思想文化发展、易学史整体演进的大致历程是交互和吻合的。这是因为齐鲁易学一直扮演着中国易学发展史主流和主旋律的角色,是易学经久不衰的主要源头。从齐鲁易学在先秦至汉唐时期的整体发展来看,可以简要归纳出各具特色的六个主要阶段:传说易时期、儒门易时期、经学易时期、象数易时期、义理易时期、易学综合时期。这六个时期如同六爻共同组成了整个齐鲁易学史完整的一卦。从时间线上来说,这六个阶段相互之间存在重叠和承继的关系,因此,很难准确地将齐鲁易学史划定成几个简单整齐的历史分期。经过综合考虑,笔者尝试按照传统的义理学和象数学角度来区分这几个时期。

第一,传说易时期。伏羲画八卦是齐鲁易学的原始开端,这一阶段的齐鲁易学呈现蒙昧的状态,主要以卦爻符号的形式表达对天地阴阳的认识,简单地具备义理的雏形,象数元素也不甚发达,这种状况一直持续到周文王演《易》之前。总体上,齐鲁易学是在象数与义理的萌芽中苗壮成长的。

第二,儒门易时期。随着文王将八卦演化成六十四卦,易学拥有了新的内涵,春秋时期,孔子赞《易》,重其德义而去其卜筮,齐鲁易学开始慢慢成形。孔子晚年,在人文理性思想的引导下,试图褪去《周易》宗教巫卜的神秘外衣,将《周易》思想引向伦理秩序、个人修养、道德教化等方面,同时,战国中后期,《易传》的成书,使易学获得了重生。虽然卜筮之说仍是易学赖以存在的形

式,但义理之学已经展现出强劲的生命力。以荀子为代表的孔门弟子及其再传弟子,都开始关注《周易》经传的义理内涵,着重发挥其中仁义礼知的核心精神,可以说,这一时期,义理之学逐渐上升为易学的主要表现形式。这一阶段主要集中在孔子以后至西汉前期。

第三,经学易时期。西汉王朝确立以后,儒家经学与统治思想逐步融合,易学迎来了新的发展机遇,齐鲁易学进入了关键机遇期。汉初,孔门易学的再传弟子,齐鲁易学家田何、杨何之学被率先列于学官,设为博士,成为西汉政治的指导思想之一。汉武帝独尊儒术后,以董仲舒、公孙弘为代表的齐鲁思想家将齐鲁易学与政治结合推上了一个新的台阶,齐鲁易学真正成为西汉的显学,为西汉政权的稳固发展提供着资鉴。西汉前中期,伴随儒家经学官学地位的确立,《易》博士体系也建立起来,齐鲁易学家孟喜、梁丘贺、梁丘临之学皆列于学官,成为西汉官方经学《易》的典范。经学《易》显学地位的树立,引来一大批学者、思想家、政治家投身经学《易》的研究,易学研究出现了高潮。传统的义理之学是这一阶段的主流易学思想,但象数易学的力量也在不断增强。这一阶段以西汉前中期为主。

第四,象数易时期。义理之学的盛行也带动了象数易学的发展。齐鲁易学进入繁盛时期。西汉中后期,齐鲁易学家魏相、孟喜等都对易学象数学的发展做出了重要贡献。魏相首先指明四正卦理论,孟喜将其发扬光大,建立了完备的以卦气说为中心的象数易学理论体系,在其弟子焦延寿、再传弟子京房的改良和打造下,成为两汉时期易学思想的主流。西汉民间,还涌动着齐鲁易学家费直的古文费氏易学,虽然未进入官学体系,但是费氏易学在发展中逐渐壮大,影响着东汉以后的易学发展。及至东汉,齐鲁易学家郎宗、郎𫖮父子习《京氏易》,继续发挥象数易学的主流影响。齐鲁易学集大成者郑玄,遍注诸经,兼采诸家,建立了以爻辰说为主的象数易学系统,弘扬了易学中的象数成分,一度成为东汉以后易学的代名词。东汉末期,社会批判思潮兴起,儒家经学的诸多问题受到质疑和诟病,齐鲁思想家仲长统吸收了易学精神,运用《周易》的思想内容,针砭时弊,颇有创见,成为这一思潮中一颗亮眼的明星。荆州学派创始人,齐鲁易学家刘表成为汉末学术思想界的一缕清风,在他的引领下,荆州学派以古文费氏易学的传统治《易》,注重义理的发挥,为义理之学的兴起创造了环境。西汉中后期至东汉后期是象数易学主宰的时期,义理之学也在积蓄力量。

第五,义理易时期。东汉末期,刘表、宋衷等易学家已经开始将关注的重点向义理易学转移。齐鲁易学进入重生时期。在荆州学派的影响下,齐鲁易学家王朗、王肃父子,注重发挥义理之学的内涵,引导后来的王弼一扫象数,以《老》解《易》,开创了义理易学的新生。这一阶段主要集中在东汉末期至魏晋南北朝时期。

第六,易学综合时期。魏晋南北朝时期,形成了南北对立的两大易学体系:北方尊崇郑学之学,尚经术;南方推崇王弼之学,重玄谈。南北对立的局势一直持续发展,随着王注的盛行,郑学逐渐衰微。隋唐时期,齐鲁学术传承人孔颖达以王注本为准,颁定《周易正义》,不拘于一家之言,融会象数、义理,综合南北之学,形成了易学领域形势上的统一。齐鲁易学进入聚合期。这一阶段主要集中在魏晋南北朝至隋唐时期。

总体上看,齐鲁易学一直作为易学发展的主干和主潮,在各个阶段引领着易学的演变与发展。在一定意义上讲,齐鲁易学是易学领域的开拓者和领头羊,贯穿了先秦至汉唐时期的整个易学发展历程,指引着易学不断变化、成长和昌盛。齐鲁易学引领的不仅仅是易学研究本身,还影响着学术思想、政治文化、社会风俗等众多领域的共同进步。

(二) 齐鲁易学的特色

齐鲁易学历史悠长,底蕴深厚,作为中国易学发展的滥觞和领路人,在综合百家、超越百家的基础上,将易学的精神渗透到政治、经济、文化等各个方面,在天文、历法、科技、艺术等各个领域产生了深远影响,承前启后,继往开来,成为中国思想文化活的灵魂和重要源头。尤其是以儒家为代表的齐鲁易学系统,在漫长的中国历史中始终居于学术思想的中心,作为中国思想文化的主干,影响了中国几千年的思想文化传承与创新。在长期的演变过程中,齐鲁易学形成了与众不同的鲜明特色。

第一,综合包容的时代精神。在纵贯先秦至汉唐时期齐鲁易学的发展历程,可以发现,厚德载物的综合包容精神以及与时偕行的开放态度是齐鲁易学的重要特点。从孔子、荀子对易学卜筮内容的态度来看,齐鲁易学家一直保持着海纳百川的胸怀,对同一事物的不同方面和不同事物的差异认识,都采取了兼收并蓄,取其精华、去其糟粕的开放态度。孔子、荀子以后,董仲舒对儒家学说的天人感应、阴阳灾变改造,孟喜对经学《易》的象数改良,郑玄以《礼》注《易》,王弼以《老》解《易》,吸收释、道、墨、法百家思想等众多历史史实,都充分地体现了齐鲁易学强大的综合包容气魄和与时俱进的开放精神。

第二,繁盛不息的顽强生命力。伏羲氏画卦以来,齐鲁易学始终传承不绝,及暴秦焚书，《易》为卜筮之书而不绝于后世，继续呈现出顽强、旺盛的发展势头。秦亡汉兴以后，历经秦汉之际的战火硝烟，齐鲁易学通过口传面授的形式得以保全，随即如雨后春笋一般伴随着汉王朝的确立而崛起。汉易之祖田何、杨何等齐鲁易学家皆列于学官，为齐鲁易学的繁衍奠定了基础。西汉中后期，经学《易》出现了疲软的状态，孟喜独辟蹊径，以卦气说为中心建构了齐鲁易学的象数形式，象数易学遂风靡两汉。爰及魏晋，易学象数内容以及经书注解变得愈加烦琐，象数易学开始走向衰微，王弼承其弊而力扫之，恢复了《周易》义理内涵的原本面貌，齐鲁易学重获新生，义理之学兴旺起来。隋唐时期，象数、义理多种形式的解《易》方法造成了易学的混乱，孔颖达以王、韩本作为框架，刊定《周易正义》，统一了南北易学，开辟了一条兼宗象数与义理的治《易》道路，齐鲁易学继续繁荣发展。不难看出，齐鲁易学具有异常旺盛、顽强的生命力。

第三，贯通象数与义理。无论是象数易学的产生与盛行，还是义理易学的萌发与壮大，都离不开齐鲁易学家的创建之功。孟京象数学派的创始人是齐鲁易学家孟喜，集大成者是齐鲁易学家郑玄；义理学派的开山祖师是东莱人费直、山阳刘表以及破旧立新的山阳王弼；融会象数、义理于一炉的是继承齐鲁易学血脉的孔颖达。此外，术筮占卜之说亦是齐鲁易学家所长，如郎宗、郎顗、管辂等皆是术数之说的典型代表。齐鲁易学既重道德教化，又重占筮民用，寓义理于象数，充分发挥了象数与义理的互补性。因此，贯通象数与义理实为齐鲁易学最为突出的特色。

第四，会通儒、释、道三教。在齐鲁易学长盛不衰的道路上，儒、释、道三家都提供了有力的支撑和深刻的资鉴。儒家自孔子以下自不必说，道家以王弼的兼容《易》《老》为代表对易学思想深入建构，促成了玄学《易》的诞生。隋唐时期，吕才以《易传》精神为中心阐释佛教思想，形成会通三家的朴素唯物主义哲学，更具有划时代的意义。会通儒、释、道三教可谓齐鲁易学的一大特色。

第五，尊重传统，开拓创新。齐鲁易学十分重视继承传统。从齐鲁易学的学派演变、经传注释以及授受源流来看，严守家法、师法是齐鲁易学得以有序传承的重要手段，如汉初的齐鲁易学皆重家法、师法，孟喜诈言独得《阴阳灾变书》于老师田王孙，就遭到了梁丘贺的驳斥。同时，蜀人赵宾自言其学传自孟喜，也遭到了孟喜的矢口否认。可见，尊重易学传统是齐鲁易学家所坚定遵守的原则。另外，在继承传统的同时，齐鲁易学家还注重锐意进取、开拓创新，不机械地囿于易学传统的束缚，力求在解《易》方法和理念方面取得突破和超越。例如，魏相以四正卦理论解《易》，孟喜以卦气说解《易》，郑玄以爻辰说解《易》，王弼以《老》解《易》，等等。齐鲁易学家还注重以新思想治《易》，如仲长统的历史发展观、吕才的唯物论等。这些创新进取的例子不可胜数，贯穿着整个齐鲁易学的发展。因此，尊重传统，开拓创新是齐鲁易学的题中之义。

第六，源流一体，体用一源。齐鲁易学既是中国易学史的重要源头和核心灵魂，又是承载整个易学发展的分流。伏羲创卦、孔子赞《易》是易学发展两个具有开创意义的大事，是易学史上公认的两大起源。同时，如商瞿、桥庇、孙虞、荀子、田何、王同、服生、杨何、即墨成、周霸、衡胡、主父偃、董仲舒、公孙弘、孟喜、梁丘贺、魏相、梁丘临、费直、鲁伯、白光、毛莫如、邴丹、王骏、殷嘉、王璜、毋将永、衡咸、郎宗、郎𫖮、郑玄、孙期、刘表、王朗、王肃、管辂、王弼、王广、徐邈、徐爰、伏曼容、孔颖达、吕才等一大批齐鲁易学家构成了齐鲁易学的枝叶和细流，他们编织出一张易学发展的大网，谱写了中国易学史的灿烂华章。可以说，齐鲁易学传续不断，集源流于一体。齐鲁易学微言大义，显微阐幽，以义理为体，以象数为用，以易道为体，以经术为用，体用结合，体用一源，执一而统众。故而，源流一体，体用一源是齐鲁易学的标志性特色。

综上所述，齐鲁易学乘此六龙以御天道，统人事，明变化，行鬼神。但最为重要的一点是在变化发展中主导和引领了中国历史上整个易学的发生、成长、高潮和余波，不仅与国家政治紧密结合，指导了社会政治进程，还与人民生活密切相关，成为"百姓日用而不知"的精神法宝。古往今来，中国人或多或少都受到齐鲁易学的沾溉和启示。或有人问：什么是齐鲁易学？笔者在此尝试下一个广义简单的定义，齐鲁易学就是传承齐鲁易学内容，继承齐鲁易学精神，广泛影响着各个层面、各个阶级、各个领域的一门综合性学问。当然，囿于笔者能力有限，以上观点皆有不足之处，敬请前辈先贤、大方之家给予批评和指正，笔者不胜感激。

参考文献

一、古代文献

[1] 续修四库全书 [M]. 上海：上海古籍出版社，2002.

[2] 司马迁. 史记 [M]. 北京：中华书局，1959.

[3] 班固. 汉书 [M]. 颜师古，注. 北京：中华书局，1962.

[4] 魏伯阳. 周易参同契集释 [M]. 朱熹，等注. 北京：中央编译出版社，2015.

[5] 严遵. 老子指归 [M]. 王德有，点校. 北京：中华书局，1994.

[6] 焦延寿，撰. 徐傅武，胡真，校点集注. 易林江校集注 [M]. 上海：上海古籍出版社，2012.

[7] 范晔. 后汉书 [M]. 李贤，等注. 北京：中华书局，1965.

[8] 陈寿. 三国志 [M]. 陈乃乾，校点. 北京：中华书局，1959.

[9] 王弼. 周易注：附周易略例 [M]. 楼宇烈，校释. 北京：中华书局，1980.

[10] 王弼，著. 楼宇烈，校释. 王弼集校释 [M]. 北京：中华书局，1980.

[11] 王弼. 老子道德经注 [M]. 楼宇烈，校释. 北京：中华书局，1980.

[12] 颜之推. 颜氏家训 [M]. 赵曦明，注. 卢文弨，补注. 颜敏翔，校点. 上海：上海古籍出版社，2012.

[13] 房玄龄，等. 晋书 [M]. 北京：中华书局，1974.

[14] 魏徵，令狐德棻. 隋书 [M]. 北京：中华书局，1973.

[15] 杜佑. 通典 [M]. 北京：中华书局，1988.

[16] 刘知几，著. 浦起龙，通释. 史通通释 [M]. 王煦华，整理. 上海：上海古籍出版社，2009.

[17] 吴兢. 贞观政要 [M]. 骈宇骞, 译注. 北京: 中华书局, 2011.

[18] 虞世南. 北堂书钞 [M]. 北京: 中国书店, 1989.

[19] 李鼎祚. 周易集解 [M]. 台北: 台湾商务印书馆, 1968.

[20] 陆德明, 撰. 黄焯, 汇校. 黄延祖, 重辑. 经典释文汇校 [M]. 北京: 中华书局, 2006.

[21] 刘昫, 等. 旧唐书 [M]. 北京: 中华书局, 1975.

[22] 王溥. 唐会要 [M]. 上海: 上海古籍出版社, 2006.

[23] 司马光. 资治通鉴 [M]. 北京: 中华书局, 1956.

[24] 马端临. 文献通考 [M]. 北京: 中华书局, 1986.

[25] 欧阳修, 宋祁. 新唐书 [M]. 北京: 中华书局, 1975.

[26] 欧阳修. 新五代史 [M]. 徐无党, 注. 北京: 中华书局, 1977.

[27] 晁公武, 撰. 孙猛, 校证. 郡斋读书志校证 [M]. 上海: 上海古籍出版社, 1990.

[28] 朱熹. 朱子全书 [M]. 上海: 上海古籍出版社, 2002.

[29] 朱熹. 周易本义 [M]. 廖名春, 点校. 北京: 中华书局, 2009.

[30] 黎靖德. 朱子语类 [M]. 王星贤, 点校. 北京: 中华书局, 1986.

[31] 程颢, 程颐. 二程集 [M]. 王孝鱼, 点校. 北京: 中华书局, 1981.

[32] 陈振孙. 直斋书录解题 [M]. 徐小蛮, 顾美华, 点校. 上海: 上海古籍出版社, 1987.

[33] 王应麟. 周易郑康成注; 六经天文编; 通鉴答问 [M]. 郑振峰, 等点校. 北京: 中华书局, 2012.

[34] 李昉, 等. 太平御览 [M]. 北京: 中华书局, 1960.

[35] 刘绩, 补注. 陈广忠, 校理. 淮南鸿烈解 [M]. 合肥: 黄山书社, 2012.

[36] 于慎行. 读史漫录 [M]. 黄恩彤, 参订. 济南: 齐鲁书社, 1996.

[37] 丘濬. 大学衍义补 [M]. 林冠群, 同济夫, 校点. 北京: 京华出版社, 1999.

[38] 皮锡瑞. 经学历史 [M]. 周予同, 注释. 北京: 中华书局, 2011.

[39] 皮锡瑞. 经学通论 [M]. 北京: 中华书局, 1954.

[40] 尚秉和. 周易尚氏学 [M]. 北京: 中华书局, 1980.

[41] 张惠言. 茗柯文编 [M]. 黄立新, 校点. 上海: 上海古籍出版社, 1984.

[42] 张之洞, 撰. 范希曾, 补正. 书目答问补正 [M]. 上海：上海古籍出版社, 2001.

[43] 李道平. 周易集解纂疏 [M]. 潘雨廷, 点校. 北京：中华书局, 1994.

[44] 朱彝尊. 经义考 [M]. 北京：中华书局, 1998.

[45] 王先谦. 荀子集解 [M]. 沈啸寰, 王星贤, 整理. 北京：中华书局, 1988.

[46] 黄宗羲. 易学象数论：外二种 [M]. 郑万耕, 点校. 北京：中华书局, 2010.

[47] 马国翰. 玉函山房辑佚书 [M]. 扬州：广陵书社, 2004.

[48] 王仁俊辑. 玉函山房辑佚书续编三种 [M]. 上海：上海古籍出版社, 1989.

[49] 许慎, 撰. 说文解字注 [M]. 段玉裁, 注. 海：上海古籍出版社, 1981.

[50] 唐晏. 两汉三国学案 [M]. 吴东民, 点校. 北京：中华书局, 1986.

[51] 董诰, 等. 全唐文 [M]. 北京：中华书局, 1983.

[52] 永瑢, 等. 四库全书总目 [M]. 北京：中华书局, 1965.

[53] 中国科学院图书馆. 续修四库全书总目提要：经部 [M]. 北京：中华书局, 1993 年.

[54] 李光地. 榕村全书 [M]. 陈祖武, 点校. 福州：福建人民出版社, 2013.

[55] 王夫之. 船山遗书 [M]. 北京：北京出版社, 1999.

[56] 惠栋. 周易述：附 易汉学 易例 [M]. 郑万耕, 点校. 北京：中华书局, 2007.

[57] 钱大昕. 潜研堂集 [M]. 吕友仁, 校点. 上海：上海古籍出版社, 1989.

[58] 陈立. 白虎通疏证 [M]. 吴则虞, 点校. 北京：中华书局, 1994.

[59] 胡渭. 易图明辨 [M]. 郑万耕, 点校. 北京：中华书局, 2008.

[60] 王聘珍. 大戴礼记解诂 [M]. 王文锦, 点校. 北京：中华书局, 1983.

[61] 焦循. 孟子正义 [M]. 沈文倬, 点校. 北京：中华书局, 1987.

[62] 孙诒让. 墨子间诂 [M]. 孙启治, 点校. 北京：中华书局, 2001.

[63] 王先谦. 庄子集解 [M]. 北京：中华书局, 1987.

[64] 汪中. 新编汪中集 [M]. 田汉云, 点校. 扬州: 广陵书社, 2005.

[65] 杭辛斋. 学易笔谈 [M]. 天津: 天津市古籍书店, 1988.

[66] 严可均. 全后汉文 [M]. 许振生, 审订. 北京: 商务印书馆, 1999.

二、现当代著作

[1] 郭沫若著作编辑出版委员会. 郭沫若全集: 历史编: 第1卷 [M]. 北京: 人民出版社, 1982.

[2] 高亨. 周易古经今注 [M]. 重订本. 北京: 中华书局, 1984.

[3] 高亨. 周易大传今注 [M]. 济南: 齐鲁书社, 1979.

[4] 高亨. 周易杂论 [M]. 济南: 齐鲁书社, 1979.

[5] 田昌五, 安作璋. 秦汉史 [M]. 北京: 人民出版社, 1993.

[6] 余敦康. 汉宋易学解读 [M]. 北京: 华夏出版社, 2006.

[7] 余敦康. 易学今昔 [M]. 桂林: 广西师范大学出版社, 2005.

[8] 余敦康. 中国哲学论集 [M]. 沈阳: 辽宁大学出版社, 1998.

[9] 余敦康. 何晏王弼玄学新探 [M]. 济南: 齐鲁书社, 1991.

[10] 陈祖武. 清儒学术拾零 [M]. 长沙: 湖南人民出版社, 2002.

[11] 陈祖武. 清初学术思辨录 [M]. 北京: 中国社会科学出版社, 1992.

[12] 本书编委会. 中国易学文献集成 [M]. 北京: 国家图书馆出版社, 2013.

[13] 张涛. 秦汉易学思想研究 [M]. 北京: 中华书局, 2005.

[14] 张涛. 经学与汉代社会 [M]. 石家庄: 河北人民出版社, 2001.

[15] 张涛. 易学·经学·史学 [M]. 北京: 北京师范大学出版社, 2011.

[16] 张涛, 注评. 周易 [M]. 南京: 凤凰出版社, 2011.

[17] 李镜池. 周易探源 [M]. 北京: 中华书局, 1978.

[18] 蒙文通. 蒙文通文集（第1卷）: 古学甄微 [M]. 成都: 巴蜀书社, 1999.

[19] 钱基博. 国学要籍解题及其读法 [M]. 上海: 上海古籍出版社, 2012.

[20] 钱基博. 周易解题及其读法 [M]. 上海: 商务印书馆, 1931.

[21] 潘雨廷. 易学史丛论 [M]. 上海: 上海古籍出版社, 2007.

[22] 潘雨廷. 读易提要 [M]. 上海: 上海古籍出版社, 2006.

[23] 潘雨廷. 易学史发微 [M]. 上海：复旦大学出版社, 2001.

[24] 潘雨廷. 道教史发微 [M]. 上海：上海社会科学院出版社, 2003.

[25] 潘雨廷. 易与佛教·易与老庄 [M]. 上海：上海古籍出版社, 2005.

[26] 陈来. 中国近世思想史研究 [M]. 北京：商务印书馆, 2003.

[27] 陈来. 古代宗教与伦理：儒家思想的根源 [M]. 北京：生活·读书·新知三联书店, 1996.

[28] 李学勤. 周易溯源 [M]. 成都：巴蜀书社, 2006.

[29] 李学勤. 走出疑古时代 [M]. 沈阳：辽宁大学出版社, 1994.

[30] 杨庆中. 周易与处世之道 [M]. 成都：四川人民出版社, 2001.

[31] 黄寿祺, 张善文. 周易译注 [M]. 上海：上海古籍出版社, 2004.

[32] 张善文. 历代易家与易学要籍 [M]. 福州：福建人民出版社, 1998.

[33] 张善文. 象数与义理 [M]. 沈阳：辽宁教育出版社, 1993.

[34] 金景芳. 学易四种 [M]. 长春：吉林文史出版社, 1987.

[35] 金景芳. 知止老人论学 [M]. 长春：东北师范大学出版社, 1998.

[36] 金景芳, 吕绍刚. 周易全解 [M]. 上海：上海古籍出版社, 2005.

[37] 吕绍刚. 周易阐微 [M]. 上海：上海古籍出版社, 2005.

[38] 冯友兰. 中国哲学史 [M]. 北京：中华书局, 1961.

[39] 冯友兰. 中国哲学史新编 [M]. 北京：人民出版社, 2007.

[40] 张岱年. 中国哲学大纲 [M]. 北京：中国社会科学出版社, 1982.

[41] 侯外庐, 赵纪彬, 杜国庠. 中国思想通史：第2卷 [M]. 北京：人民出版社, 1954.

[42] 葛兆光. 中国思想史 [M]. 上海：复旦大学出版社, 2013.

[43] 朱伯崑. 易学哲学史 [M]. 北京：昆仑出版社, 2005.

[44] 朱伯崑. 周易知识通览 [M]. 济南：齐鲁书社, 1993.

[45] 胡戟, 张弓, 李斌城, 等. 二十世纪唐研究 [M]. 北京：中国社会科学出版社, 2002.

[46] 胡朴安. 周易古史观 [M]. 上海：上海古籍出版社, 2005.

[47] 高怀民. 先秦易学史 [M]. 桂林：广西师范大学出版社, 2007.

[48] 高怀民. 两汉易学史 [M]. 桂林：广西师范大学出版社, 2007.

[49] 高怀民. 宋元明易学史 [M]. 桂林：广西师范大学出版社, 2007.

[50] 张立文. 中国学术通史 [M]. 北京：人民出版社, 2004.

[51] 张岂之. 中国思想史 [M]. 西安：西北大学出版社, 1989.

[52] 王献唐. 炎黄氏族文化考 [M]. 济南: 齐鲁书社, 1985.

[53] 汪学群. 清初易学 [M]. 北京: 商务印书馆, 2004.

[54] 汪学群. 清代中期易学 [M]. 北京: 社会科学文献出版社, 2009.

[55] 李泽厚. 中国古代思想史论 [M]. 北京: 生活·读书·新知三联书店, 2008.

[56] 韦政通. 中国思想史 [M]. 长春: 吉林出版集团有限责任公司, 2009.

[57] 徐复观. 中国思想史论集 [M]. 上海: 上海书店出版社, 2004.

[58] 徐复观. 中国思想史论集续编 [M]. 上海: 上海书店出版社, 2004.

[59] 徐复观. 两汉思想史 [M]. 上海: 华东师范大学出版社, 2004.

[60] 徐复观. 中国经学史的基础 [M]. 台北: 台湾学生书局, 1982.

[61] 梁启超. 梁启超论中国文化史 [M]. 北京: 商务印书馆, 2012.

[62] 梁启超. 梁启超论儒家哲学 [M]. 北京: 商务印书馆, 2012.

[63] 梁启超. 中国近三百年学术史 [M]. 北京: 人民出版社, 2008.

[64] 苏渊雷. 易学会通 [M]. 郑州: 中州古籍出版社, 1985.

[65] 杨向奎. 中国古代社会与古代思想研究 [M]. 上海: 上海人民出版社, 1964.

[66] 杨向奎. 自然哲学与道德哲学 [M]. 济南: 济南出版社, 1995.

[67] 程石泉. 易辞新诠 [M]. 上海: 上海古籍出版社, 2000.

[68] 廖名春, 康学伟, 梁韦弦. 周易研究史 [M]. 长沙: 湖南出版社, 1991.

[69] 廖名春. 周易经传与易学史新论 [M]. 济南: 齐鲁书社, 2001.

[70] 廖名春. 帛书《易传》初探 [M]. 台北: 文史哲出版社, 1998.

[71] 廖名春.《周易》经传十五讲 [M]. 北京: 北京大学出版社, 2004.

[72] 梁韦弦. 易学考论 [M]. 哈尔滨: 黑龙江人民出版社, 2005.

[73] 连劭名. 帛书周易疏证 [M]. 北京: 中华书局, 2012.

[74] 匡亚明. 孔子评传 [M]. 南京: 南京大学出版社, 1990.

[75] 钱穆. 中国学术思想史论丛 [M]. 北京: 生活·读书·新知三联书店, 2009.

[76] 余英时. 士与中国文化 [M]. 上海: 上海人民出版社, 1987.

[77] 余英时. 朱熹的历史世界 [M]. 北京: 生活·读书·新知三联书店, 2011.

[78] 陈启智. 中国儒学史：隋唐卷 [M]. 北京：北京大学出版社，2011.

[79] 郑万耕. 易学源流 [M]. 沈阳：沈阳出版社，1997.

[80] 安作璋. 山东通史 [M]. 北京：人民出版社，2009.

[81] 孟祥才，王克奇. 齐鲁文化通史：秦汉卷 [M]. 安作璋，王志民，主编. 北京：中华书局，2004.

[82] 孟祥才. 山东思想文化史 [M]. 济南：山东人民出版社，2011.

[83] 孟祥才，胡新生. 齐鲁思想文化史：从地域文化到主流文化 [M]. 济南：山东大学出版社，2002.

[84] 逄振镐. 齐鲁文化研究 [M]. 济南：齐鲁书社，2010.

[85] 吴怀祺. 易学与史学 [M]. 北京：中国书店，2004.

[86] 吕思勉. 隋唐五代史 [M]. 上海：上海古籍出版社，1984.

[87] 吕思勉. 先秦学术概论 [M]. 昆明：云南人民出版社，2005.

[88] 胡自逢. 先秦诸子易说通考 [M]. 台北：文史哲出版社，1974.

[89] 马积高. 荀学源流 [M]. 上海：上海古籍出版社，2000.

[90] 郑开. 德礼之间 [M]. 北京：生活·读书·新知三联书店，2009.

[91] 徐芹庭. 易经源流：中国易经学史 [M]. 北京：中国书店，2008.

[92] 徐芹庭. 两汉十六家易注阐微 [M]. 台北：五洲出版社，1975.

[93] 徐芹庭. 周秦两汉五十三家易义 [M]. 北京：中国书店，2011.

[94] 徐芹庭. 汉易阐微 [M]. 北京：中国书店，2010.

[95] 刘大钧. 周易概论 [M]. 成都：巴蜀书社，2010.

[96] 刘大钧. 象数精解 [M]. 成都：巴蜀书社，2004.

[97] 刘大钧. 大易集成 [M]. 北京：文化艺术出版社，1991.

[98] 刘大钧. 大易集要 [M]. 济南：齐鲁书社，1994.

[99] 刘大钧. 大易集述 [M]. 成都：巴蜀书社，1998.

[100] 刘大钧. 大易集义 [M]. 上海：上海古籍出版社，2002.

[101] 金生杨. 汉唐巴蜀易学研究 [M]. 成都：巴蜀书社，2007.

[102] 钱锺书. 管锥编 [M]. 北京：中华书局，1986.

[103] 柯林武德. 历史的观念 [M]. 何兆武，张文杰，译. 北京：商务印书馆，1997.

[104] 林忠军. 历代易学名著研究 [M]. 济南：齐鲁书社，2008.

[105] 林忠军. 《易纬》导读 [M]. 济南：齐鲁书社，2002.

[106] 林忠军. 象数易学发展史 [M]. 济南：齐鲁书社，1998.

[107] 林忠军. 周易郑氏学阐微 [M]. 上海：上海古籍出版社，2005.

[108] 张文智. 孟、京、焦易学新探 [M]. 济南：齐鲁书社，2013.

[109] 陈鼓应. 易传与道家思想 [M]. 北京：生活·读书·新知三联书店，1996.

[110] 熊铁基. 汉代学术史论 [M]. 北京：高等教育出版社，2013.

[111] 屈万里. 先秦汉魏易例述评 [M]. 台北：台湾学生书局，1985.

[112] 刘玉建. 两汉象数易学研究 [M]. 南宁：广西教育出版社，1996.

[113] 刘玉建. 汉代易学通论 [M]. 济南：齐鲁书社，2012.

[114] 白效咏. 汉代易学与政治 [M]. 北京：社会科学文献出版社，2015.

[115] 杨庆中. 二十世纪中国易学史 [M]. 北京：人民出版社，2000.

[116] 杨庆中. 周易经传研究 [M]. 北京：商务印书馆，2005.

[117] 汤用彤. 汤用彤全集 [M]. 石家庄：河北人民出版社，2000.

[118] 汤用彤. 汤用彤学术论文集 [M]. 北京：中华书局，1983.

[119] 汤一介. 国故新知：中国传统文化的再诠释 [M]. 北京：北京大学出版社，1993.

[120] 任继愈. 汉唐佛教思想论集 [M]. 北京：人民出版社，1973.

[121] 任继愈. 中国道教史 [M]. 上海：上海人民出版社，1990.

[122] 任继愈. 中国哲学史论 [M]. 上海：上海人民出版社，1981.

[123] 任继愈. 中国哲学发展史：魏晋南北朝 [M]. 北京：人民出版社，1988.

[124] 董治安. 先秦文献与先秦文学 [M]. 济南：齐鲁书社，1994.

[125] 王葆玹. 今古文经学新论 [M]. 北京：中国社会科学出版社，1997.

[126] 何启民. 魏晋思想与清谈 [M]. 台北：台湾学生书局，1982.

[127] 郭朋. 中国佛教简史 [M]. 北京：社会科学文献出版社，2012.

[128] 詹石窗，连镇标. 易学与道教文化 [M]. 福州：福建人民出版社，1995.

[129] 詹石窗. 易学与道教思想关系研究 [M]. 厦门：厦门大学出版社，2001.

[130] 冯天瑜. 中华元典精神 [M]. 武汉：武汉大学出版社，2006.

[131] 孟天运. 先秦社会思想研究 [M]. 北京：人民出版社，2012.

[132] 柳诒徵. 中国文化史 [M]. 上海：上海古籍出版社，2010.

[133] 赵吉惠，郭厚安，赵馥洁，等. 中国儒学史 [M]. 郑州：中州古籍

出版社，1991.

[134] 苗润田. 中国儒学史 [M]. 广州：广东教育出版社，1998.

[135] 刘蔚华，赵宗正. 中国儒家学术思想史 [M]. 济南：山东教育出版社，1996.

[136] 谢祥皓，刘宗贤. 中国儒学 [M]. 成都：四川人民出版社，1993.

[137] 钱逊. 先秦儒学 [M]. 沈阳：辽宁教育出版社，1991.

[138] 顾颉刚. 秦汉的方士与儒生 [M]. 上海：上海古籍出版社，1998.

[139] 刘泽华. 中国政治思想史 [M]. 杭州：浙江人民出版社，1996.

[140] 王利器. 郑康成年谱 [M]. 济南：齐鲁书社，1983.

[141] 贺昌群. 魏晋清谈思想初论 [M]. 北京：商务印书馆，1999.

[142] 刘大杰. 魏晋思想论 [M]. 上海：上海古籍出版社，1998.

[143] 汪高鑫. 董仲舒与汉代历史思想研究 [M]. 北京：商务印书馆，2012.

[144] 王永祥. 董仲舒评传 [M]. 南京：南京大学出版社，1995.

[145] 周桂钿. 董学探微 [M]. 北京：北京师范大学出版社，1989.

[146] 周桂钿. 秦汉思想史 [M]. 石家庄：河北人民出版社，2000.

[147] 王晓毅. 王弼评传 [M]. 南京：南京大学出版社，1996.

[148] 王晓毅. 中国文化的清流：正始之音 [M]. 北京：中国社会科学出版社，1991.

[149] 陈寅恪. 唐代政治史述论稿 [M]. 上海：上海古籍出版社，1997.

[150] 陈寅恪. 陈寅恪集：金明馆丛稿初编 [M]. 北京：生活·读书·新知三联书店，2001.

[151] 牟宗三. 牟宗三先生全集 [M]. 台北：联经出版事业有限公司，2003.

[152] 章权才. 魏晋南北朝隋唐经学史 [M]. 广州：广东人民出版社，1996.

[153] 祁润兴. 周易义理学 [M]. 上海：上海古籍出版社，2007.

[154] 任俊华. 易学与儒学 [M]. 北京：中国书店，2001.

[155] 成中英. 易学本体论 [M]. 北京：北京大学出版社，2006.

[156] 张其成. 象数易学 [M]. 北京：中国书店，2003.

[157] 章伟文. 易学历史哲学研究 [M]. 北京：中国社会科学出版社，2012.

[158] 郭彧.《京氏易传》导读 [M]. 济南：齐鲁书社，2002.

[159] 王新春. 易学与中国哲学 [M]. 北京：人民出版社，2012.

[160] 李尚信. 卦序与解卦理路 [M]. 成都：巴蜀书社，2008.

[161] 蔡方鹿. 朱熹经学与中国经学 [M]. 北京：人民出版社，2004.

[162] 张克宾. 朱熹易学思想研究 [M]. 北京：人民出版社，2015.

[163] 王铁. 宋代易学 [M]. 上海：上海古籍出版社，2005.

[164] 马宗霍. 中国经学史 [M]. 上海：上海书店，1984.

[165] 周予同. 中国经学史讲义 [M]. 上海：上海文艺出版社，1999.

[166] 吴雁南，秦学顾，李禹阶. 中国经学史 [M]. 福州：福建人民出版社，2001.

[167] 吴承仕. 经典释文序录疏证 [M]. 秦青，点校. 北京：中华书局，1984.

[168] 苏舆. 春秋繁露义证 [M]. 钟哲，点校. 北京：中华书局，1992.

[169] 梁启雄. 荀子简释 [M]. 北京：中华书局，1983.

[170] 应劭，撰. 王利器，校注. 风俗通义校注 [M]. 北京：中华书局，1981.

[171] 王利器，校注. 盐铁论校注 [M]. 北京：中华书局，1992.

[172] 刘文典，校注. 淮南鸿烈集解 [M]. 冯逸，乔华，点校. 北京：中华书局，1989.

[173] 黎翔凤，校注. 管子校注 [M]. 北京：中华书局，2004.

[174] 王充，著. 张宗祥，校注. 论衡校注 [M]. 郑绍昌，标点. 上海：上海古籍出版社，2010.

[175] 任莉莉. 七录辑证 [M]. 上海：上海古籍出版社，2011.

[176] 杨朝明，宋立林. 孔子家语通解 [M]. 济南：齐鲁书社，2009.

[177] 杨伯峻. 论语译注 [M]. 北京：中华书局，2006.

[178] 章伟文，译注. 周易参同契 [M]. 北京：中华书局，2014.

[179] 李梦生. 左传译注 [M]. 上海：上海古籍出版社，1998.

[180] 陈晓芬，徐儒宗，校注. 论语·大学·中庸 [M]. 北京：中华书局，2011.

[181] 吴兢，著. 叶光大，李万寿，黄涤明，等译注. 贞观政要全译 [M]. 贵阳：贵州人民出版社，1991.

[182] 郑吉雄. 易图象与易诠释 [M]. 上海：华东师范大学出版社，2008.

三、现当代论文

[1] 黄寿祺. 论易学之门庭 [J]. 福建师范大学学报（哲学社会科学版），1980（3）.

[2] 余敦康.《周易》与中国传统文化的关系 [J]. 哲学研究，1991（9）.

[3] 余敦康. 易学与中国政治文化 [J]. 中国哲学史，1992（1）.

[4] 余敦康. 论王弼《周易略例》在易学史上的地位 [J]. 周易研究，1989（1）.

[5] 张涛. 汉初易学的发展 [J]. 文史哲，1998（2）.

[6] 张涛. 易学与秦汉思想的发展 [J]. 中国文化研究，2001（1）.

[7] 张涛. 易学与中华民族创新精神 [J]. 周易研究，2007（2）.

[8] 张涛. 仲长统的思想与易学 [J]. 周易研究，1999（4）.

[9] 张涛.《白虎通义》与易学 [J]. 周易研究，2004（6）.

[10] 张涛，王荣优. 易学与东汉后期的社会批判思想 [J]. 理论学刊，2008（9）.

[11] 刘大钧."卦气"溯源 [J]. 中国社会科学，2000（5）.

[12] 刘大钧. 孔子与《周易》及《易》占 [J]. 社会科学战线，2010（12）.

[13] 廖名春. 帛书《要》篇"夫子老而好易章新释" [J]. 周易研究，2008（4）.

[14] 廖名春. 钱穆孔子与《周易》说关系考辨 [J]. 河北学刊，2004（2）.

[15] 陈居渊. 清代的郑玄易学研究 [J]. 复旦学报（社会科学版），2013，55（2）.

[16] 梁韦弦. 汉易卦气学的理论原理 [J]. 周易研究，2006（3）.

[17] 张立文.《周易》对中国社会的影响 [J]. 周易研究，2005（3）.

[18] 张善文. 略论孔颖达对《周易》义理学的拓展 [J]. 福建师范大学学报（哲学社会科学版），1994（1）.

[19] 张善文. 论王弼《易》学的"得意忘象"说 [J]. 中国哲学史，1994（4）.

[20] 王晓毅. 荆州官学与三国思想文化 [J]. 孔子研究, 1994 (1).

[21] 杨效雷. 爻辰说：郑玄《易》注的显著特色 [J]. 历史文献研究（总第29辑）, 2010 (1).

[22] 许殿才. 仲长统的历史理论与社会批判思想 [J]. 史学史研究, 1992 (4).

[23] 龚鹏程.《周易正义》之编撰 [J]. 周易研究, 2006 (4).

[24] 宋开素. 孔颖达易学思想研究 [J]. 周易研究, 1995 (4).

[25] 刘玉平. 孔颖达的易学诠释学 [J]. 周易研究, 2002 (3).

[26] 陈冠明. 孔颖达世系及入唐前行实考 [J]. 阴山学刊, 2003 (5).

[27] 李学勤.《周易》与中国文化 [J]. 周易研究, 2005 (5).

[28] 高怀民. 西汉孟喜改列卦序中的哲学思想 [J]. 周易研究, 2000 (2).

[29] 王永平. 魏晋南北朝士族文化与中华文明传承 [J]. 河北学刊, 2009, 29 (2).

[30] 赵法生. 荀子天论与先秦儒家天人观的转折 [J]. 清华大学学报（哲学社会科学版）, 2015, 30 (2).

[31] 连劭名.《汉书·魏相传》与西汉易学 [J]. 周易研究, 2000 (2).

[32] 傅荣贤. 孟喜易学略论 [J]. 周易研究, 1994 (3).

[33] 林忠军. 论两汉易学的形成、源流及其特征 [J]. 山东大学学报（哲学社会科学版）, 2000 (1).

[34] 林忠军. 李鼎祚《周易集解》与两汉象数易学 [J]. 齐鲁文化研究, 2011 (1).

[35] 刘玉建. 汉魏易学的绍承、超越与开新：孔颖达新型易学理论体系的建构 [J]. 周易研究, 2007 (6).

[36] 刘玉建. 汉魏易学发展的理论结晶：《周易正义》——学术及政治视野下的创作动因审视 [J]. 周易研究, 2006 (5).

[37] 岳庆平. 董仲舒对策年代辨 [J]. 北京大学学报（哲学社会科学版）, 1986 (3).

[38] 蒙培元. 伏羲与周易文化 [J]. 天水师范学院学报, 2008 (4).

[39] 朱汉民. 王弼的义理易学 [J]. 中山大学学报（社会科学版）, 2009, 49 (4).

[40] 邱文山. 齐《易》学刍议 [J]. 管子学刊, 2011 (1).

[41] 蔡伯铭. 吕才与因明 [J]. 黄石师院学报（哲学社会科学版），1984 (1) .

[42] 侯外庐，赵纪彬. 吕才的唯物主义思想 [J]. 历史研究，1959 (9) .

[43] 孟祥才. 论公孙弘 [J]. 管子学刊，2001 (4) .

[44] 孙家洲. 论齐鲁文化在汉代学术复兴中的贡献 [J]. 齐鲁文化研究，2004 (1) .

[45] 杨亚利. 山东古代易学史概论 [J]. 周易研究，2003 (3) .

[46] 杨亚利. 20 世纪的山东易学 [J]. 理论学刊，2003 (3) .

[47] 杨亚利. 关于齐鲁文化的两个问题 [J]. 理论学刊，2000 (6) .

[48] 杨亚利. 论易学源于山东：兼论汉以来山东古代学者对易学之贡献 [J]. 文史哲，2004 (3) .

[49] 杨永泉. 两汉经学社会批判思潮管窥 [J]. 南京社会科学，2008 (6) .

[50] 宋锡同. 王弼"得意忘象"解《易》方法辨析 [J]. 周易研究，2007 (6) .

[51] 梁韦弦. 宋易在元代的发展 [J]. 周易研究，1992 (3) .

[52] 温海明. 朱熹河图洛书说的演变 [J]. 周易研究，2000 (4) .

[53] 章伟文. 道教易学综论 [J]. 中国哲学史，2004 (4) .

[54] 谢辉. 简论朱子易学在元代发展的基本面貌 [J]. 周易研究，2010 (6) .

[55] 郝虹. 魏晋儒学盛衰之辨：以王肃之学为讨论的中心 [J]. 中国史研究，2011 (3) .

[56] 郝虹. 三重视角下的王肃反郑：学术史、思想史和知识史 [J]. 史学月刊，2012 (4) .

[57] 余敦康. 中国智慧在《周易》 《周易》智慧在和谐 [N]. 光明日报，2006-08-24 (7) .

[58] 王天彤. 魏晋易学研究 [D]. 济南：山东大学，2007.

[59] 孙世平. 唐代易学思想研究 [D]. 北京：北京师范大学，2014.

后　记

在中国易学史上，地域易学占有十分重要的位置。齐鲁地域文化悠久、历史绵长。齐文化开放革新，鲁文化持重包容，齐鲁文化是中华优秀传统文化的思想根基和重要源头之一。汉唐时期，在齐鲁文化的交相倾注下，齐鲁故地的易学发展迎来鼎盛的时期。本书《汉唐齐鲁易学思想研究》对汉唐时期齐鲁易学思想的发展脉络进行了整体的勾勒和爬梳，是在笔者博士学位论文的基础上修订而成的，也是笔者多年潜心易学研究领域学习与求索的一个总结。

寒来暑往，时光荏苒。十年前，承蒙恩师张涛先生厚爱，笔者有幸受业于先生门下，在北京师范大学攻读历史学博士学位。在学期间，常伴先生左右，时常聆听先生鞭策教诲、点拨开导，受益匪浅。初入师门，在多次求教于先生后，先生便以"汉唐齐鲁易学思想研究"为题为笔者定下了研究方向。先生为人谦和豁达，治学谨严笃实。整个论文的撰写，离不开先生详细认真的指导，从撰写角度、理论框架、章节建构到字句行文、文献校对，先生一一斟酌，提出了诸多切中肯綮的建议。在论文撰写的过程中，笔者略窥治学之门径，时有困惑，先生不惮其烦，悉心指导，谈笑间，还时常将艰深晦涩的易学智慧和人生经验以亲切通俗的方式倾囊相授，使笔者怡然理顺，豁然开朗。岁月不居，经年不辍。三年的求学历程一晃而过，随着博士论文的撰写完成和顺利答辩，笔者踏上人生新的旅程，为学生时代画下一个圆满的句号，为学术生涯开启了崭新的篇章。"十年磨一剑，霜刃未曾试"，现今论文即将付梓，笔者心中思绪万千。回首校园时光，心中顿起翻腾，感慨万端。在这里，笔者首先要向恩师张涛先生以及师母表达诚挚的谢意和感激之情，幸得老师和师母栽培，今日得以踏上易学研究的学术之路，日后必将守正创新，勇毅前行。

特别感谢在北京师范大学求学时期和论文撰写答辩过程中提供指导和帮助的众多前辈老师和知交好友。十分感谢余敦康先生、陈祖武先生、连劭名先生、韩增禄先生、岳庆平先生、向燕南先生、汪高鑫先生、邓瑞全先生、任士英先生、张升先生等前辈的诸多鼓励、教诲和指点。诸位先生的学养品格和学者风范为后学指明了为人为学的进路，先生们的教导我将铭刻肺腑。此外，感谢诸位师兄、同门、室友、同窗的关心、包容、督促和帮助。在此，对诸多师友的热情帮助深表谢意。

家是心灵的港湾，亲人是坚实的后盾。多年来，父母及家人的支持和付出为笔者创造了衣食无忧、心无旁骛投身学术研究的环境。常年求学在外，未能常伴父母左右，深觉有愧，在此，感谢父母的无私辛劳。日常生活中，妻子韩铮博士给予我极大的理解和关怀，屡次协助我修改书稿，对她的付出和工作深表谢意。家人的鼓励和支持永远是我前进的不竭动力和精神支柱。

光明日报出版社编辑老师学养深厚，专业细致，感谢编辑老师为本书的编校出版付出的辛勤劳动。

书稿付梓之际，谨向所有帮助和支持过我的各界人士致以诚挚的感谢。笔者学识疏浅，勉力为之，书稿中难免出现错漏不足之处，敬请方家不吝指正，多多垂教。

徐浩诚
甲辰孟春于溪园·自牧斋